D1702838

# Marken erleben im digitalen Zeitalter

Uwe Munzinger · Christiane Wenhart

# Marken erleben im digitalen Zeitalter

Markenerleben messen, managen, maximieren

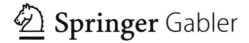

Uwe Munzinger
Christiane Wenhart
Musiol Munzinger Sasserath
Berlin, Deutschland

ISBN 978-3-8349-3119-1          ISBN 978-3-8349-3732-2 (eBook)
DOI 10.1007/978-3-8349-3732-2

Die Deutsche Nationalbibliothek verzeichnet diese Publikation in der Deutschen Nationalbibliografie; detaillierte bibliografische Daten sind im Internet über http://dnb.d-nb.de abrufbar.

Springer Gabler
© Springer Fachmedien Wiesbaden 2012

*Lektorat:* Barbara Roscher, Angela Pfeiffer
*Einbandentwurf:* KünkelLopka GmbH, Heidelberg

Gedruckt auf säurefreiem und chlorfrei gebleichtem Papier.

Springer Gabler ist eine Marke von Springer DE. Springer DE ist Teil der Fachverlagsgruppe Springer Science+Business Media
www.springer-gabler.de

FürPaulaMaraSweety.
Für alle Markenfreunde.

# Geleitwort: Es geht um Menschen

Das Buch von Uwe Munzinger und Christiane Wenhart könnte kaum zu einem besseren Zeitpunkt erscheinen. Die Debatte darüber, welche Rolle die diversen Channel – oder gar Welten – bei der Markenbildung spielen oder spielen sollten, bleibt in vollem Gange.

Die Fokussierung auf die sich immer weiter zu beschleunigen scheinenden technologischen Innovationszyklen behindern hierbei den Blick auf das wirklich Wesentliche: Es geht bei Technologie immer weniger um die Sache an sich als um Menschen. Es geht darum, dass Technologie sich immer nahtloser in unser Leben einfügt, immer intuitiver wird und sich somit aus Nutzersicht immer mehr zu jenem Overlay entwickelt, das tatsächlich bereichert, erleichtert und erweiternde Erfahrungen ermöglicht. Dies sollte vielleicht das Erbe von Steve Jobs sein …

Aus Markensicht ermöglichen diese neuen – und in ihrer Größenordnung bisher unbekannten – Innovationen daher paradoxerweise eine Rückbesinnung auf tradierte Prinzipien. Denn gute Marken werden sich wieder durch Zeitloses auszeichnen: echte Zweckmäßigkeit, Authentizität und Leidenschaft für die Sache. Und die Fähigkeit, echten Mehrwert für Menschen darzustellen.

(Ganz) Früher geschah die Unmittelbarkeit des Markenerlebnisses innerhalb organischer sozialer Strukturen; also in den Ortschaften und Nachbarschaften, in denen Geschäfte ihren Sitz hatten und in deren Umfeld Inhaber und Angestellte am Leben partizipierten. Es war somit für alle (potenziellen) Kunden hinreichend evident, wie nah Markenversprechen (im holistischen Sinne) an der Leistung des Produktes oder am Gebaren der Firma waren, die dahinter stand.

Ich gehe davon aus, dass die letzten geschätzten hundert Jahre eher als Anomalie in die Marketinggeschichte eingehen dürften. Massenproduktion und Massenkommunikation haben zu einer Loskoppelung geführt, und über die oftmals große Distanz war es für Kunden nur noch schwer nachvollziehbar, ob eine Marke wahrhaftig war oder nicht. Über Werbung wurden oftmals nur noch potemkinsche Dörfer aufgebaut.

Jetzt schließt sich der Kreis wieder.

Im Januar dieses Jahres sprach Joschka Fischer zu den Teilnehmern eines großen Markenevents und forderte sie dazu auf, die gleichen Prinzipien zu beherzigen, die er auch in anderen gesellschaftlichen Bereichen für geboten oder notwendig halte: Transparenz, Authentizität und Nachhaltigkeit. Er sagte dies aus ethischer Sicht – aber formulierte es auch als ökonomischen Imperativ.

Insbesondere die sozialen Medien haben dieses Mandat bedingt. Denn sie geben Verbrauchern eine Stimme, die der Stimme der sich bislang für die Markeneigner Haltenden mindestens ebenbürtig ist oder sein wird. Marken werden an ihrer tatsächlichen Haltung, ihren Taten etc. gemessen. In Echtzeit. Von Tausenden oder Millionen von Menschen. Das bedeutet keineswegs die Abkehr von Unterhaltung oder Fantasie in der Markenkommunikation. Nur muss Kommunikation stringent sein.

Das Markenerleben kann vielmehr multidimensional werden. Ein gut geplantes und dann orchestriertes Markenerlebnis wird zukünftig noch viel intensiver, subtiler, individueller und faszinierender gestaltet werden können. Eine schöne Zeit, um mit Marken betraut zu sein!

Danke für diesen großartigen Beitrag zum Marken- und Marketingdiskurs.

Alexander Schlaubitz, Facebook

# Geleitwort: Eine eigene Geschichte

Eher selten suche ich gezielt das auf, was Marketingleute „Touchpoints" nennen. Also Orte, an denen Kunden und Marken sich begegnen. Hinter diesem Konzept steht der Gedanke, dass Marken sich in der zunehmend verteilten, fragmentierten und individualisierten Struktur unserer täglichen Kommunikation nicht mehr über zentrale Anlaufstellen definieren, sondern immer da kommunizieren müssen, wo ihre Kunden sind. Das ist ja nicht falsch. Wenn ich zum Beispiel der Brand Eins auf Twitter folge oder im Telekom-Blog auf einen Link der T-Labs klicke, so habe ich in dieser Terminologie einen Touchpoint berührt. Es steht ja das Markenlogo daneben. Und die Inhalte haben zumindest am Rande etwas mit der Zeitschrift zu tun, oder der Entwicklungsabteilung des Telekommunikations-Unternehmens. So weit, so klar.

Unschärfer wird die Sache, wenn man sich fragt, was genau da eigentlich passiert und wer hier wen gefunden hat. Nicht selten liegt Markenkommunikation auch heute noch die Hoffnung zugrunde, dass Menschen – Entschuldigung, die heißen hier natürlich „Nutzer" oder „Kunde" oder „Endverbraucher" – sich spontan und scheinbar zufällig für eine Marke interessieren, vorausgesetzt diese ist omnipräsent genug und ihr Kommunikationsangebot möglichst originell oder – wie man heute sagt – disruptiv. Das Prinzip ist dabei durchaus ähnlich dem eines TV-Werbespots oder eines Flugblatts, funktioniert also nach der Schrotflintenmethode guter alter Einwegkommunikation: Einfach mal in die Masse reinhalten und abdrücken. Irgendwen werden wir schon treffen.

Nur ist diese Methode heute aber durchaus problematisch, denn Kommunikation – wir wissen es alle, aber was folgt eigentlich ernsthaft daraus? – ist eben zunehmend keine Einbahnstraße von Sender nach Empfänger mehr, sondern ein Netzwerk aus sehr vielen Sendern, und die klassischen Gatekeeper sind auch nicht mehr das, was sie mal waren. Ich jedenfalls schalte vormittags nach der Espressomaschine zwar erstmal den Deutschlandfunk an, schaue dann aber gleich auf dem iPhone, was die Nacht über online so los war. Die FAZ auf dem Frühstückstisch bleibt für mich wohl ewig sentimentale Erinnerung an eine Zeit, als ich für so etwas noch die Ruhe hatte (und ich gedruckte Nachrichten von gestern spannend fand). Ich fürchte, ich bin da nicht der einzige.

Während nun heute also von so vielen Stellen gesendet wird und die alten Filter immer schlechter funktionieren, halten sich eigentlich nur noch Feuilletonredakteure mit der Klage über die schlimme Informationsflut auf. Die meisten anderen haben sich, ganz pragmatisch, einfach neue, effizientere Filter gebaut. Welches Video schauen meine Freunde auf Facebook? Welchen New-Yorker-Artikel teilt der Experte auf Twitter? Welche Linksammlung hat der fleißige Fachblogger zu seinem Superspecial-Interest-Bereich wieder zusammengestellt? Ständig feinere Content-Aggregatoren helfen, das Finetuning der individuellen Inhalte immer exakter einzustellen und machen die Aufbereitung komfortabler.

Klar, Fernsehen ist immer noch das Massenmedium mit der größten Reichweite. Aber Digital Natives, junge Meinungsführer und technikaffine Multiplikatoren, mit denen ich viel spreche, sehen eigentlich gar nicht mehr fern wie ihre Eltern: einfach mal anschalten, den ganzen Abend laufen lassen, bisschen rumzappen. Erst haben sie vor ein paar Jahren die Lieblingssendung auf dem Festplattenrekorder aufgenommen und die Werbung übersprungen. Dann nur noch ihre Lieblingsserien auf DVD geschaut. Heute streamen sie per AppleTV und Telekom Entertain was und wann sie wollen oder gehen gleich auf Youtube. Und wenn sie am Sonntag doch Tatort schauen, dann nur, um sich auf Twitter live über den Plot auszutauschen.

Derart sucht sich der moderne Mensch also seine Information und Unterhaltung zusammen, und Markenbotschaften, Entschuldigung, stören da in der Regel nur. Eine neue Recruiting-Plattform versuchte mich neulich mit der Pressemitteilung zu locken, sie habe zwei Praktikantinnen in ein Loft gesetzt, aus dem heraus diese nun fleißig Social-Media-Inhalte absetzten. Die Idee, auf diese Weise mindestens Medienaufmerksamkeit zu produzieren, womöglich gar relevanten Content, den Menschen an ihre Freunde und Kollegen weiterschicken, zeigt beispielhaft die ganze Tragik des Missverständnisses vieler digitaler Markenkommunikation. Nur etwa ein Prozent jener Menschen, die auf Facebook eine große Marke „liken", sind auf der Fanpage auch aktiv, fand das Ehrenberg-Bass Institute kürzlich heraus und schloss: „Über Nacht ändern zu wollen, wie Menschen mit einer Marke interagieren, ist einfach unrealistisch." Die Mehrheit der Unternehmen sei noch stark in den alten Gewohnheiten der Einweg-Kommunikation gefangen, kritisiert auch A.T. Kearney bei einer Untersuchung der Facebook-Auftritte der 50 größten Marken der Welt. 180 Millionen Fans haben diese Unternehmen zusammen, aber mehr als die Hälfte reagierte auf keine einzige Kundenrückmeldung. „Alle wollen Fans, aber nicht jeder will mit ihnen in den Dialog treten." Und die Kunden wollen auch nicht unbedingt.

Ja, ich habe auch schon mal ein lustiges Viral-Video gepostet. Aber ungefähr tausendmal seltener als interessante, spannende, informative Inhalte. Keine Marketingmogelpackungen, sondern Studien, Analysen, Meinungen. Mutiges, Provokantes, News. Texte, Zahlen, Informationen. Ja – manchmal, ganz selten, kommen solche relevanten Inhalte tatsächlich von einer Marke. Dann freue ich mich, und retweete brav und klicke vielleicht sogar den Folgen- oder Like-Button. In der Regel aber – und das ist das eingangs erwähnte Missverständnis der Touchpoint-Theorie – wird mich kein Markenauftritt zufällig mit Präsenz, Opulenz oder Gimmicks begeistern. Vielmehr suche ich gezielt nach Marken, die mir regelmäßig das bieten, was Zeitungen im Ansatz können, das Internet aber noch viel besser, auch wenn Menschen, die nicht so viel Zeit online verbringen, stets das Gegenteil behaupten: Zunächst einmal gefühlt alles, was ich wissen muss. Und dann noch eine kleine, aber potenziell unendliche Menge dessen, was ich wissen können wollte, stieße ich zufällig darauf. Controlled Serendipity hat das mal jemand sehr zutreffend genannt.

Unsere sozialen Filter funktionieren also hervorragend. Der Nachteil, aus Werbersicht: Klassische Markenkommunikation schlüpft kaum einmal durch das feinmaschige Informationsnetz, das wir in den vergangenen Jahren um uns herum geknüpft haben. Marken tauchen interessanterweise nur dann – quasi inkognito – auf, wenn sie Grundregeln journalistischen Geschichtenerzählens berücksichtigen: Echte Menschen statt Stockfotografie. Relevante Informationen statt Hochglanz-Oberfläche. Authentizität statt Corporate-Identity. Magazin statt Prospekt. Google hat das erkannt und belohnt mit seinem Such-Algorithmus neuerdings verstärkt genuine Inhalte statt Copy-Paste-Blabla und Keyword-Wüsten.

Die gute Nachricht: Diesem Dilemma wohnt ein Paradox inne, das mehr Marken für sich nutzen könnten. Erst wenn sie aufhören, stets zuerst Marke sein zu wollen, werden sie kommunikativ erfolgreich sein. Ja, im Kern muss eine glaubwürdige Story stehen, gern eine Historie, von mir aus Werte. Um diesen Kern herum aber können Marken im digitalen Zeitalter nur noch Geschichten anbieten. Und hoffen, dass die Menschen sie weiter erzählen.

Markus Albers
Journalist und Autor
http://www.markusalbers.com/

# Vorwort

Everybody experiences far more than he understands. Yet it is experience, rather than understanding, that influences behaviour.
   Marshall McLuhan

Das Markenerleben ist die neue Leitwährung in der Markenführung im digitalen Zeitalter. Dies ist die zentrale These dieses Buches, die wir in den folgenden Kapiteln entwickeln, begründen und mit zahlreichen Fakten und Beispielen untermauern werden.

Marken waren und sind Schnittstellen und Kristallisationspunkte für verschiedene, faszinierende Lebens- und Forschungsbereiche. Wer Marken verstehen will, muss Märkte und vor allem Menschen verstehen. Wie sie denken, wie sie fühlen, wie sie handeln. Dazu müssen Erkenntnisse aus unterschiedlichen Bereichen wie der Betriebswirtschaftslehre, der Kommunikationswissenschaft, der Psychologie, der Neurophysiologie, der Organisationspsychologie usw. integriert werden. Markenführung erfordert ein interdisziplinäres Spektrum an Wissen und Erfahrungen. Das macht die Beschäftigung mit Marken so spannend.

Das digitale Zeitalter hat dem Thema Marke ganz neue Dimensionen eröffnet und stellt über Jahrzehnte gelernte Muster und Wissen in Frage.

Marken sind lebendige Systeme, Teil einer sich rasch verändernden Gesellschaft mit immer neuen technologischen Möglichkeiten. Deswegen wird es keine endgültigen Antworten zum Thema Marke geben können. So wie das Leben selbst verändern sich eben auch die Anforderungen an erfolgreiche Markenführung. Ein weiterer Aspekt, warum es nie langweilig wird, sich mit Marken und Markenführung zu beschäftigen.

Die Markenerleben-Perspektive erlaubt eine neue und bessere Sicht auf viele zentrale Aspekte der Markenführung und ist die Grundlage eines zeitgemäßen Denk-, Forschungs- und Steuerungssystems für die anstehenden Herausforderungen.

Noch nie standen der Markenführung so spannende Zeiten bevor wie in den nächsten Jahren. Technologische, mediale, ökologische, gesellschaftliche und wirtschaftliche Veränderungen stellen die bekannten und scheinbar bewährten Techniken und Rezepte von Markenführung und Marketing in Frage. Die klassische Lehre der Absatzwirtschaft scheint in Zeiten von Hyper-Wettbewerb und Informationsüberfluss nicht mehr wirklich zu funktionieren.

Ganze Unternehmensorganisationen müssen sich neu strukturieren und unterschiedliche Unternehmensbereiche müssen sich wesentlich stärker vernetzen, um den veränderten Anforderungen gerecht zu werden. Auch Markenführung, Marketing und Marktforschung müssen sich grundlegend neu orientieren, wenn sie in den nächsten Jahren nicht an Bedeutung verlieren wollen. Ein richtiges Verständnis des Markenerlebens wird deshalb im digitalen Zeitalter zum echten Wettbewerbsvorteil.

Dabei verstehen wir uns nicht als Apologeten von Aussagen wie: „Nichts ist und wird jemals wieder sein, wie es mal war." Es geht uns nicht um Effekthascherei und das publikumswirksame Ausrufen von neuen Schlagworten und Wunderlösungen.

Natürlich werden sich die Grundzüge menschlichen Verhaltens, die sich in den letzten Jahrtausenden entwickelt haben, nicht über Nacht ändern. Wir alle müssen weiterhin essen, trinken und schlafen und sind von Emotionen wie Liebe, Neugier, Neid etc. getrieben. Und auch unsere Anforderungen an Marken ändern sich nicht schlagartig. Damit wir sie präferieren, müssen sie nach wie vor nützlich, interessant, einzigartig und widerspruchsfrei sein.

Nichtsdestotrotz hat das Internet Wirtschaft und Gesellschaft in gerade einmal zwanzig Jahren so massiv und nachhaltig beeinflusst wie kaum eine andere Errungenschaft zuvor. Es gibt keinen Wirtschaftsbereich, der ohne das Internet funktionieren könnte.

Dabei stehen wir erst am Anfang von weitreichenden Veränderungen. Das digitale Zeitalter bedeutet mehr als Apps, Touchscreens, Minicomputer und andere digitale Endgeräte und Anwendungen. Digitale Technologien werden schon sehr bald in oder hinter fast allen Gegenständen und Produkten stecken, die wir im Alltag nutzen, und alles, was wir tun, beeinflussen. Das Digitale wird da sein, aber gleichzeitig so selbstverständlich erscheinen, dass wir es überhaupt nicht mehr wahrnehmen. Nicholas Negroponte beschrieb bereits 1998 in seinem Artikel „Beyond Digital" in der amerikanischen Zeitschrift Wired, was heute tatsächlich vorstellbar ist und mit dem Internet der Dinge ganz konkret Gestalt annimmt. Immer häufiger hört man daher auch den Begriff Post-Digitalität. Ein Phänomen des digitalen Zeitalters, mit dem sich auch Markenverantwortliche auseinandersetzen müssen, wie es die englische Planning-Ikone Russell Davies seit einiger Zeit betont.

Das digitale Zeitalter, in dem wir uns befinden, stellt bereits heute völlig neue Anforderungen an Markenverantwortliche, Werbetreibende und deren Dienstleister. Mobiles Internet, digitale Medien und insbesondere soziale Netzwerke sind mittlerweile Bestandteil des Lebens vieler Menschen. Ohne Smartphone, Facebook & Co. geht heute scheinbar nichts mehr.

Das stetige Anwachsen digitaler Kontaktpunkte und der gegenwärtige Hype um Social Media sorgen bei vielen Verantwortlichen für Verunsicherung und werfen vielfältige Fragen auf. Dabei geht es auch in einem digitalen Umfeld weniger darum, was machbar ist, sondern darum, was das Richtige ist. Denn selbst Markengiganten wie P&G oder die Telekom mit vergleichsweise großen Budgets können es sich längst nicht mehr leisten, alle verfügbaren Kanäle 24/7 zu bespielen.

Das ist auch gar nicht sinnvoll und notwendig, vielmehr stellt sich die Frage, wie die zur Verfügung stehenden Möglichkeiten, mit Menschen in Kontakt zu kommen bzw. in Beziehung zu treten, am sinnvollsten und effektivsten genutzt werden können:

- Welche analogen und digitalen Kontaktpunkte sind für das Markenerleben eigentlich besonders wichtig?
- Welche Rolle spielen einzelne digitale Kontaktpunkte – allen voran sozialmediale Kanäle – für das Markenerleben?
- Soll in digitale Kontaktpunkte mehr oder weniger investiert werden? Wenn ja, welche sind die für das Markenerleben relevantesten und einflussreichsten digitalen Kanäle?
- Wie lassen sich digitale und analoge Kontaktpunkte zur Optimierung des Markenerlebens intelligent verknüpfen? Wie spielen unterschiedlichste Kanäle transmedial optimal zusammen?
- Über welche Kontaktpunkte lassen sich die Beziehungen zu unterschiedlichen Bezugsgruppen optimal gestalten?
- Wie spielen Inhalte, Signale und Kanäle an digitalen wie nicht-digitalen Kontaktpunkten zusammen?

Da die Welt ja nicht plötzlich nur noch digital und sozialmedial ist, ist das transmediale Zusammenspiel aus analogen und digitalen Kontaktpunkten von besonderer Bedeutung. Welcher Markenverantwortliche kann heute mit hinreichender Präzision sagen, welchen Beitrag zum Markenerleben und zur Markenpräferenz die einzelnen Aktivitäten für seine Marke haben? Was bringt die klassische Werbung im Vergleich zur Facebook-Präsenz? Welchen Beitrag hat die Probe als Beilage zur Anzeige im Vergleich zur Webseite? Oder die Empfehlung von Freunden oder Bekannten vs. Empfehlungen über Foren und Blogs? Wie hoch ist die Rentabilität jeder Aktivität, gemessen an den jeweiligen Ausgaben?

Dabei geht es beim Thema Digitalisierung nicht mehr ausschließlich um Kommunikation, sondern um ein Ökosystem aus Funktionalität, Erreichbarkeit und Nützlichkeit, das in Echtzeit reagiert. Denn die Veränderungen greifen tiefer als der gegenwärtige Hype um alles Sozialmediale. Wie dramatisch die Digitalisierung vor allem die Beziehung zwischen Menschen und Marke verändern wird (und bereits hat), beschreibt Tim Leberecht, CMO von Frog Design, sehr anschaulich in seiner Vision der Rolle und Aufgabe von Marken heute und in Zukunft: als eine kleine Stadt, die niemals schläft. Offen für alle, lebendig, bestehend aus Menschen und gemacht von Menschen, mit Myriaden sozialer Netzwerke und Mikro-Communities, die 24/7 kommunizieren (Leberecht 2009).

Was den Vergleich mit der Stadt bemerkenswert macht, ist die neuartige Perspektive. Marke nicht als etwas Statisches zu betrachten, was es durch sämtliche verfüg- und kaufbaren Kanäle so konsistent wie möglich durchzudeklinieren gilt, sondern als etwas sich Entwickelndes, Organisches und vor allem auch aus sich heraus Sinnstiftendes. Eine solche systemische Perspektive fordert ein neues Verständnis von Markenführung und stellt gänzlich andere Aufgaben an das Markenmanagement in Richtung Schnittstellensteuerung. Markenführung wird integrativ, reagierend, kuratierend, edukativ, transparent, dialogisch und verstehend. Sie darf nicht mehr distanziert, unidirektional, rein auf Kauf und Persuasion fokussiert sein.

Die eigentliche Rolle von digital bzw. post-digital ist am Ende des Tages ein besseres Markenerleben. Das Markenerleben – verstanden als die Summe aller Begegnungen zwischen Menschen und Marken – ist die neue Leitwährung für die Markenführung. Menschen wertschätzen keine Strategien, sondern konkrete Erlebnisse. Positive und negative Erlebnisse, analoge und digitale Begegnungen, selbst erlebte und Erfahrungen aus zweiter Hand, bewusste und unbewusste Erlebnisse prägen unser Bild von Marken und damit unsere Präferenzen.

Dabei wandelt sich in einer digitalisierten Welt nicht nur die Quantität, sondern auch die Qualität von Markenerlebnissen. Herrschte früher Einbahnstraße und Berieselung vor, werden zunehmend partizipative und Response-orientierte Strategien eingesetzt. Die Telekom mit ihrer sehr erfolgreichen Aktion „Million Voices" oder McDonald's mit „Mein Burger" sind nur zwei Beispiele für diese neue Art von Mitmach-Marketing.

Das mobile Internet sorgt dafür, dass auch Entertainment-Inhalte wie Filme oder Live-Sportübertragungen mobil erlebt werden. „Mobil" heißt dabei nicht mehr unbedingt „unterwegs", da immer mehr Menschen iPad, iPhone, Blackberry & Co. nicht nur außerhalb der eigenen vier Wände nutzen, sondern auch zu Hause, vor allem beim Multitasking, wie z. B. fernsehen und zeitgleich im Internet surfen und chatten. Das Smartphone ist mittlerweile für viele Menschen der First Screen. An die Stelle von klar definierten Nutzungsgelegenheiten und -zeiträumen tritt Always-on-Nutzungsverhalten.

Wir werden im Verlauf des Buches aufzeigen, dass sich die aktuellen und seit vielen Jahren mehrenden Erkenntnisse aus Psychologie, Neurophysiologie, Kommunikationswissenschaft und Marktforschung zu einem zeitgemäßen, empirisch fundierten Modell verdichten lassen, wie Marken wirken und wie Marken gemanagt werden müssen: dem Markenerleben-Ansatz.

Im ersten Kapitel beschreiben wir die Veränderungen, die das digitale Zeitalter auf die Quantität und Qualität des Markenerlebens hat. Parallel zur zunehmenden Digitalisierung wächst das Bedürfnis der Menschen nach physischen, sensorischen Erlebnissen. Dies hat Einfluss auf die Möglichkeiten der multisensorischen Inszenierung von Marken.

Im zweiten Kapitel beleuchten wir ausführlich, was die Digitalisierung für die Sphären der Markenführung und des Marketings bedeutet. Mit der Digitalisierung ändert sich nicht nur das Erleben von Marken und das Verhalten der Menschen, es verändern sich auch die Kraftverhältnisse ganzer Märkte. Wir beschreiben in diesem Kapitel die Einflüsse des digitalen Zeitalters auf die Unternehmensorganisation mit besonderem Fokus auf die 4 P des Marketing.

Das Markenerleben ist die neue Leitwährung in der Markenführung. Diese Kernaussage unseres Buches wird im dritten Kapitel ausführlich hergeleitet und begründet. Die Relevanz für Markenpräferenz und damit Markenerfolg wird nachvollziehbar aufgezeigt.

Das vierte Kapitel widmet sich dem Management des Markenerlebens in der Praxis. Hier geht es um die konkrete Arbeit mit und an der Marke: von der Definition bis zur Implementierung. Anhand von zwei sehr ausführlichen Fallbeispielen wird gezeigt, wie

Marken erlebbar gemacht werden und dazu beitragen, Unternehmen (wieder) erfolgreich zu machen.

Im anschließenden fünften Kapitel wird ein innovatives, in der Praxis erprobtes System (Markenerleben-Steuerungssystem) vorgestellt, das es erlaubt, Markenerlebnisse über alle Kontaktpunkte zwischen Menschen und Marken in einer einheitlichen Währung zu messen, zu managen und zu maximieren. Dieses System liefert durch einen empirischen Prozess tiefe Erkenntnisse über das Markenerleben unterschiedlicher Marken in einer Kategorie. Dabei geht es primär um Effektivität und Effizienz in der Markenführung und um das immer wichtiger werdende Thema Return on Brand Investment. Zusätzlich zu dem eher komplexen und aufwendigen Markenerleben-Steuerungssystem wird der Markenerleben-Index vorgestellt, ein neuartiges Verfahren, das es erlaubt, das Erleben der eigenen Marke(n) schnell und effizient zu erfassen und mit anderen Marken zu vergleichen.

Im letzten und abschließenden Kapitel werden die wichtigsten Erkenntnisse in Form von elf goldenen Regeln zum Markenerleben im digitalen Zeitalter zusammengefasst und in einem Ausblick die wichtigsten Implikationen für die zukünftige Praxis eines erfolgreichen Markenerleben-Managements diskutiert.

Das Buch fokussiert insbesondere auf die Bedeutung und Anwendung vorhandenen Wissens mit zahlreichen Beispielen und Tipps aus der und für die Praxis.

Wir wollen Marken- und Marketingverantwortlichen sowie allen Markeninteressierten mit diesem Buch Wissen und konkrete Handlungsanweisungen vermitteln, wie Marken in einem immer komplexer werdenden Umfeld erfolgreich erlebbar gemacht werden können – und damit ganz entscheidend zum Unternehmenserfolg beitragen. Dieses Buch soll Wissen nicht nur komprimiert weitergeben, sondern inspirieren: zu mehr und besserer Forschung, zu besserem und interessanterem Markenerleben.

## Danke

Marken haben uns seit jeher fasziniert. Wie Menschen sie erleben, warum sie Begehren auslösen, warum einige groß und erfolgreich werden und andere in Vergessenheit geraten oder sogar untergehen.

Unser Berufsweg hat es uns gestattet, unser Interesse an Menschen und Marken professionell zu leben. Wir danken daher den Kunden, für die wir in den letzten Jahren arbeiten durften, sowie den Firmen, bei denen wir viele Jahre lernen konnten und die wir mit leiten durften – insbesondere der GfK Marktforschung, der BBDO-Kommunikationsgruppe, icon (heute: Icon Added Value), Saatchi & Saatchi, McCann-Erickson, Publicis bzw. Publicis Sasserath – dafür, dass wir in einem der spannendsten Themenfelder unserer Zeit einzigartige Erfahrungen sammeln konnten.

Auch unseren Kollegen, Partnern und Freunden danken wir für viele spannende gemeinsame Projekte, Diskussionen und Erkenntnisse.

Ganz besonderer Dank gilt Katja Riffel und Oliver Cholotta. Ohne sie hätten wir weder Bilder noch QR-Codes im Buch. Ein großes Dankeschön auch an Henryk Berlet für die schön gestalteten Abbildungen.

Hervorzuheben ist auch der Beitrag von Anita Lotterschmid und Adam Domanski, die durch Gespräche und Diskussionen sowie den ein oder anderen Blog-Artikel viele sehr gute Gedanken und konkrete Beispiele einbrachten. Anita Lotterschmid gebührt auch Dank als „Direktorin" unseres Inspirations- und Weiterdenkformats „MMS macht Schule" wie auch allen Referenten, die wir wöchentlich begrüßen und die so viele Gedanken stimuliert haben.

Wir danken Frau Roscher vom Springer Gabler Verlag, die uns mit Geduld und Sach-verstand durch den Entstehungsprozess dieses Buches geleitet hat.

Nicht zuletzt möchten wir unseren beiden MMS-Partnern Marc Sasserath und Nina Reicke danken, die es uns ermöglicht haben, hin und wieder Freiräume zu schaffen und zu nutzen, um dieses Buch entstehen zu lassen.

# Inhaltsverzeichnis

# Markenerleben im Spannungsfeld der medialen Digitalisierung und multisensorischen Inszenierung

**1**

Daten sind das Gold des digitalen Zeitalters.
   Sabine Leutheusser-Schnarrenberger

Aus heutiger Sicht ist es schwer zu glauben, dass die digitale Vernetzung der Welt vor gerade etwas mehr 20 Jahren begann. Als Tim Berners-Lee am 6. August 1991 den Computercode für das World Wide Web öffentlich zugänglich machte, war er noch ganz allein im Internet. Heute gibt es mehr als zwei Milliarden Nutzer. Und kaum eine technische Erfindung hat Wirtschaft und Gesellschaft in so kurzer Zeit so radikal verändert wie das Internet. Vor 15 Jahren gab es knapp 24.000 Webseiten, heute sind fast 300 Mio. verfügbar, Tendenz rasch wachsend.

„Daten sind das neue Öl", wird allenthalben geäußert – das heißt, dass Daten das Öl als zentrale Antriebskraft der Wirtschaft ablösen könnten. Andere bezeichnen Daten sogar als das Gold des digitalen Zeitalters. Daten jagen heute in schier unglaublicher Menge in Echtzeit um die Erde. Längst sind wir auf der Datenautobahn mit Lichtgeschwindigkeit unterwegs. Das Internet ist DER Wachstumstreiber der Wirtschaft schlechthin. Untersuchungen der Boston Consulting Group zeigen, dass Unternehmen, die das Internet stark nutzen, um ein Vielfaches schneller wachsen als Firmen, die das Internet nicht oder nur wenig nutzen. Und für jede Stelle, die der digitalen Wirtschaft zum Opfer fällt, werden 2,6 neue Arbeitsplätze geschaffen.

Dabei steht auch im Internet neben dem Guten längst das Böse. Im Netz verstecken sich Diebe, Hehler, Spione, Krieger und Terroristen. Es ist eine Welt der Pseudonyme und Aliasse, der Codenamen und Verschlüsselungen, der Viren und Würmer. Der globale Schaden durch Cybercrime beträgt nach konservativen Schätzungen 200 Mrd. Dollar pro Jahr, nach progressiven eine Billion.

U. Munzinger und C. Wenhart, *Marken erleben im digitalen Zeitalter*,
DOI 10.1007/978-3-8349-3732-2_1,
© Springer Fachmedien Wiesbaden 2012

## 1.1  Die mediale Digitalisierung und die Implikationen für das Markenerleben

Jeden Tag wird die Welt ein bisschen digitaler. Diese zunehmende Digitalisierung stellt auch an Markenverantwortliche und Werbetreibende völlig neue Anforderungen.

Wie fatal es sein kann, die Bedeutung der Digitalisierung zu verschlafen, zeigt die Insolvenz des 131 Jahre alten Kodak-Konzerns. Der amerikanische Kamera- und Filmhersteller hat zwar 1975 die erste Digitalkamera erfunden, brachte dann aber das Kunststück fertig, die eigene Entdeckung 20 Jahre lang zu ignorieren. Die japanische Konkurrenz war schneller und der Einstieg von Kodak in das digitale Geschäft kam viel zu spät. Auch Firmen wie Nokia, Media Markt oder Manroland haben die Bedeutung der Digitalisierung lange unterschätzt – mit zum Teil gravierenden Folgen.

Das Internet und insbesondere soziale Netzwerke sind heute fester Bestandteil im Leben vieler Menschen. 2011 waren bereits mehr als 73 % der deutschen Bevölkerung online, 43 % hatten ein Profil in einer Social Community. 20 % der Onliner nutzten das Internet mobil, und 17 % nutzten Apps auf Smartphones oder Tablet-PCs (ARD/ZDF-Onlinestudie 2011). Drei von vier Deutschen würden eher auf Alkohol verzichten als auf das Internet!

Facebook ist mit seinen weltweit mittlerweile mehr als 850 Mio. Usern die mit Abstand größte Internet Community, die dabei ist, alle übrigen sozialen Netzwerke zu verdrängen. Mittlerweile hat es Facebook auch erfolgreich nach Hollywood geschafft. Der Film „The Social Network" über Facebook-Gründer Marc Zuckerberg gewann vier Golden Globes und war ein globaler Kinohit.

> ▸    http://www.thesocialnetwork-movie.com – Filmtrailer zum Film „The Social Network" über die Anfänge des mittlerweile größten sozialen Netzwerks.

Der Börsengang mit einem Volumen von geschätzten 100 Mrd. US-Dollar hat einen neuen Börsenboom ausgelöst. Nach Meinung von Beobachtern ist der Börsengang erst der Beginn eines gigantischen Wachstums von Facebook. Auf Grund seiner riesigen Nutzerzahlen hat Facebook das einzigartige Potenzial, ein umfassendes E-Commerce-Ökosystem aufzubauen, das von Immobilien- über Datingportale bis zu Finanzdienstleistungen reicht.

Die Facebook-Manie hat mittlerweile solche Ausmaße angenommen, dass sich einige Kommunen in den USA genötigt sahen, Warnschilder zur Sicherheit von Fußgängern im Straßenverkehr zu installieren (siehe Abb. 1.1).

Unternehmen reagieren auf die zunehmende Nutzung digitaler Medien, indem sie Budgets umverteilen. So investiert die Allianz-Versicherung mittlerweile 20 % ihres Marketing-Budgets in digitale Kanäle – vor kurzem waren dies noch ganze 2 %! Und Pepsi, über Jahrzehnte bekannt und berühmt für seine Fernsehwerbung, steckte 2010 erstmals seit vielen Jahren kein Geld mehr in klassische Werbung rund um den Super Bowl, sondern investierte stattdessen 20 Mio. Dollar in die Social-Media-Kampagne „Refresh Everything".

Ist das klassische Fernsehen also tot? Mitnichten! Fernsehen ist nach wie vor DAS Massenmedium schlechthin, in ganz Europa hat sich die Nutzungsdauer in den letzten Jahren

**Abb. 1.1** Warnschild zur Sicherheit von Fußgängern im Straßenverkehr amerikanischer Kommunen

erhöht! (Research & Results 2011). Ebenso wie Radio das gedruckte Wort nicht obsolet machte und Fernsehen Radio nicht ersetzte, verdrängen die digitalen Medien das Fernsehen nicht. Eher sehen wir konvergente Tendenzen, also ein zunehmendes Verschmelzen der klassischen Medien mit dem Internet à la Google TV. Da heute bereits sehr viele Menschen Multitasking betreiben indem sie beim Fernsehen per Laptop, Tablet oder Smartphone im Internet surfen, ist die Integration von TV und Internet naheliegend.

Die anhaltende Popularität klassischer Medien machen sich auch zunehmend Marken, die aus der digitalen Welt kommen, zu Nutze. Groupon, eines der weltweit am schnellsten wachsenden Internetunternehmen, hat es in gerade einmal zwei Jahren geschafft, mehrere hundert Millionen Nutzer in über 35 Ländern zu generieren. Und dies bis 2010 ausschließlich über Word of Mouth, ohne die Nutzung von klassischer Werbung. Seither scheint auch Groupon die ehrgeizigen Wachstumsziele nicht mehr alleine über Weiterempfehlung alleine realisieren zu können.

**Abb. 1.2** Berlin-Deals auf der Groupon-Webseite

Groupon galt bis dato als DAS Beispiel für erfolgreiches Word-of-Mouth-Marketing. Bei Groupon ist der Weitererzähl-Gedanke quasi konzeptimmanent. Der Name Groupon ist eine Kombination aus „Group" und „Coupon" und symbolisiert die Grundidee der Webseite. Auf Groupon werden besonders attraktive, regionalisierte Rabatte angeboten, vom Friseurbesuch über den Helikopterflug bis zum Nobelrestaurant oder – aktueller Berlin Deal – fünf Kinokarten für 22 statt 45 Euro (s. Abb. 1.2). Der Rabatt kommt allerdings erst zustande, wenn eine bestimmte Mindestteilnehmerzahl pro Angebot realisiert wird. Es besteht also ein ganz natürlicher und egoistischer Nutzen darin, möglichst viele Freunde und Bekannte über das Angebot zu informieren, ihnen so etwas Gutes zu tun und gleichzeitig Groupon weiterzuverbreiten.

Groupon bietet also zunächst ein digitales Gruppenerlebnis, dem ein analoges Erlebnis folgt. Gründer Andrew Mason sieht die Mission von Groupon darin, dafür zu sorgen, dass die Menschen ihre Städte neu entdecken: *„Wir bedienen ein Verlangen nach Erlebnissen"* (FOCUS Online 2011).

Groupon ist mittlerweile so erfolgreich, dass sie 2010 ein Übernahmeangebot über sechs Milliarden US-Dollar von Google ausschlagen konnten – sehr selbstbewusst für eine Firma, die bis dahin gerade einmal zwei Jahre existierte.

Beim Börsengang im November 2011 erreichte Groupon mit 13 Mrd. Dollar eine etwa doppelt so hohe Bewertung wie die Lufthansa, obwohl der Schnäppchenanbieter bislang noch enorme Verluste produziert und mittlerweile Tausende Clones existieren (alleine für China wird die Zahl auf mehr als 6000 geschätzt!).

Groupon investiert seit 2010 massiv in klassische Werbung. So wie auch andere Internetunternehmen, wie etwa Zalando. Überspitzt ließe sich sagen: Unternehmen aus der Offline-Welt investieren zunehmend in online, und Unternehmen aus der Online-Welt in offline.

Doch nicht nur die Budgetverteilungen ändern mit zunehmender Digitalisierung in alle Richtungen, auch die Art und Qualität der Markenerlebnisse wandelt sich.

Nehmen wir das Beispiel Pepsi: anstatt einen oder mehrere, in der Regel sehr humorvolle TV-Spots im Rahmen der Super Bowl-Übertragung vorgesetzt zu bekommen, hatten die Menschen 2010 die Gelegenheit, Ideen einzureichen, die der Welt dabei helfen sollen, „ihre Communities zu erfrischen".

Auf der Projekt-Webseite war es möglich, sich die einzelnen Ideen anzuschauen und für diese abzustimmen. Dazu kategorisierte Pepsi die Ideen. Hier wird auch deutlich, warum es sich dabei um eine 20 Mio. Dollar-Kampagne handelte: Nicht die Webseite hat so viel Geld gekostet, sondern die Gewinne, die vergeben wurden, gingen in den Millionenbereich.

▶   http://www.refresheverything.com – Hier stellt Pepsi den Erfolg der Aktion vor und führt alle realisierten Pepsi-Refresh-Projekte auf.

Das Pepsi-Beispiel ist typisch für eine neue Orientierung in der Markenkommunikation. Waren früher mediale Einbahnstraßen und Berieselung an der Tagesordnung, sind heute zunehmend partizipative und Response-orientierte Kommunikationsstrategien zu beobachten.

Allerdings sollte man bei aller Euphorie um die neuen digitalen Möglichkeiten und Social Media nicht den nüchternen Blick auf die Ergebnisse vernachlässigen. Die vielbeachtete Refresh-Aktion hat Pepsi zwar jede Menge unbezahlte Aufmerksamkeit und positive PR beschert, aber die Abverkäufe wurden nicht positiv beeinflusst. Ein Jahr, nachdem Pepsi seine Marketingstrategie zu Gunsten Social Media erfrischt hatte, waren die Abverkäufe um 9 % gesunken. Dies ist zum Teil auf einen generellen Verlust in der Kategorie zurückzuführen, aber der Hauptkonkurrent Coca Cola verlor im selben Zeitraum nur 7 % (Mandese 2011).

Ähnlich ernüchternde Resultate erzielten Marken, die in ihren Marketingstrategien dramatische Veränderungen zu Gunsten von Social Media vollzogen haben. Dell zum Beispiel ist in den letzten Jahren zu einer der führenden Social-Media-Marken avanciert. Das Unternehmen gilt unter anderem als Social-Media-Vorzeigebeispiel der ersten Stunde, da sie es schafften, einen sozialmedialen Shitstorm („Dell Hell") in eine vorbildliche Social-Media-Strategie zu transformieren. In der gleichen Zeit halbierte sich allerdings die Marktkapitalisierung von Dell. Obwohl auch hier sicherlich andere Faktoren beigetragen haben, lässt sich doch sagen, dass Social Media zumindest nicht in der Lage war, die negative Entwicklung von Dell zu verhindern.

Damit soll digitalen bzw. sozialmedialen Strategien nicht pauschal eine Abverkaufswirkung abgesprochen werden. Allerdings sind sozialmediale Aktivitäten oft auf sehr spezifische Zielgruppen fokussiert und damit in ihrer breiteren Wirkung limitiert. Selbst Coca Cola, die Marke mit den meisten Fans auf Facebook, erreicht mit ihren 35 Mio. Freunden weniger als ein Prozent ihrer globalen Verwenderschaft.

Sehr treffend ist in diesem Kontext die Aussage von Molly Flat von der Word-of-mouth-Agentur 1000heads WOM evangelist: *„Becoming a more social company is not the same as becoming a better company"* (Admap 2012). Drei der in den letzten Jahren erfolgreichsten Firmen, Apple, Samsung und Disney, die alle als eher autokratisch und hermetisch abgeschottet gelten, belegen diese Aussage.

Grundsätzlich funktionieren digitale Strategien (wie übrigens alle Strategien) dann beim Abverkauf, wenn sie auf einem relevanten Consumer Insight basieren und den Menschen nützliche Funktionen zur Verfügung stellen.

Ein Beispiel für eine solche Insight-basierte, digitale Strategie ist der Pizza-Tracker von Domino's Pizza in den USA. Domino's Tracker ist nichts anderes als die Visualisierung des Fortschritts, den eine Pizza von der Bestellung bis zur Auslieferung nimmt – auf digitalen Endgeräten. Der Besteller weiß also dank Pizza Tracker immer ganz genau, wie lange es noch dauert, bis der Lieferservice an der Haustür klingelt. Dies ist für den Pizzabesteller ein großer Nutzen, da er bislang nicht wusste, ob er es schafft, vor Lieferung der Pizza zu duschen oder den Hund Gassi zu führen, oder ob die Pizza nach 30 Minuten Wartezeit schlicht vergessen wurde und der Pizzabote deshalb noch nicht geklingelt hat.

Außerdem kann der Kunde auf der Webseite sehen, wer seine Pizza zubereitet hat, und er kann die Pizza anschließend direkt bewerten, was auch einen starken Einfluss auf die Mitarbeitermotivation hat. Die Ergebnisse der Reviews wurden u. a. am New Yorker Times Square in überdimensionaler Form dargestellt.

▶   http://youtu.be/W5Q2Y2ZQ-4Y – Der Film „Domino's Pizza – Raising the bar"
     zeigt die Mitarbeiterreaktionen auf den Domino's Tracker am Times Square in
     New York.

Obwohl erst seit 2007 auf dem Markt, wurde Domino's mit dem Tracker innerhalb kurzer Zeit zum führenden Online-Pizzalieferdienst in den USA. Das Intelligente an dieser im Kern simplen Idee ist die Übertragung der Transparenz, die man von Amazon und anderen Online-Bestellungen kennt.

My Starbucks Idea ist ein gutes Beispiel dafür, wie das Internet genutzt werden kann, um Kunden jenseits klassischer Marktforschung zu involvieren, und um Angebote und Services im Sinne der Kunden zu verbessern und weiterzuentwickeln.

My Starbucks Idea funktioniert in vier Schritten. Registrierte Teilnehmer können ihre Ideen zur Verbesserung des Starbucks-Erlebnisses (egal, ob kleine Verbesserungen oder große Ideen) auf der Webseite posten. Die Community wählt dann die besten Vorschläge und stellt diese zur Diskussion. Die besten Ideen werden vorgestellt und von Starbucks umgesetzt. Der Fortschritt der Umsetzungen und die konkreten Ergebnisse lassen sich auf der Webseite ebenfalls nachverfolgen.

▶   http://mystarbucksidea.force.com – Die Crowdsourcing-Plattform My Starbucks Idea gibt einen Überblick über alle bisher eingereichten Ideen und lädt ein zum Mitmachen.

Starbucks setzt zeitgemäß und intelligent um, was der ehemalige P&G-CEO Ed Artzt vor einigen Jahren auf einer Pressekonferenz zur Rolle des Internet für die Werbe- und Marketing-Strategie von Procter & Gamble (P&G) sagte. Er sah im Internet weniger ein Werbemedium als vielmehr eine neue Form, die es erlaubt, Feedback von Kunden zu erhalten, eine Art digitale Servicenummer.

Wofür Unternehmen das Internet auch primär nutzen mögen, wesentliche Voraussetzung digitaler Strategien ist die verfügbare Hardware. Insbesondere das global begehrte iPad von Apple hat den gesamten Printmarkt innerhalb kürzester Zeit auf den Kopf gestellt und die Nutzung von Bewegtbild und Apps revolutioniert. Aber auch die rasant zunehmende Penetration von Smartphones ändert das Nutzungsverhalten massiv.

Seriösen Schätzungen zu Folge wird die Zahl der mobilen Internetnutzer 2013 2,6 Mrd. Menschen betragen (Admap 2011). Dadurch ändert sich noch eine andere Qualität der Markenerlebnisse. Wurde Markenkommunikation früher primär über große Screens wie Kinoleinwände und immer größere Fernsehbildschirme vermittelt, kommen in Zukunft immer mehr Markenerlebnisse über vergleichsweise sehr kleine Screens zustande. Diese Markenerlebnisse sind dafür zumindest potenziell interaktiv und vernetzt. Welchen Einfluss dieser Umstand auf die Qualität des Markenerlebens hat, bleibt abzuwarten.

Der eigentliche Hype dreht sich heute aber nicht mehr wirklich um Hardware oder Social Media, sondern um die Themen Mobilität und Apps.

Während Social Media wie eine Facebook-Präsenz mittlerweile als normale Bestandteile eines Markenauftritts erlebt werden, sind Apps auf mobilen Endgeräten dabei, nicht nur Teil der Unterhaltungskultur zu werden, sondern Geschäftsprozesse zu revolutionieren.

**Abb. 1.3**   Das iPad als Hyundai Equus Bedienmanual

Wie sich begehrliche Hardware mit intelligenten Apps kombinieren lässt, hat Hyundai im Pkw-Markt in den USA gezeigt. Der Hyundai Equus wurde nicht mit einer herkömmlichen dicken und unhandlichen Bedienungsanleitung bestückt, sondern statt dessen mit einem iPad, auf dem die Bedienfunktionen des Equus mittels kleiner Filme vermittelt werden. Natürlich sind auch Apps vorinstalliert, mit denen sich bequem z. B. Termine mit einer Vertragswerkstatt vereinbaren lassen (s. Abb. 1.3).

▶   http://youtu.be/J4hm0eHHQP0 – Der kurze Film zeigt die Anwendung des iPads
    als Bedienmanual für den Hyundai Equus.

Auch der Handel hat mobile Apps längst als wichtigen Bestandteil des Convenience Shopping erkannt. Mit der Edeka Südwest-App lässt sich mit dem Food Shaker ermitteln, mit welchen Rezepten die Reste im Kühlschrank zu verwerten sind. Natürlich wird auch gleich eine Einkaufsliste mit den für das Rezept fehlenden Produkten zusammengestellt. Per Shopfinder lässt sich dann leicht der nächste Edeka-Markt lokalisieren.

Einen Schritt weiter geht die Appie-App des niederländischen Händlers Albert Heijn, die über den Spaßfaktor hinaus auch echten Nutzen bietet. Hat man einen Shop ausgewählt, sortiert die App die Einkaufsliste entsprechend des individuellen Store Designs so um, das man die Produkte bequem nacheinander einsammeln kann, ohne jemals zurück laufen zu müssen. Das Spannende aus Händlerperspektive ist, dass individuell passende Angebote und Rabatte integriert werden können.

▸    http://youtu.be/ka3_sVgH0-c – Der kurze Film demonstriert, wie die Appie-App
      von Albert Heijn das Einkaufen erleichtert und verschiedene Funktionalitäten
      wie Angebote und Rabatte integriert.

Besonders innovativ im Einsatz von Apps ist die britische Supermarkt-Kette Tesco. Mittels einer im TV beworbenen Barcode-App lassen sich Produkte überall erfassen und werden je nach Bedarf geliefert. Das Tolle aus Nutzersicht ist: die Liste lässt sich nach und nach füllen, und zwar immer genau in dem Moment, in dem man mit dem fehlenden Produkt in Berührung kommt. Geht zum Beispiel in der Dusche das Duschgel aus, kann man noch im Badezimmer die leere Duschgel-Flasche einscannen und muss nicht später, wenn man die Liste macht, wieder daran denken. Tesco war der erste und bislang einzige britische Supermarkt mit einer umfassenden mobilen Strategie und hat über seine App-Range Mitte 2011 schon über 1,5 Mio. Downloads generiert.

Einen besonders innovativen Weg ist Tesco in Südkorea gegangen. Tesco heißt in Südkorea Homeplus und ist mit Abstand zum Marktführer die Nummer zwei im Markt. Der größte Nachteil von Homeplus ist die deutlich geringere Zahl an Outlets in Südkorea. Deshalb brauchte Homeplus eine Strategie, die es ermöglichte, Marktanteile zu gewinnen, ohne die Zahl der Shops signifikant zu erhöhen. Grundlage der Strategie war die Erkenntnis, dass Südkoreaner extrem beschäftigt sind und weder Zeit noch Lust haben, Lebensmittel einzukaufen. Der wöchentliche Einkauf stellt eine zusätzliche Belastung dar, die auf Kosten der ohnehin knappen Freizeit geht. Also entschloss sich Homeplus, virtuelle Shops dorthin zu bringen, wo die Leute sowieso sind, wie z. B. U-Bahn Stationen. Diese wurden so beklebt, dass sie aussahen wie Shops von innen, mit Regalen und Produkten. Mittels Barcode-Scannern auf ihren Smartphones konnten die U-Bahn-Nutzer während ihrer Wartezeit auf die U-Bahn shoppen und die Produkte zu Hause gleich in Empfang nehmen. Somit verwandelte Homeplus Wartezeit in Einkaufszeit.

Die Online-Lebensmittelverkäufe in Südkorea wuchsen um über 130 %, damit ist Homeplus die Nummer Eins im Online Markt und nur noch knapp hinter dem Marktführer im Offline-Markt.

▸     http://youtu.be/hGKoW-ouQlY – Im Nachrichtenbeitrag eines japanischen TV-Senders über die Eröffnung des weltweit ersten virtuellen Tesco Stores in Südkorea wird sehr ausführlich erklärt, wie das Einkaufen per Smartphone funktioniert.

Mittlerweile gibt es ähnliche Vorstöße in die Welt des digital-mobilen Einkaufens auch in Europa, zum Beispiel bei Coop in der Schweiz. Das Modell findet aber gerade auch bei kleinen Anbietern und Läden Nachahmer. Emmas Enkel in Düsseldorf, die das Tante Emma-Konzept ins digitale Heute übertragen, nutzen einfach die Schaufensterscheiben, um ihren Kunden das Einkaufen auch nach Ladenschluss zu ermöglichen. Karls Erdbeerhof, eigentlich nur zur Erdbeersaison in Berlin mit mobilen Ständen vertreten, nutzt Plakate im Berliner Nahverkehr, um die haltbaren Produkte ganz ohne Stand vor Ort zu vertreiben (vgl. Abb. 1.4).

Auch Amazon mischt im Markt der Apps kräftig mit. Für den Kunden einfach und bequem, wie es für Amazon typisch ist, erlaubt es die App, Barcodes beliebiger Produkte zu scannen, die Amazon-Preise zu checken und (für registrierte Amazon-User) mit einem Klick zu bestellen. Und das Ganze natürlich mit den bekannten und beliebten Amazon-Services (schnelle Lieferung, einfacher Umtausch etc.). Außerdem macht die App Vorschläge für ähnliche Produkte und enthält unabhängige Nutzer-Bewertungen.

Amazon profitiert dabei mehr als andere Anbieter von dem extremen Vertrauen, das die Menschen dem Händler entgegen bringen. In der jüngsten repräsentativen Studie zum Markenvertrauen von Musiol Munzinger Sasserath in Deutschland belegte Amazon von 100 abgefragten Marken den ersten Platz, noch vor Markenklassikern wie Nivea oder Haribo (Musiol et al. 2011).

**Abb. 1.4**   Einkaufen rund um die Uhr bei Karls Erdbeerhof an einem Berliner S-Bahnhof

▶   http://www.slideshare.net/MusiolMunzingerSasserath/mms-lz-studie-markenvertrauen – In der Präsentation finden sich die Ergebnisse der Studie Kundenbeirat – ein strategisches Instrument zur Unternehmensentwicklung.

Vertrauen ist gerade im Internet ein wichtiges Thema, und vom Vertrauen der Menschen hängt es letztendlich ab, ob und wem sie ihre Daten anvertrauen. Dabei zeigen sich zum Teil erstaunliche Diskrepanzen zwischen der Sorge um Datensicherheit im Internet und der freigiebigen Eingabe von Daten und dem Teilen von Bildern etc. Letztendlich ist die Bereitschaft, auch sensible Daten preiszugeben, abhängig von dem persönlich empfundenen Nutzen.

Ein Beispiel ist die Finanzverwaltungs-Software Mint. Auf der kostenlosen Mint-Webseite lassen sich alle persönlichen Accounts verwalten, Budgets setzen und überwachen und alle Arten von Ausgaben, wie z. B. das Haushaltsgeld, Kosten für einen oder mehrere Pkw oder das Urlaubsbudget kontrollieren. Dafür ist es natürlich notwendig, dass der Nutzer der Webseite alle Finanzdaten zur Verfügung stellt.

Da Finanzdaten normalerweise streng gehütet werden, muss Mint noch einen zusätzlichen Nutzen bieten: neben der Tatsache, dass der Anwender eine alles integrierende Finanzsoftware nutzen kann, ist vor allem der Vergleich mit dem Ausgabeverhalten anderer nützlich und hilfreich. So kann jeder unmittelbar vergleichen, ob die einzelnen Ausgabenposten über oder unter dem Durchschnitt liegen, etwa bei der Autoversicherung. Mint macht sich die Tatsache zu Nutze, dass für Menschen nichts glaubwürdiger und interessanter ist als das tatsächliche Verhalten anderer Menschen. Deshalb sind verhaltensbasierte Daten dabei, die meinungsbasierte Sterne-Bewertung als Orientierungs- und Entscheidungshilfe abzulösen.

Und natürlich kann man auf Mint im Falle von zu hohen Ausgaben für bestimmte Posten auch gleich zu günstigeren Anbietern wechseln.

▶   http://www.mint.com/ – Die Webseite informiert ausführlich über die Finanzsoftware Mint.

Trotz all der neuartigen Möglichkeiten, Menschen durch Digitalisierung Nutzen zu bieten: Digitalisierung bedeutet auch, dass Möglichkeiten entstehen, die nicht immer erwünscht sind. Da immer mehr frei zugängliche Profilfotos, zum Beispiel auf Facebook, mit den dazu gehörenden persönlichen Details im Netz zu finden sind, könnte bald die personenbezogene Online-Werbung auf die reale Welt übertragen werden. Vorstellbar wäre zum Beispiel folgendes Szenario: Eine junge Frau betritt eine Boutique und wird dabei von einer Überwachungskamera gefilmt. Sofort greift ein hochentwickeltes Erkennungsprogramm ein und verknüpft die junge Frau in Sekundenschnelle mit ihrem öffentlichen Profil in einem sozialen Netzwerk. Name, Alter, Beziehungsstatus und Vorlieben sind dem Ladenbesitzer sofort bekannt und er kann ihr personalisierte Angebote machen, ohne sie jemals vorher getroffen zu haben.

Forscher nennen dies die Demokratisierung der Überwachungstechnik und gehen davon aus, dass diese Entwicklung nicht mehr umkehrbar ist. Längst sind die Nutzer sozialer Netzwerke nicht mehr anonym unterwegs. Wie leicht sich Personeninformationen tatsächlich zuordnen lassen und für welche Zwecke sie genutzt werden können, ist nur den wenigsten Nutzern bewusst. Der Ex-CEO und Chairman von Google, Eric Schmidt, hat sich diesbezüglich folgendermaßen geäußert: „Wir wissen, wo du bist. Wir wissen, wo Du warst. Wir wissen mehr oder weniger, worüber Du nachdenkst" (Schmidt 2010). Diese Aussage dürfte nicht nur Datenschützern kalte Schauer über den Rücken jagen – sie erinnert fatal an George Orwells düstere Visionen eines totalitären Überwachungsstaates in seinem Roman 1984.

Fest steht, dass das Internet die Qualität von sozialen Beziehungen massiv verändert. Der Mensch wird durch das Internet gleichzeitig vernetzter und isolierter. Virtualisierung erzeugt das Bedürfnis nach echten menschlichen Kontakten, physischer Nähe, sensorischen Qualitäten.

In einer Welt, die immer digitaler und virtueller wird, gewinnen auch mit Marken die physischen und sensorischen Erfahrungen an Bedeutung.

Während sich über Medien meistens nur zwei Sinne ansprechen lassen (Sehen und Hören), können in analogen, dreidimensionalen Räumen, alle fünf Sinne angesprochen werden.

Mittlerweile gibt es auch im digitalen Bereich intensive Bemühungen, zusätzliche Sinne nutzbar zu machen. So bauen Ingenieure Touchscreens, die zum Erlebnis für die Fingerspitzen werden. Die aktuelle Generation der Smartphones ist für die Bedienung mit dem nackten Finger gemacht: wischen, drehen, ziehen, drücken. Für die nächste Generation überlegen sich die Hersteller Möglichkeiten, wie sie den Fingern ihrer User die Vorgänge auf dem Bildschirm auch fühlbar machen können.

So haben etwa Mitarbeiter von Nokias Forschungszentrum ein Nokia N900 als Prototypen dergestalt umgebaut, dass sich die Oberfläche des Bildschirms je nach Ansteuerung unterschiedlich rau oder glatt anfühlen kann. Die Konstruktion dieses Wundermonitors ist gar nicht so komplex: Über dem Touchscreen liegen zwei zusätzliche Lagen, eine elektrisch leitende und eine elektrisch nicht-leitende. Liegt auf der leitenden Schicht eine Wechselspannung an, regt diese durch ihr elektrostatisches Feld die nicht-leitende Schicht zu Schwingungen an. Dieses leichte Vibrieren nimmt der Finger als Rauheit wahr (das sogenannte vibrotaktile Prinzip). Der Prototyp kann bis jetzt nur den gesamten Bildschirm in einer Körnigkeit darstellen, muss also mit wanderndem Finger (die Position kann er aus dem Touchscreen lesen) die Frequenz der Wechselspannung modulieren.

Toshiba arbeitet mit der Haptik-Spezialfirma Senseg zusammen und hat ebenfalls Prototypen in Arbeit. Die Entwickler haben einen anderen Weg eingeschlagen, den sie „New Sensation UI Solution" nennen: Sie überziehen die Monitore mit einer speziellen Folie. Diese ist so beschichtet, dass sie kleine elektrische Felder erzeugt, die sich mit den Fingerspitzen ertasten lassen. Die Folie lässt sich sowohl auf transparenten und unebenen Untergründen befestigen als auch auf Kleidung nähen. Fährt man mit der Hand über die Oberfläche, fühlen sich die aktiven Bereiche rauer an. So fühlen die Finger auf dem glatten Touchscreen Tasten – und ertasten blind die richtige Position. Toshiba bringt diese Technik offenbar mit Computern und kleinen iPod-Geräten auf den Markt.

Einen Schritt weiter in die Zukunft geht ein Microsoft-Patent, das die Firma Ende November 2010 angemeldet hat. Statt einer schwingenden Schicht wollen die Forscher aus

Redmond eine Touchscreen-Schicht, die sich tatsächlich verformt, die also eine wirkliche, geometrische Textur erzeugt. Ein Formgedächtnis-Polymer verändert hier seine Struktur je nach der Wellenlänge, mit der es von unten mit Licht im unsichtbaren, ultravioletten Bereich bestrahlt wird. So schiebt sich unter einer Wellenlänge ein Punkt hart hervor und wird weich und nachgiebig unter einer anderen. Der Erfinder schlägt das System für stationäre, tischgroße Bildschirme vor, aber beinahe sämtliche Smartphone-Technik war in früheren Entwicklungsphasen mindestens tischgroß und stationär. Somit entwickeln sich auch die digitalen Medien zunehmend in Richtung multisensorischer Erlebnisse.

Allerdings dürfte es noch eine lange Zeit dauern, bis auch die Sinne Riechen und Schmecken digital vermittelt werden können. Besonders im multisensorischen Erleben über alle fünf Sinne liegen große Potenziale.

Dreidimensionale Markenerlebnisräume wie die Ritter Sport Bunte Schokowelt oder die legendären Apple-Stores üben eine große Faszination auf Menschen aus. „Inszenierte Markenwelten bieten unvergessliche Erlebnisse", formulierte Karsten Kilian, Gründer von markenlexikon.com (Kilian 2008). Der erste Ritter Sport Flagship Store, der 2010 in Berlin eröffnet wurde, mit Schokolateria, Schokopfad und Schokowerkstatt, in der Kinder und Erwachsene ihre eigene Schokolade kreieren können, ist mittlerweile eine Touristenattraktion und lockt ca. 1000 Besucher pro Tag. Auch die Konkurrenzmarke Milka hat im März 2012 zum 111. Geburtstag der Marke in München einen eigenen „Tempel der Versuchung" eröffnet.

Der Apple Store in New York ist die meistfotografierte Sehenswürdigkeit im „Big Apple" – noch vor der Freiheitsstatue und dem Empire State Building. Dabei erfüllen die Stores durchaus nicht nur Flagship-Funktionen, sondern befeuern auch das Geschäft: der Apple Store in London ist, auf die Fläche bezogen, der umsatzstärkste Laden in der ganzen Stadt.

Zunächst in Berlin und mittlerweile in ganz Deutschland boomen Konzepte wie das Kochhaus, das authentische, einzigartige Erlebnisse bietet. Kochhaus war das erste Lebensmittelgeschäft, das sich konsequent dem Thema Selberkochen widmet und nicht mehr nach Warengruppen, sondern nach Rezepten sortiert ist. An frei stehenden Tischen voller frischer Zutaten finden die Kunden alles, was sie zu einem bestimmten Gericht brauchen. Gegliedert nach Vorspeisen, Hauptspeisen und Nachspeisen, für jeweils zwei, vier oder mehr Personen. Das in dieser Form weltweit einzigartige, begehbare Rezeptbuch bietet ein ständig wechselndes Angebot der Zutaten für ca. 20 Rezepte. Jederzeit gibt es eine Auswahl von Vorspeisen, Salaten und Suppen, dazu verschiedene Pasta-, Fisch- und Fleischgerichte und natürlich passende Nachspeisen (s. Abb. 1.5).

Physisches Erleben wird in der digitalen Welt verstärkt zum Treiber für Präferenz, die wirkungsvolle Verknüpfung mit der digitalen Welt zur großen Herausforderung. Selbst die Ikonen der digitalen Ära haben erkannt, dass multisensorische Markenerlebnisse auch emotionale Markenerlebnisse sind und einen großen Mehrwert bieten. So haben Amazon und Google im Frühjahr 2012 angekündigt, ihre ersten Flagshipstores zu eröffnen, um die Chancen dreidimensionaler, multisensorischer Erlebnisräume zur Markeninszenierung zu nutzen.

**Abb. 1.5**  Zutatenliste und Einkaufsanleitung für leckeres Zitronenhuhn im Kochhaus Berlin

## 1.2    Multisensorisches Markenerleben

Die Möglichkeiten der Multisensorik im Marketing sind heute noch nicht ansatzweise ausgeschöpft. In den nächsten Jahren werden immer mehr Unternehmen die fünf Körpersinne gezielt einsetzen, um Marken zu positionieren, zu differenzieren und Markenerlebnisse zu schaffen, die Präferenz erzeugen.

Zwar ist das Thema Multisensualität in der Markenführung in den letzten Jahren immer populärer geworden. Aber erst wenige Unternehmen haben sich wirklich systematisch Gedanken darüber gemacht, wie die fünf Körpersinne zum Nutzen der Markenführung genutzt werden können. In der Praxis werden meist nur Sehen und Hören bewusst eingesetzt, um Markenbotschaften zu kommunizieren. In diesem Bereich liegen gewaltige Potenziale brach, die genutzt werden könnten, um das Markenerleben zu maximieren.

Gerade in einer zunehmend digitalen und virtuellen Welt kommt der physischen, sinnlichen Erfahrung von Marken eine immer größere Bedeutung zu.

Unsere Sinne sind dauerwach. Selbst ohne äußere Reize bleiben sie aktiv. So füllt sich unsere Wahrnehmung durch Isolation der Sinne von der Außenwelt (etwa in einem Sensory Deprivation Tank) nach kurzer Zeit mit Bildern und Szenen, Gerüchen, Stimmen oder Melodien und vermittelt sehr klare und lebendige Erlebnisse.

Wenden wir uns zunächst einmal den einzelnen Sinnen zu und versuchen zu verstehen, welche Bedeutung sie haben und wie sie möglicherweise zur Gestaltung von Markenerleben genutzt werden können.

### 1.2.1  Sehen: Menschen sind Augentiere

Die Bildkommunikation gilt als die mit Abstand effektivste Form der Informationsübermittlung.

Ein Bild sagt mehr als tausend Worte, sagt der Volksmund, und nicht nur das. Oft haben Bilder, an die wir uns besonders intensiv erinnern, auch einen besonderen Duft oder einen Klang. Denken Sie einmal an Ihren letzten Urlaub und welche Bilder, Düfte und Klänge Ihnen dazu einfallen.

Kommunikationsforscher wissen aus ihrer Praxis, dass visuelle Signale aus Anzeigen oder TV-Spots für 80 bis 90 % des Erinnerten verantwortlich sind. Bildsignale sind vor allem darin überlegen, implizit Bedeutung zu vermitteln. Im visuellen Bereich gibt es vielfältige Gestaltungsmöglichkeiten, um Kaufanreize zu schaffen und Marken zu differenzieren, etwa über Formen, Farben oder auch mit Licht.

Wenn man über visuelle Differenzierung und Positionierung nachdenkt, fällt einem natürlich sofort Apple ein. Wie kaum eine andere Marke hat Apple ein unverwechselbares visuelles Erscheinungsbild entwickelt, das immer wieder – von der Verpackung über die Produkte bis zum Apple Store – erlebbar ist. Dabei ist das ansprechende Äußere kein Selbstzweck, sondern Ausdruck der sprichwörtlichen Benutzerfreundlichkeit aller Apple-Produkte.

Eine andere Marke, die seit vielen Jahren weniger spektakulär, aber dennoch erfolgreich über ihr Aussehen und damit verbundene, intuitive Funktionalität funktioniert, ist Bang & Olufsen. Bis heute hat das Unternehmen Bang & Olufsen das Leitmotiv der Unternehmensgründer beibehalten: innovative Ideen, für die eine technisch ausgefeilte Lösung gefunden wird, die sich wiederum über das attraktive Design selbst erklärt. Bang & Olufsen-Produkte sagen mindestens genauso viel über den Stil und Geschmack des Besitzers aus wie über HiFi.

Auch Absolut Vodka funktioniert seit vielen Jahren primär über sein Erscheinungsbild: Der Edel-Wodka unterscheidet sich weniger durch seinen Geschmack von anderen Premium-Wodkas als durch seine einzigartige Flaschenform sowie das besondere Schriftbild. Die Absolut-Flasche unterscheidet sich in dreierlei Hinsicht von anderen Spirituosenbehältern. Zum einen in Form und Durchsicht: Während die meisten Flaschen eckige Ränder und lange Hälse haben, war die von Absolut als Erste rund und kurzhalsig. Auch bei der Etikettierung gingen die Absolut-Macher einen völlig neuen Weg: Sie waren die Ersten, die auf ein Papieretikett verzichteten und die Beschriftung direkt auf die Flasche druckten. Die markante Schrift alleine genügt heute schon, um zu erkennen, dass es sich beim Absender um Absolut handelt. Wie zum Beispiel der Initiative MADE in Berlin (www.made.de), die zwar von Absolut Vodka unterstützt wird, jedoch nicht direkt gebrandet ist. Vielmehr gelingt die Assoziation allein durch die typografische Gestaltung.

Diese einzigartige Markengestaltung, die auch in der Kommunikation über viele Jahre hinweg immer wieder neu und überraschend inszeniert wurde, unter anderem von Andy Warhol und Keith Haring, verhalf Absolut zu globalem Kultstatus und Erfolg (s. Abb. 1.6).

**Abb. 1.6** Absolut Vodka An-
zeigenmotiv Absolut Perfection

Aber auch Produkte des täglichen Bedarfs können sich über ihr Aussehen differenzieren und positionieren. Die Gestaltung eines Produktes oder einer Verpackung bietet eine
hervorragende Plattform, um eine Marke sinnlich wahrnehmbar zu machen und damit
automatisch zu positionieren und zu differenzieren.

Auch wenn Bildkommunikation in aller Regel die effizienteste Form der Informati-
onsvermittlung darstellt, bieten auch das Hören, der Geruchssinn, das Fühlen und das
Schmecken Möglichkeiten, Marken zu differenzieren und Nutzen und Identität zu schaffen.

## 1.2.2  Hören: Die Magie der Klänge

Auch Geräusche tragen zum Markenerleben bei. Die Welt ist voll mit Tönen, Klängen und
anderen Geräuschen. Das Gehör ist der erste Sinn, der Menschen prägt. Schon im Mutter-

leib können wir Töne hören. Säuglinge leben in den ersten Monaten überwiegend in einer Klangwelt und nehmen akustische Reize viel stärker wahr als optische.

Auch wenn wir nur eine Stimme hören, und niemanden sehen, merken wir sofort, wer spricht. Und der Klang der Stimme verrät uns sogar, ob der andere ärgerlich, traurig oder gut gelaunt ist. Das Poltern des Chefs, der Trost der Mutter, das Flüstern der Liebe – der Klang der Worte berührt uns oft mehr als ihr Inhalt. Die Stimme ist die Botschafterin unserer Gefühle, unser akustisches Ich.

Die Ohren können wir nicht zumachen wie die Augen. Deshalb sind wir ständig von Tönen, Klängen und Geräuschen umgeben. Wenn wir sie gewohnt sind, oder wenn sie für uns nicht wichtig sind, bemerken wir sie oft gar nicht.

**Trotzdem beeinflussen uns Geräuschsignale, ohne dass wir es bewusst wahrnehmen. Tempo, Rhythmus und Tonart gehörter Musik beeinflussen unseren Körper und unsere Emotionen.**

So kann Musik Kaufentscheidungen massiv beeinflussen. Ein Experiment in einem amerikanischen Weinladen ergab, dass die Kunden, begleitet von leichter klassischer Musik, weit teurere Flaschen kauften als bei der Berieselung mit Popmusik. Und als ein englischer Supermarkt in seiner Weinabteilung deutsche Volksmusik abspielte, kauften die Kunden zu etwa zwei Dritteln deutsche Weine, hörten sie hingegen französische Chansons wurden zu 80 % französische Tropfen gekauft. Das Erleben und die Markenpräferenz wurden offenbar signifikant von der sublimen Akustik beeinflusst (Beck und Beck 2011).

Geräusche und Musik lassen sich aber auch gezielt für spezifische Marken zur impliziten Vermittlung von Bedeutung einsetzen. Sound Branding gewinnt daher immer mehr an Bedeutung. Demnach müssen Marken nicht nur gut aussehen, sondern auch gut und eigenständig klingen. Denn eine gut gemachte Akustik unterstützt die Marke, während ein schlechtes Klangbild die Wahrnehmung und damit das Markenerleben ruinieren kann. Als Erstes erkannten dies die Autohersteller. Sie achten nicht nur auf einen angenehm kräftigen Motorensound, sondern auch auf die Geräusche beim Türöffnen, Scheibenwischen und Handbremseanziehen. Für die Entwicklung eines neuen Modells gehen in der Automobilindustrie etwa fünf Prozent der Kosten in die Akustik.

Bierhersteller arbeiten daran, eine Bierflasche beim Öffnen frisch klingen zu lassen. Chips-Produzenten feilen am richtigen Knusper-Sound beim Kauen. Warum investieren die Hersteller in diesen Bereich?

Zur Erklärung hilft das Konzept der Irradiation. Irradiation ist ein in der Psychologie seit langem bekanntes und gut untersuchtes Phänomen. Es steht für Ausstrahlung beziehungsweise Überstrahlung, ein Effekt, der bei der Beurteilung von Wahrnehmungsobjekten auftritt (Rosenstiel, Neumann 1998). Konkret bedeutet Irradiation, dass die Einschätzung einer Eigenschaft oder eines Merkmals auf andere Eigenschaften oder Merkmale ausstrahlt. Irradiation kann sowohl in eine positive wie in eine negative Richtung wirken.

Das Phänomen der Irradiation lässt sich gezielt für das Markenerleben nutzen. Stellen Sie sich eine Weinflasche vor, die auf einem Edelstahlblech steht. Das Etikett ist stark ausgeleuchtet. Daneben steht eine Weinflasche auf einem grob behauenen Natursteinsockel. Das Etikett ist in sanftes Licht gehüllt. Welcher Wein schmeckt besser? Welcher Wein ist teurer? Unsere Erfahrung sagt uns: in einem Weinberg oder Weinkeller gibt es Holzfässer und alte Steingewölbe und Kerzen – aber keinen Edelstahl. Der echte, authentische Wein ist also der auf dem Steinsockel.

Der überwiegende Teil unserer Beurteilungen und Entscheidungen passiert unbewusst in Bruchteilen von Sekunden. So schließt der Verwender quasi automatisch vom Geruch eines Reinigungsmittels auf dessen Reinigungskraft, von der Farbe eines Lebensmittels auf seinen Geschmack oder vom Geräusch beim Öffnen eines Bierverschlusses auf die Frische des Bieres. Durch die Auswahl und den gezielten Einsatz von konkreten Signalen lassen sich also bestimmte erwünschte Eigenschaften kommunizieren und somit (Vor-)Urteile in der Wahrnehmung steuern.

Eine Besonderheit von Geräuschen, und insbesondere Musik, liegt darin, dass das akustische Gedächtnis, ähnlich wie das visuelle Gedächtnis, im Gegensatz zum Sprachgedächtnis praktisch unbegrenzt ist. Oft reichen wenige Akkorde von Liedern, die wir jahrelang nicht gehört haben, um ein Musikstück sofort zu erkennen.

Musik hat darüber hinaus die Eigenschaft, andere Erinnerungen zu aktivieren. So werden zum Beispiel beim Hören eines bestimmten Liedes oft auch Situationen und Emotionen wachgerufen, die wir früher beim Hören des Stückes erlebt haben. Dies können bestimmte Feste, Fahrten, Tänze oder romantische Situationen sein, wie beispielsweise die Disco im Jugendclub, das erste Rendezvous oder der erste Kuss.

Es müssen auch nicht immer komplette Songs sein, um Markenkommunikation zu unterstützen. Manchmal tut es schon ein eigenständiges Geräusch. Prägnante Beispiele für die gelungene Kopplung eines spezifischen Geräuschs an eine Marke sind der Intel-Sound, das Audi-Herzklopfen oder das Telekom-Soundlogo. Diese dienen vor allem als Markenklammer, zur Erhöhung der Durchsetzung und zur Anbindung an die Marke.

Aber auch bestimmte Nutzen lassen sich mit Geräuschen durchaus effektiv und differenzierend kommunizieren. Masterfoods hat vor einigen Jahren ein kategoriegenerisches Signal gebrandet und für seine Marke Whiskas international genutzt. Das Whiskas-Schnurren (welches bedeutet: die Katze ist zufrieden, der Halter hat einen guten Job gemacht) kommuniziert effektiv „implizit" über ein konkretes Signal einen zentralen funktionalen wie emotionalen Grundnutzen der Kategorie. Das Whiskas-Schnurren ist ein gutes Beispiel dafür, wie sich selbst komplexe Nutzenbündel über ein konkretes Geräusch transportieren lassen.

Unternehmen wie Siemens nutzen Sound Branding bewusst und gezielt, um ein eigenständiges und unverwechselbares akustisches Profil als Teil des Gesamt-Branding zu kreieren und damit ein besseres Markenerlebnis durch Wiedererkennung, akustischen und visuellen Einklang sowie emotionale Profilierung zu schaffen. Siemens entwickelte eine integrierte Sound Identity, die weltweit implementierbar ist, im analogen wie digitalen Raum funktioniert und von der Telefonmusik in der Warteschleife bis zum TV-Spot reicht.

## 1.2.3    Riechen: Die Welt ist voll von Gerüchen

Der Geruchssinn wurde lange Zeit vernachlässigt, die Nase als „Lustorgan" abgetan. Dabei würde die Menschheit ohne Riechrezeptoren in kurzer Zeit aussterben, weil Spermien den Maiglöckchenduft „riechen", den die menschliche Eizelle abgibt (Hatt und Dee 2010). Riechrezeptoren gibt es nämlich nicht nur in der Nase, auch z. B. in der Haut befinden sich 30 der insgesamt 350 unterschiedlichen Rezeptoren, selbst im Herzen sind 2 Rezeptoren angesiedelt. Deshalb reagieren auch Menschen ohne Nase auf Duft.

Wir atmen 23.000 Mal am Tag, wir können nicht aufhören zu atmen und damit zu riechen. Jeder Mensch auf der Welt riecht anders, der individuelle Duft ist ein Ausdruck unserer Gene. Und so wie Menschen senden fast alle Dinge in der Welt Gerüche und Düfte aus. Die Welt ist von Gerüchen erfüllt. Aber normalerweise merken wir das nicht. Denn an Gerüche gewöhnt man sich schnell, und dann riecht man sie nicht mehr. Außerdem sind die allermeisten Gerüche für die Menschen zu fein, um sie bewusst wahrzunehmen. Trotzdem beeinflussen sie unsere Emotionen und unser Markenerleben nachhaltig. Düfte aktivieren und informieren, dienen als Gedächtnisanker der Beurteilung. Düfte können die Fantasie inspirieren, Gefühle entfachen und bei richtigem Einsatz über Wohlbefinden entscheiden.

Kein Sinn ist schneller als der Geruchssinn, um Erinnerungen wachzurufen, keiner weckt emotionalere Erinnerungen.

Deshalb wird der Geruchssinn schon lange von Händlern gezielt genutzt, um die Kauflaune zu stimulieren. Schlechte Luft aktiviert im Gehirn das Balancesystem. Dieses löst bei vielen Menschen ein Gefühl der Unlust aus, was aus naheliegenden Gründen bei Händlern höchst unerwünscht ist. Häufig sind Verkaufsräume deshalb über Klimaanlagen wohlriechend parfümiert. Jeder kennt den angenehmen Geruch von Leder in Schuhgeschäften, der selten natürlich ist, sondern einer von über 35.000 Gerüchen, die von der Industrie zur Steigerung der Kauflaune produziert werden.

Duftsignale wie der von neuem Leder gelangen ohne Umweg über eine bewusste Verarbeitung und rationale Kontrolle ins limbische System und schaffen ein direktes sinnliches Erlebnis.

Geruchserlebnisse eignen sich durchaus auch, um Marken zu differenzieren und spezifische Nutzendimensionen zu transportieren. Diese Fähigkeit wird bis jetzt völlig vernachlässigt. Unternehmen verhielten sich lange Zeit im wahrsten Sinne des Wortes „hochnäsig". Nach Lindstrom (2005) hatten lediglich drei Prozent der Fortune 1000-Unternehmen zumindest schon einmal darüber nachgedacht, den Geruchssinn für Branding-Zwecke zu nutzen.

Dabei eignet sich der Geruchssinn zur Differenzierung von Produkten des alltäglichen Bedarfs. Im US-amerikanischen Handgeschirrspülmittelmarkt gab es bis 1999 nur eine Duftrichtung: Zitrone. Der Zitronenduft signalisierte der Hausfrau Frische und Sauberkeit. Dann zeigte eine Studie, die die Wahrnehmung von konkreten Signalen in verschiedenen Kategorien untersuchte, dass Duft das stärkste Signal in der Kategorie war.

**Abb. 1.7**  Purina Beneful Werbung an einer Litfaßsäule

Colgate Palmolive machte sich diese Erkenntnis zunutze und brachte verschiedene Duftvarianten (unter anderem Grüner Apfel, Gurke/Melone, Rote Grapefruit) unter der Marke Palmolive Spring Sensations auf den Markt. Die eigentliche Sensation war die Marktanteilsentwicklung: Im ersten Jahr nach dem Launch der ersten Sorte erhöhte sich der Marktanteil um mehr als das Sechsfache!

Intelligent eingesetzt eignen sich Gerüche auch dafür, im Kampf um Aufmerksamkeit zu gewinnen. Purina beduftete für seine Hundefuttermarke Beneful Litfasssäulen mit einem für Hunde attraktiven Duft (Geflügelautolysat, eine Substanz, die bei der Herstellung von Trockentiernahrung verwendet wird und die Schmackhaftigkeit fördert), so dass Hunde ihre Halter auf die Werbung aufmerksam machten (s. Abb. 1.7).

Purina fand auch einen Weg, über Geräusche direkt in Kontakt mit den Hunden und damit den Besitzern zu treten. Ein TV-Spot für die Marke Beneful enthält drei verschiedene Geräusche, die auf den besonderen Gehörsinn von Hunden eingehen (Quietscheentchen-

Ton, Hundepfeife, ein hohes „Pling"). Diese speziellen Geräusche sorgten dafür, dass viele Hunde aufmerksam wurden, die Ohren spitzten, auf den Bildschirm schauten oder mit dem Schwanz wedelten. Und somit bewirkten, dass auch Frauchen oder Herrchen dem Spot Aufmerksamkeit schenken.

▸   http://youtu.be/dNlnm4Qyty0 – Der erste TV-Spot für Hunde und Herrchen für
    Purina Beneful. Empfohlen sei auch ein Blick auf die äußerst lebhafte Diskussion
    der Herrchen über die Reaktionen ihrer Hunde.

   Samsung besprüht alle seine Produkte seit einiger Zeit mit einem eigens entwickelten Corporate Duft, einer Mischung aus Davidoff Cool Water und Gerüchen, die Markenwerte wie „innovativ" ausdrücken sollen.

   Hotelketten wie das Sheraton, Marriott oder Shangri-La beduften ihre Häuser schon länger (bevorzugt mit dem Duft „White Tea"). Das Swissôtel in Berlin geht hier einen eigenen Weg, indem es versucht, den universellen Markenduft mit lokalen Duftimpressionen zu verbinden. Somit riecht es im Hotel in Berlin anders als in dem Hotel in Sydney, aber eben auch immer unverkennbar nach Swissôtel.

   Auch Banken setzen Duft mittlerweile bewusst ein, um bei Kunden ein bestimmtes Erlebnis zu generieren, wie z. B. die Credit Suisse.

   Eine grundsätzliche strategische Frage, die Unternehmen beantworten müssen, ist, ob sie mit einem Duft gewisse Nutzendimensionen wie „Frische", „Pflege" etc. mehr oder weniger generisch verstärken wollen, oder ob sie einen eigenständigen Markenduft entwickeln, der nicht unbedingt etwas über die spezifischen Eigenschaften eines Produktes aussagt und erst gelernt werden muss, dafür aber einzigartig ist. Diesen Weg ist L'Oréal mit seiner Serie Man Expert gegangen. Die Produkte der Serie riechen alle gleich und lassen kaum Rückschlüsse auf die spezifischen Eigenschaften des einzelnen Produktes zu, differenzieren dafür aber über ihren markenspezifischen Duft vom gesamten Wettbewerb.

   Bei allen Möglichkeiten, die der Geruchssinn bietet, will der Einsatz von Duft insgesamt gut durchdacht sein. Ein Supermarkt beduftete sein Süßwarenregal mit dem Duft frischer Schokolade, um den Umsatz anzukurbeln. Allerdings war das Ergebnis ernüchternd, denn der Absatz ging eher zurück. Der Grund hierfür liegt in der Käufererfahrung bezüglich des Signals „frischer Schokoladenduft": Schokolade, die verpackt ist (wie im Supermarkt üblich) duftet nicht, und wenn doch, wird vermutet, dass die Packungen beschädigt sein müssen!

Der Einsatz von Duft in der Markenführung hat nicht nur seine Tücken, sondern auch seine Grenzen. Wenn immer mehr Produkte und Verpackungen duften, und der Händler auch noch seinen eigenen spezifischen Duft einsetzt, kann es auch schnell zu einer unangenehmen Duftinflation kommen.

Welche Wirkung Duft außerhalb des kommerziellen Bereichs haben kann, zeigt ein Experiment, das an einer Schule durchgeführt wurde.

Im November 2005 startete die Realschule Seesen im Rahmen der größten Aromatherapiestudie das Projekt „Dufte Schule" in insgesamt achtzehn Schulklassen acht unterschiedlicher Schultypen. Die Dauer der Beduftung reichte von 15 bis 49 Wochen, regelmäßige Befragungen der Schüler oder Eltern – je nach Alter der Schüler – dokumentieren den Projektverlauf und wurden wissenschaftlich ausgewertet. Ständig kamen neue, interessierte Schulen hinzu. Die teilnehmenden Schüler und Schülerinnen repräsentieren dabei auch in Bezug auf bestehende Vorerkrankungen den Durchschnitt der deutschen Bevölkerung – in fast jeder Klasse gibt es Schüler mit ADHS, Asthma, Allergien und Hautproblemen. Trotzdem traten im Projektverlauf keinerlei Allergien, Unverträglichkeiten oder Antipathien auf.

Die Ergebnisse der weltweit größten Aromatherapiestudie überraschten nicht nur das gesamte Dufte-Schule-Team, sondern auch Lehrer, Schüler und Eltern.

Hinsichtlich der Ziele des Projekts war die Wirkung bei der Konzentrationsfähigkeit am deutlichsten: 41 % der Schüler gaben an, sich im Klassenraum besser konzentrieren zu können. 37 % meldeten auch bei den Hausaufgaben eine Verbesserung. 40 % der Eltern und Schüler gaben an, dass es sich mit Duft besser lerne. 35 % befanden, „Dufte Schule" habe eine Verbesserung der schulischen Leistungen bewirkt. 44 % gaben an, dass sie motivierter zur Schule gehen; 28 % der Eltern, dass ihr Kind weniger Flüchtigkeitsfehler mache.

Mit der Konzentrationsfähigkeit und den besseren Leistungen ging auch eine Auswirkung auf die Stimmung in der Klasse einher: 38 % der Befragten fanden die Stimmung in der Klasse besser. 46 % antworteten, dass sich die Stimmung der Klasse seit der Beduftung verbessert habe. 29 % der Eltern stimmten der Aussage zu: „Mein Kind geht lieber als zuvor in die Schule."

Das gesamte Projekt ist auf www.dufteschule.de umfassend dargestellt.

Was diese Beispiele verdeutlichen ist, dass sich für Unternehmen aller Kategorien ein breites Anwendungsspektrum erschließt, Gerüche zur Schaffung spezifischer Markenerlebnisse nutzenorientiert einzusetzen.

## 1.2.4   Fühlen: greifbare Versprechen

Nichts ist uns näher als unsere Haut. Die Haut ist das größte Sinnesorgan des Menschen. Die zugehörigen Teile des Gehirns nehmen den größten Teil des Cortex ein. Der gesamte Körper ist tastsinnsensibel. Allein an unsere Haare sind 250 Mio. berührungssensitive Rezeptoren gekoppelt. Insgesamt kommen auf 2 Quadratmeter Haut ca. 2 Bio. Rezeptoren.

Der Tastsinn hat bereits vor der Geburt Bedeutung. Gegen Ende des zweiten Schwangerschaftsmonats reagiert das ungeborene Kind auf Reize von außen, ist druckempfindlich und nimmt viele Eindrücke über die Haut wahr. Auch bei jedem Neugeborenen ist der Tastsinn von großer Bedeutung. Über den Hautkontakt empfängt es Signale für Zuneigung, Liebe, Zärtlichkeit und Geborgenheit. Unser gesamtes Leben bleiben wir ständig empfänglich für Hitze, Kälte, Druck oder Schmerz. Wenngleich uns keine Marke bekannt ist, die ausschließlich über ihre Haptik positioniert ist, ist die Art und Weise, wie sich ein Produkt oder eine Verpackung anfühlt, trotzdem ein wichtiger Bestandteil von Markenerlebnissen und kann quasi automatisch etwas über die Eigenschaften des Produkts kommunizieren.

Für ein Geschirrspülmittel beispielsweise kann die Konsistenz der Flüssigkeit Sanftheit oder Aggressivität signalisieren. Die Odol-Flasche mit dem Hals ist in ihrer Haptik ebenso einzigartig wie die legendäre Coca Cola-Flasche, die sogar wenn sie zerbrochen ist durch Fühlen erkannt wird. Die Activia-Flasche signalisiert beim Greifen durch ihre schlanke Form den zentralen Benefit „schlanker Bauch". Ritter Sport ist in der übersetzten Welt der Schokolade allein durch ihre Form einzigartig, ebenso wie Toblerone. Über die dreieckige Form der Toblerone gibt es verschiedene Legenden. Viele Schokoladenkonsumenten glauben, dass sich Theodor Tobler von der heimischen Bergwelt, namentlich dem Matterhorn mit seiner charakteristischen Dreiecksform, hatte inspirieren lassen. Theodors Söhnen zufolge sollen die knackigen Tänzerinnen der berühmten Pariser Revue „Folies Bergères", die sich während einer Vorstellung in ihren rot-cremefarbigen Kleidchen zu einer kunstvollen Pyramide formierten, Modell für die Toblerone gestanden haben.

Die einzigartige Form hat Duplo geholfen, von einem einfachen Schokoriegel zur „längsten Praline der Welt" zu werden, die eben nicht auf einmal in den Mund passt. Veltins hat durch die Prägung des Namens auf der Glasflasche eine deutliche Aufwertung erfahren. Eine Granini-Flasche erkennen Kunden mit verbundenen Augen, und die typische Riffelung signalisiert einen klaren Nutzen (rutscht nicht aus der Hand). Diese markenspezifische Riffelung wird konsequenter Weise auch bei PET-Flaschen und Produktlinienerweiterungen eingesetzt.

Die Haptik macht auch einen großen Unterschied bei Produkten, die in der analogen und der digitalen Welt verfügbar sind. Für viele Leser von Büchern, Zeitungen oder Zeitschriften ist es ein völlig anderes Erlebnis, ob sie ihre Lektüre physisch in der Hand halten und die Blätter fühlen (und hören), oder zum Beispiel auf dem iPad lesen. Nicht umsonst ahmen E-Reader das typische Umblättern inklusive des Geräuschs nach.

Bei Kleidung ist das Anfühlen im Laden oder beim Probieren ein wesentlicher Faktor für die Kaufentscheidung, ebenso bei Cremes und Kosmetika. Selbst bei Produkten wie Computern, Küchen oder Kameras ist es nicht unwichtig, wie sich die Oberfläche anfühlt, ob sie rau oder glatt, fest oder weich, kalt oder warm ist. Dasselbe gilt für Bücher oder auch Geschäftsberichte. Wie sich ein Einband anfühlt, ist ein wichtiger Qualitätsindikator. Prägeschriften z. B. auf Visitenkarten spielen dort eine ebenso wichtige Rolle wie auf Verpackungen oder auch auf Glasflaschen. Sie vermitteln unmittelbar Hochwertigkeit und Exklusivität.

Ähnliches gilt für das Gewicht eines Produktes. Schwere Uhren oder Schmuckstücke werden als hochwertiger wahrgenommen als leichte. Das gilt sogar für Haushaltsgroßgeräte wie Waschmaschinen oder Spülmaschinen.

Der Mund und die Lippen sind die empfindlichsten Stellen für den Tastsinn. Aus diesem Grund steckt ein Baby alles in den Mund um die Welt zu begreifen. Deshalb ist bei Lebensmitteln auch das Gefühl, das im Mund ausgelöst wird, äußerst wichtig. Nudelliebhaber wissen, dass Fusilli ein ganz anderes sinnliches Erlebnis auslösen als Spaghetti. Ebenso wichtig ist die Festigkeit der Nudeln, ob sie al dente sind oder nicht. Und ein Mentos ist nur ein Mentos in seiner typischen Form, ebenso wie ein TicTac. In China ist das Mundgefühl ein sehr zentrales Kriterium bei der Beurteilung, ob ein Essen schmeckt.

Es ist absolut empfehlenswert, die haptischen Möglichkeiten zur Vermittlung und Unterstützung eines bestimmten Nutzens oder Gefühlserlebnisses zu überprüfen und gezielt einzusetzen.

### 1.2.5  Schmecken: der schönste Nebensinn

Das Schmecken ist der einzige Sinn, in dem der Mensch Tieren wie Hunden oder Katzen überlegen ist. Der Mensch verfügt über circa 10.000 Geschmacksknospen – Frauen haben etwas mehr als Männer. Sie befinden sich hauptsächlich im Gaumen und auf dem Zungenrücken. Durch sie unterscheidet man vier traditionelle Geschmacksrichtungen süß, sauer, salzig und bitter sowie umami (der Fachbegriff fürs Würzig-Fleischige) und Fett.

Schon direkt nach der Geburt können Menschenkinder drei wesentliche Bestandteile der Muttermilch differenziert schmecken: die Süße des Milchzuckers, das Fett und das Eiweiß. Erst später bilden wir durch unterschiedliche geschmackliche Erfahrungen individuelle Vorlieben aus. Geschmack ist auch immer das Ergebnis des Vergleichs dessen, was wir gerade im Mund haben, mit dem, was wir irgendwann einmal im Mund hatten.

Während sich die Feinschmeckerprägung also erst später vollzieht, können die Basis-Geschmacksqualitäten bitter, sauer, salzig und süß von Anfang an identifiziert werden, was seit jeher für das Überleben wichtig war. Viele in der Natur vorkommende Gifte sind mehr oder minder bitter. So schmecken wir Chinin (in hohen Dosen giftig) noch in Verdünnungen von 1:50.000. „Sauer" ermöglicht die Identifizierung komplexer Nahrungsbestandteile wie Fruchtfleisch und warnt zugleich vor verdorbenem Essen, etwa bei Fleisch. Salz ist essentiell für Nervenfunktionen, die Regulation des Zellvolumens, den Membrantransport und den Wasserhaushalt. Auch die Präferenz für Süßes ist evolutionsbiologisch gesehen sinnvoll, denn süßer Geschmack ist an Kohlenhydrate gekoppelt, die eine wichtige Energiequelle darstellen.

„Scharf" ist dagegen keine Geschmacksqualität, sondern die schmerzähnliche Empfindung der Substanz Capsaicin auf Nervenzellen-Enden im Mund und die Weiterleitung dieses Signals an den Trigeminusnerv. Auch das Prickeln von Champagner, das Kitzeln von Brausepulver, die Kühlung im Mund durch Menthol, Eukalyptus oder Minze werden über diesen Nerv ans Gehirn geleitet.

Geschmack wird überwiegend dort erforscht, wo mit den Ergebnissen Geld zu verdienen ist – in der Lebensmittelindustrie. Geschmackssignale eignen sich naturgemäß am
ehesten für Marken aus dem Nahrungsmittel- und Getränkebereich, um Nutzen zu transportieren und sich abzugrenzen. Fisherman's Friend schmeckt anders als andere Lutschpa-
stillen („Sind sie zu stark, bist Du zu schwach"). Aber auch Colgate nutzt den Geschmackssinn, um sich zu differenzieren. Colgate lässt sich Zahncremegeschmack patentieren und
überlegt, diese Strategie durchaus auch auf andere Produkte wie etwa Zahnbürsten oder
Zahnseide ausweiten.

In Deutschland hat P&G vor einiger Zeit unter der Marke Blend-a-med die Linie „Com-
plete Impression Fruit Explosion" eingeführt, eine Zahncreme mit dem Geschmack von
Beeren und einem Hauch zarter Minze.

**Grundsätzlich eignen sich alle Sinneskanäle, um eine Marke im Markengedächt-
nis aufzubauen, weiterzuentwickeln und zu differenzieren. Dies macht vor allem auch
unter dem Aspekt Sinn, dass jeder zusätzliche Sinneskanal, der auf eine bestimmte Mar-
kenwahrnehmung einzahlt, in einer reizüberfluteten Umgebung eine Chance bietet,
Synergien zwischen den einzelnen Sinneskanälen zu schaffen, um sich von gleichar-
tigen Angeboten abzuheben.**

## 1.2.6   Das Zusammenspiel der Sinne

Die hier dargestellte Trennung der einzelnen Sinnessysteme entspricht übrigens nicht ganz
der Realität.

In Wirklichkeit arbeiten die Sinnesbereiche zusammen, und meistens gewinnen wir Informationen aus unserer Umwelt über mehrere Sinne gleichzeitig.

So hängt zum Beispiel der Geschmackssinn eng mit dem Geruchssinn zusammen. Ohne
Geruch gäbe es keinen vollständigen Geschmack – jeder Schnupfen beweist, wie fade ein
Essen mit verstopfter Nase schmecken kann. Bis heute kennt man circa 8000 riechbare
Verbindungen in den Lebensmitteln, und etwa drei Viertel der Geschmackseindrücke sind
in Wirklichkeit Geruchswahrnehmungen!

In diesem Kontext kommt dem Zusammenspiel unterschiedlicher Sinne besondere Bedeutung zu. Es leuchtet unmittelbar ein, dass die Wirkung der einzelnen Sinneskanäle
größer ist, wenn diese sich gegenseitig verstärken und nicht widersprechen oder behindern, ganz nach dem Motto: What fires together, wires together. Und in der Tat bestätigen
Neurophysiologen, dass Nervenzellen zehn- bis zwölfmal stärker feuern, wenn mehrere
Sinne gleichzeitig angesprochen werden (Scheier und Held 2007).

In fast allen Branchen haben drei bis vier Sinnesmodalitäten eine mittlere bis hohe Bedeutung. Nur der Geschmackssinn ist lediglich im Kontext von Lebensmitteln von Bedeutung. Die Bedeutung der anderen Sinne variiert branchenabhängig. Bei Sportbekleidung
dominieren Sehen und Fühlen, bei Seifen der Geruchssinn (Kilian 2010; vgl. Abb. 1.8).

Singapore Airlines ist ein viel zitiertes Beispiel dafür, wie sich mehrere Sinne zur Differenzierung der Marke sinnvoll und markenspezifisch einsetzen lassen. Vom einzigartigen

# WICHTIGKEIT DER SINNESMODALITÄTEN

| BRANCHE | BEISPIELE | SEHEN | HÖREN | FÜHLEN | RIECHEN | SCHMECKEN |
|---|---|---|---|---|---|---|
| Fahrzeuge | Autos, Fahrräder | ★★★★★ | ★★★★☆ | ★★★★☆ | ★★★☆☆ | ★☆☆☆☆ |
| Elektronik | Fernseher, Digitalkameras | ★★★★★ | ★★★★★ | ★★★★☆ | ★★☆☆☆ | ★☆☆☆☆ |
| Haushalt | Wasserkocher, Mikrowellen | ★★★★☆ | ★★★★★ | ★★★☆☆ | ★★★☆☆ | ★☆☆☆☆ |
| Einrichtung | Lampen, Couchgarnituren | ★★★★★ | ★★★☆☆ | ★★★★★ | ★★☆☆☆ | ★☆☆☆☆ |
| Mode | Bekleidung, Accessoires | ★★★★★ | ★★☆☆☆ | ★★★★★ | ★★★☆☆ | ★☆☆☆☆ |
| Büroartikel | Kugelschreiber, Stifte | ★★★★☆ | ★★★☆☆ | ★★★★☆ | ★★★☆☆ | ★☆☆☆☆ |
| Hygiene | Handtücher, Deodorants | ★★★★☆ | ★★☆☆☆ | ★★★★★ | ★★★★★ | ★☆☆☆☆ |
| Lebensmittel | Getränke, Süßigkeiten | ★★★★★ | ★★★☆☆ | ★★★☆☆ | ★★★★★ | ★★★★★ |
| Service | Hotels, Fluglinien | ★★★★★ | ★★★★☆ | ★★★★☆ | ★★★★☆ | ★★☆☆☆ |

Legende: ★★★★★ = extrem wichtig    ★ = extrem unwichtig

Quelle: Kilian, 2010

**Abb. 1.8**  Die Bedeutung der Sinnesmodalitäten in unterschiedlichen Branchen

Erscheinungsbild der Stewardessen, dem „Singapore Girl" (Kostüm, Make-up, Verhaltens-richtlinien sind genau vorgeschrieben), über ein eigens entworfenes Parfüm für die Ste-wardessen (Stefan Floridian Waters), das auch in heißen Handtüchern, die vor dem Flug gereicht werden, sowie in der Kabine eingesetzt wird, bis hin zu einer eigenen Musik, nutzt Singapore Airlines multiple Sinnesbotschaften, um die Marke erlebbar zu machen.

Als Vorzeigebeispiel für multisensorische Ladengestaltung gilt die amerikanische Mo-dekette Abercrombie & Fitch. Wen der muskelgestählte Türsteher mit freiem Oberkörper einlässt, den erwartet im Laden ein inszenierter Sinnesrausch. Ein eigens für das Kultlabel entworfener schwerer Duft strömt durch den Laden, das Licht ist auf Kuschelatmosphäre gedimmt und aus den Lautsprechern wabern angesagte Clubsounds. In den USA wuchs Abercrombie & Fitch mit diesem Konzept inklusive seiner Tochtermarken Hollister und Gilly Hicks auf mittlerweile rund 1100 Geschäfte, in Deutschland hat der erste Store auf der Düsseldorfer Königsallee im November 2011 eröffnet.

Wie sich unterschiedliche Sinneseindrücke allerdings auch gegenseitig konterkarieren können, zeigt das Beispiel Deutsche Bank. Die Unternehmensfarbe der Deutschen Bank ist ein kühler Blauton. Dieser Farbton wird primär mit Ferne, Kühle, Sportlichkeit sowie rational-technisch assoziiert. Die Deutsche Bank wirbt mit dem Claim „Leistung aus Lei-denschaft". Leidenschaft wiederum wird extrem stark mit der Farbe Rot assoziiert. Marken-versprechen (Leidenschaft) und Unternehmensfarbe widersprechen somit einander. Die gestalterische Verschmelzung widerspricht gelernten synästhetischen Empfindungen. Die Deutsche Bank wird an diesem Detail nicht scheitern, trotzdem ist die Markenwirkung größer, wenn sich die einzelnen Manifestationen einer Marke ergänzen oder sogar unter-stützen. Dies mag eine Ursache dafür sein, dass der Claim mittlerweile handgeschrieben eingesetzt wird.

In die Richtung multisensorischer Inszenierungen gehen auch die in letzter Zeit vermehrt zu beobachtenden Trends, den Point of Sale nicht nur als Vertriebsstätte, son-dern als Markenerlebnis-Ort einzusetzen. Insbesondere Automobil-Hersteller schaffen vermehrt kleine Repräsentanzen im Innenstadtbereich, häufig mit Gastronomie- und Event-Angeboten, die Menschen dazu einladen, die Marke in einem ungezwungenem Rahmen multisensorisch zu erleben.

Eine multisensorische Manifestation ganz besonderer Dimension ist in diesem Kontext die Autostadt in Wolfsburg. Jeder Käufer eines Volkswagens oder Seats erhält die Option, das neue Fahrzeug in der Autostadt persönlich in Empfang zu nehmen. Darüber hinaus kann auch jeder andere Interessierte die Autostadt gegen Entrichtung eines Eintrittsprei-ses besuchen. Den stolzen Neuwagenbesitzer oder Besucher erwartet in der Autostadt eine Erlebniswelt, die alle Möglichkeiten bietet, die Marke zum Anfassen zu erleben. Die Turm-fahrt, das Herz des vielleicht spektakulärsten Hochregallagers der Welt, erleben mit ihrem eigenen Auto zwar nur die Abholer, die unterschiedlichen Experimentier-, Erlebnis- und Erfahrungsräume können aber von allen Besuchern genossen werden.

Alle Marken des Volkswagenkonzerns sind mit einem eigenen Markenpavillon in der Autostadt vertreten. Mittlerweile ist sogar der VW-Markenkern, als Skulptur manifestiert, in der Autostadt zu bewundern.

▶       http://www.vw-markenpavillon.de – Hier lässt sich die Skulptur des VW-Marken-
        kerns, der sich im VW-Markenpavillion in der Autostadt in Wolfsburg befindet,
        auch von Ferne betrachten.

Natürlich rechnet sich eine so spektakuläre Markeninszenierung wie die Autostadt nicht für jede Marke, trotzdem kann sie Inspiration sein für budgetadäquate Formen der multi-sensorischen Markeninszenierung zur transmedialen Befeuerung des Markenerlebens.

Es muss auch nicht immer ein ganzer Store sein, um markenspezifisches Erleben zu inszenieren. Samsung z. B. startete Anfang 2012 sein Point-of-Sale-Konzept Experience Zones, um einen für die Marke exklusiven Kontaktpunkt im Handel zu schaffen. In Ko-operation mit großen Handelspartnern wie Media Markt entstehen Flächen innerhalb einer Filiale, auf der Kunden die Samsung-Produkte in Bereichen einer häuslichen Atmosphäre in aller Ruhe nutzen können: der Lounge Area, der Communication Area und der Working Area. Der Abverkauf hat dabei keine Priorität, vielmehr geht es darum, über Farben und Licht ein Gefühl von „Being at home" zu vermitteln. Mitarbeiter erklären Interessierten dabei die vernetzte Welt von Samsung. Die Experience Zones sollen vor allem helfen, Samsung als modernen und innovativen Anbieter zu positionieren, und unterscheiden sich von herkömmlichen Shop in Shop-Modulen erheblich.

## 1.3 Wie digitale und analoge Erlebnisse zusammenspielen

Internet, Evernet, Outernet – die physische und die virtuelle Welt verschmelzen zusehends. Die Grenzen zerfließen. Die zunehmende Virtualisierung verändert das Informations-, Freizeit- und Konsumverhalten nachhaltig. Und auch das Marketing: Apps, digitale Schauräume, dreidimensionale Plakate, Digital Signage (digitale Beschilderung) am Point of Sale, QR-Codes oder 3D-Hologramme gehören zum Repertoire vieler Marketer. Techniken wie Augmented Reality (AR) oder Near Field Communication (NFC) sind keine Modeerscheinungen, sondern Entwicklungen, die dem Marketing Möglichkeiten bieten, nachhaltige, digital generierte Mehrwerte für Marken zu schaffen.

Die AR-Anwendungen etwa von Ikea (die PS-Einrichtungskamera) oder Axe (Engel) markieren erst den Anfang einer spannenden Entwicklung. Bereits heute gibt es Visualisierungstechniken, die zum Beispiel mit einem Smartphone touristische Sehenswürdigkeiten, freie Wohnungen, Restaurants oder Haltestellen des öffentlichen Nahverkehrs zeigen, wo das bloße Auge nur ein normales Straßenbild sieht.

NFC, eine kabellose Übertragungstechnik im Nahbereich, wird in der Wertschöpfungskette für digitales, mobiles Bezahlen und virtuelles Einchecken eine große Rolle spielen.

HTML5, der neue Web-Standard, der interaktive Webseiten ermöglicht und AR- Angebote ohne App-Download direkt über den Browser möglich macht, wird die Medien- und Werbebranche dramatisch verändern.

Die Herausforderung für Markenentscheider in den nächsten Jahren wird vor allem darin bestehen, digitale, analoge und gemischte Kontaktmöglichkeiten transmedial zu einem interessanten, nützlichen, einzigartigen und widerspruchsfreien Markenerleben zu verknüpfen.

Was so kompliziert klingt, ist manchmal ganz einfach. Nehmen wir ein triviales und langweiliges Produkt wie Suppe. Durch einen einfachen Link auf der Packung bzw. Dose öffnet sich eine virtuelle Welt zu einer kreativen Koch-Community, mit Rezepten, Kochkursen, Tipps, Anleitungen etc. Finden diese Anregungen ihren Weg aus dem Internet zurück in die heimische Küche, ist der Weg vom analogen Produkt in die virtuelle Welt und zurück in die Küche gelungen. Progresso ist diesen Weg gegangen und hat mit „The Idea Pantry" einen Weg geschaffen, das Markenerlebnis einer trivialen Suppe deutlich zu erweitern (s. Abb. 1.9).

Ein anderes gelungenes Beispiel für die Verknüpfung der digitalen mit der analogen Welt ist der erste digitale Kickertisch, entwickelt vom Innovation Lab der Digitalagentur SinnerSchrader. Kickern, eine extrem analoge Form der Beschäftigung, wurde dank Licht-

**Abb. 1.9**   Webseite der Idea Pantry von Progresso

**Abb. 1.10**   Der digitale Kicker „Digital Foosball" (SinnerSchrader AG)

schranken, intelligenter Elektronik sowie neuester Webtechnologien wie HTML5, CSSE, JavaScript und nods.js in ein digitales Gruppenerlebnis verwandelt, bei dem jeder mitmachen kann (s. Abb. 1.10).

Der digitale Kickertisch ist als Bausatz konzipiert und kann für knapp 150 Euro analoge Kicker auf digital umrüsten.

**Abb. 1.11**   Pizza Digitale mit QR-Code des Stellenangebots

▸   http://digitalfoosball.com/#build – Alles über den weltweit erste digitalen Tisch-
    kicker inklusive kostenlosem Download von Bauanleitung und Software

Einmal installiert, wird bei jedem Tor der neue Spielstand mittels eines speziellen Fo-
tosensors registriert und innerhalb von Sekundenbruchteilen im Web sowie per mobiler
App auf Smartphones angezeigt. Der voll vernetzte Fußball-Tisch kann darüber hinaus automatisch Spielstände erfassen, eine Liga verwalten und sogar twittern. Ein sowieso schon
gemeinschaftliches Erlebnis wird dadurch noch sozialer.

Welche vielfältigen Möglichkeiten die Verknüpfung von Analog und Digital bietet, zeigt
auch das Beispiel von Scholz & Friends. Die Hamburger Agentur lockte mit einer Pizza Kreative. Vier Wochen lang wurde neben der normalen Bestellung von Mitarbeitern
aus Konkurrenzagenturen auch eine kostenlose Pizza Digitale mitgeliefert. Auf diese extra
Pizza war aus Tomatenmark ein QR-Code gezeichnet. Wer diesen mit dem Smartphone
scannte, landete auf einer mobilen Landingpage mit einem Stellenangebot von Scholz &
Friends (s. Abb. 1.11).

▶ http://youtube/SzqTDRThbiE – Kurzer Film über die Aktion von Scholz & Friends, mit Hilfe der Pizza Digitale neue digitale Kreative zu werben.

Die Verknüpfung von analogen und digitalen Erlebnissen spielt auch im Handel eine große Rolle. So kann digitale Technologie das Kundenerlebnis in Läden bei geringen Kosten verbessern. Langweilige Schaufensterauslagen können durch lebendige, interaktive Bildschirme ersetzt werden, die je nach Wetter oder Tageszeit etwas anderes anzeigen und die, wenn der Laden geschlossen ist, in der Lage sind, Empfehlungen abzugeben oder Bestellungen entgegenzunehmen.

Ein Vorreiter war hier Ralph Lauren. Im Rahmen einer umfassenden digitalen Strategie wurde schon 2008 im Schaufenster eines Ralph Lauren Shops in Manhattan ein interaktives Display installiert, das zu den jeweils gezeigten Artikeln auch immer einen QR Code präsentierte. So wurde Shopping rund um die Uhr, auch im stationären Handel möglich.

Digitale Technologie, zum Beispiel in Form von Tablet-Computern, kann dem Verkaufspersonal viele Informationen liefern, wie z. B. präzise Nachbildungen von Wohnungen, um bessere Kaufentscheidungen zu ermöglichen. Intelligente Software kann Preise und Werbeaktionen präzise anpassen, individualisierte Empfehlungen abgeben, über virtuelle Spiegel das Anprobeerlebnis beschleunigen oder durch eine direkte Verbindung Feedback von Freuden oder Familie einholen. Digitale Technologie bietet in Läden ebenso viele Möglichkeiten wie Webseiten. Setzten Händler vielfältige Kanäle und Technologien intelligent ein, sind sie reinen Digital- oder Point-of-Sale-Strategien weit überlegen.

Auch in unseren Alltag hat die Verknüpfung von digitalen Funktionen in unsere physische Welt längst Einzug gehalten und wird sich in naher Zukunft weiter ausbreiten. Hierzu einige Beispiele.

### 1.3.1  Wenn Kleidung intelligent wird: Wearable Technology

Digitalisierung macht ganz neue Generationen von funktionalen Produkten möglich. Ein Beispiel ist „Wearable Technology" – Technologie zum Anziehen. Digitale Technologie schien in der Vergangenheit unvereinbar mit Mode. Schleichend hält die Technik nun doch Einzug in die Modewelt, wenn es zum Beispiel der extrovertierten Extravaganz dient.

Wearable Technology integriert Anwendungen aus den Bereichen Material, Sensorik, Kommunikation und Entertainment. Im Blick haben die Entwickler einerseits technische Accessoires, die am Körper getragen werden können: Mobiltelefone, Musikspieler oder

Pulsmesser. Auf der anderen Seite geht es auch um integrierte Technologien, zum Beispiel Solarzellen als Applikationen auf der Kleidung oder sogenannte smarte Textilien: Fasern, die Strom leiten, Sensorik aufnehmen oder den Körper schützen.

Sony Ericsson kooperierte mit dem London College of Fashion und rief zu einem Wettbewerb um Design für digitale Kleidung auf. Es gewann ein Kleid mit Bluetooth-Technologie, das leuchtete, wenn ein Anruf einging. Für Twitter-Fans gibt es ein Pocket Tweet, das mittels Java-Technologie Twitter-Textnachrichten auf das Shirt schreiben kann.

Andere Anwendungen von Wearable Technology sind Funktionsbekleidungen für Athleten, die Informationen über Körperfunktionen und -werte in Echtzeit übermitteln. Ein Beispiel für ein massentaugliches Produkt ist „Fuel", die neueste Erweiterung des digitalen Trainingssystems Nike+. Fuel ist ein Armband, das jede Bewegung seines Trägers aufzeichnet, egal ob er joggt, Treppen steigt oder nach einem Buch greift.

## 1.3.2  Wenn Weihnachtsbäume twittern: Connected Products

Was sich zunächst verrückt anhört, ist technisch längst machbar und nützlich – und wird bald auch alltäglich sein. So wäre es durchaus sinnvoll zu wissen, wie sich Bäume fühlen, ob sie genug Nährstoffe haben oder von Schädlingen befallen sind. In einem Interview mit der Welt schätzt der Chef des Netzausrüsters Ericsson, Hans Vestberg, dass es in 2020 50 Mrd. Geräte geben wird, die mit dem Internet verbunden sein werden (Heuzeroth 2012).

Vestberg nennt auch konkrete Beispiele, die mit dem „Internet der Dinge" möglich werden. Waschmaschinen beginnen zu waschen, wenn der Strom am günstigsten ist (die Information kommt vom Stromanbieter über das Netz), Fahrräder geben uns Feedback über unser Leistungspensum und unsere Trainingsdisziplin, Rucksäcke melden, ob wir alles eingepackt haben, und Kaffeebecher signalisieren, wann der Kaffee nicht mehr zu heiß zum Trinken ist.

Automobile bieten die vielfältigsten Möglichkeiten der Vernetzung, Autos könnten untereinander kommunizieren, z. B. wenn das vorausfahrende Fahrzeug abrupt bremst, bevor der Fahrer überhaupt reagieren kann. Dies wird unser Verkehrsbild zukünftig dramatisch verändern. Spannend für Automobilhersteller ist es dann, das zunehmend weniger selbst bestimmte Fahrerlebnis markenspezifisch zu gestalten. So beforscht BMW bereits, wie sich Freude am Fahren im Kontext eines veränderten Mobilitätsverständnisses zukünftig erleben lässt.

## 1.3.3  Wenn Häuser intelligent werden: Connected Living

Auch unser Zuhause wird sich durch vernetzte Technologien in absehbarer Zukunft signifikant verändern.

Vielleicht sieht das Nachhausekommen in absehbarer Zeit so aus: Die Wäsche ist gerade fertig gewaschen, das Wohnzimmer gemütlich warm und das Essen im Ofen braucht nur noch 20 Minuten. Genauso lange wie nötig, um die Einkäufe in den intelligenten Kühlschrank zu verstauen und den Stress des Tages auf dem Heimtrainer im Gesundheitszimmer mit Hilfe des virtuellen Assistenten abzustrampeln, der darüber wacht, dass das Fitnessprogramm korrekt absolviert wird. Er kontrolliert Herzschlag und Blutdruck und stellt individuelle Trainings- und Ernährungspläne zusammen.

Displays in jedem Raum dienen als Schaltzentrale für das Heimnetzwerk, das zur Not auch von unterwegs per Smartphone gesteuert werden kann. Ähnlich dem Betriebssystem eines Computers übernimmt die Software die Steuerung sämtlicher Haushaltsgeräte und hilft, diese energieeffizient einzusetzen: die Startzeit für ein bestimmtes Waschmaschinenprogramm, die Regulierung der Backofentemperatur, das Erkennen einer versehentlich offen gelassenen Kühlschranktür.

Was noch wie ferne Zukunft klingt, ist konkretes Ziel des Vereins Connected Living. Er versteht sich als Anlaufstelle für Forschungseinrichtungen und Unternehmen, die sich mit Heimvernetzung und -automation beschäftigen, und will die Entwicklung auf diesem Gebiet vorantreiben. Die Zusammenführung von Diensten aus den Bereichen Entertainment, Information, Bildung und Kommunikation soll innovative neue Dienste ermöglichen, wie z. B. ein semantisch angereichertes Fernsehen, das sich speziell an die Bedürfnisse des Zuschauers anpasst und darüber hinaus die Kommunikation und den Austausch über die Inhalte mit Freunden ermöglicht.

Eine Reihe von Haushaltsgeräten bietet heute schon die Möglichkeit, Funktionen zu programmieren oder hat einen Internetanschluss. Was jedoch fehlt, ist ein einheitlicher Standard für die intelligente Vernetzung von Unterhaltungselektronik, Computer, Telekommunikation, Gebäudetechnik und Haushaltsgeräten. Hier will der Verein Connected Living Standards schaffen.

Die breite Durchsetzung des Themas Heimvernetzung ist dabei keine technische Frage, die erforderlichen Technologien sind alle verfügbar. Die Herausforderung ist es, den Menschen den Nutzen der Heimvernetzung zu vermitteln, die Angst vor dem Verlust von Kontrolle und Selbstbestimmung zu nehmen und Vertrauen in die Sicherheit sowohl von Technik als auch Datenschutz aufzubauen.

Alle genannten Beispiele machen deutlich, wie sehr Digitalisierung längst unsere Lebenswirklichkeit bestimmt und in unseren Alltag eingebunden ist.

Im Kontext des Spannungsfeldes zwischen digitalen und analogen Inszenierungen ist für Markenverantwortliche vor allem folgende Erkenntnis wichtig:

Es gibt keine zwei Welten. Für Menschen gibt es nur eine Erlebenswirklichkeit, und die trennt nicht zwischen analog und digital.

Deshalb ist es entscheidend, analoge und digitale Kontaktpunkte intelligent so miteinander zu verknüpfen, dass für den Menschen ein nützliches, einzigartiges, interessantes und über alle Kontaktpunkte widerspruchsfreies Markenerleben entsteht.

**Die wichtigsten Punkte dieses Kapitels im Überblick:**

- Die zunehmende Digitalisierung verändert die Qualität und Quantität des Markenerlebens.
- Gleichzeitig schafft die Digitalisierung vermehrt Bedürfnisse nach physischen, sensorischen Erlebnissen mit Marken.
- Grundsätzlich eignen sich alle fünf Körpersinne, um Kauflust zu wecken, für Marken spezifische Nutzen zu kommunizieren oder Erlebensaspekte zu verankern.
- Wo möglich, sollten multiple Sinne synergetisch zur Erhöhung von Effizienz und Effektivität angesprochen werden.
- Sowohl bei bewusstem wie ungeplantem Einsatz unterschiedlicher Sinneskanäle sind Wirkungszusammenhänge der unterschiedlichen Sinnesmodalitäten zu berücksichtigen.
- Physische und virtuelle Erlebnisse wachsen immer mehr zusammen.
- Für Menschen gibt es nur eine Erlebenswirklichkeit, und die trennt nicht nach analog und digital.
- Die größte Herausforderung für Markenverantwortliche besteht in einer sinnvollen transmedialen Verknüpfung von digitalen und physischen Kontakten von Menschen mit Marken zur Kreation von interessanten, nützlichen, einzigartigen und widerspruchsfreien Markenerlebnissen.

Was bedeutet nun das Spannungsfeld aus digitalen und physischen Erlebnisses für die Sphären von Marketing und Markenführung? Was bedeutet es für das Markenerleben, insbesondere der Messung und dem Management? Mit Antworten auf diese Fragen befassen wir uns in den nächsten Kapiteln.

# Die Bedeutung der Digitalisierung für die Sphären von Markenführung und Marketing 2

The traditional approaches are now obsolete. One hundred years of marketing thoughts are gone. Alternative approaches aren't a novelty. They are all we've got left.
    Seth Godin

Wie digital – oder bereits post-digital – die Welt ist, in der wir leben, haben wir in Kap. 1 ausführlich dargelegt. Im folgenden Kapitel möchten wir uns nun etwas näher mit den Phänomenen befassen, die für die Markenführung von zentraler Bedeutung sind. So hat sich der Alltag der Menschen fundamental verändert und ist weiterhin in ständigem Wandel – bis hin zu veränderten Informationsverarbeitungsprozessen und Aufmerksamkeitsspannen.

Die Veränderungen durch den Einzug des Digitalen in quasi alle Unternehmensbereiche sind radikal. Die Uhren für Unternehmen laufen deutlich schneller. Wir leben heute in einer wahrlich globalisierten, vernetzten und technologisch sehr schnelllebigen Zeit, die an Unternehmen hohe Anforderungen stellt.

Schiere Größe und eine etablierte Marke schützen nicht davor, irrelevant zu werden. Will Burns, Gründer & CEO von Ideasicle, kommentierte im Januar 2012 auf Forbes.com das Ende von Kodak und prophezeite kurzerhand sämtlichen nach seiner Definition vertikalen Marken das baldige Aus. Burns diagnostiziert als Problem aller vertikaler Marken, dass diese ihren eigenen Nutzen und die eigenen Idee nicht mehr hinterfragen und sich so in der Vertikalität ihres Geschäfts verlieren: immer feiner ausbaldowerte Gewinnmargen, kaum wahrnehmbare minimale Zusatzmehrwerte, hochspezifische technische Innovationen. Überleben werden laut Burns die Marken, die sich – basierend auf ihrer zentralen Idee – horizontal verhalten, wie es große Marken wie Apple oder Nike tun.

Das Beispiel StudiVZ zeigt, dass selbst junge Marken, die ihre Wurzeln im Digitalen haben, vor diesem Fehler nicht gefeit sind. Es wird über das Ende spekuliert und auch die Gründe für das Scheitern scheinen klar: Im Fokus des (häufig wechselnden) Managements stand der Gewinn an Nutzern und nicht der Gewinn an Nutzen für die Nutzer. Innovationen und Investitionen in diesen Bereich wurden vernachlässigt. Ein Kardinalfehler, denn

U. Munzinger und C. Wenhart, *Marken erleben im digitalen Zeitalter*,
DOI 10.1007/978-3-8349-3732-2_2,
© Springer Fachmedien Wiesbaden 2012

gerade online, in der Rolle des Nutzers, verhalten sich Menschen sprunghaft und wenig loyal. So kehren die StudiVZ-Nutzer dem einst so mächtigen deutschen Netzwerk den Rücken und laufen über zu Facebook.

In diesem Kapitel werden wir einen Überblick über die zentralen Entwicklungen und Veränderungen für Menschen, Unternehmen und Marken geben.

## 2.1  Wann immer, wo auch immer, was auch immer

Betrachtet man nur einmal, wie sich unser Verhalten durch Smartphones in den letzten Jahren verändert hat (zur Erinnerung, das iPhone, das Smartphones als Kategorie etablierte, kam im November 2007 auf den deutschen Markt – bis Herbst 2010 zunächst exklusiv für Telekom-Kunden!), dann ist der Einfluss, den diese auf unseren heutigen Alltag haben, immens.

In einer breit angelegten Studie zur Rolle von Außenwerbung im mobilen Webzeitalter haben wir das „Phänomen Smartphone" 2011 für WallDecaux eingehend untersucht. Mit dem Ergebnis, dass es kaum einen Lebensbereich gibt, der nicht durch Smartphones beeinflusst oder gar bestimmt wird: die Planung und das Jonglieren unseres beruflichen und privaten Alltags, wie wir uns informieren, Entscheidungen treffen und einkaufen, wie wir Medien konsumieren, sogar wie unser Sozialleben aussieht und wie wir mit anderen interagieren. So sind Smartphones – sobald man eines besitzt – selbstverständlicher und unverzichtbarer Teil der Lebenswirklichkeit und etablieren einen völlig mobilen Alltag. Mit dem Smartphone fühlen sich Menschen flexibler, spontaner und freier, ständig mit Freunden in Kontakt, aber auch informierter und orientierter als zuvor.

Wir alle kennen die in ihr Smartphone versunkenen Menschen in jeder noch so kleinen Wartesituation, selbst im Restaurant, wenn jemand auf Toilette geht oder man kurz auf den Aufzug warten muss – es gilt, Zwischenzeiten zu nutzen, oder sich jede noch so kleine Zeit zu vertreiben. Orientierung, Organisation, Erinnerung, alles wird auf das Smartphone ausgelagert mit dem sicheren Gefühl, es jederzeit und überall abrufbar zu haben.

Smartphones sind mittlerweile das universelle Primärgerät, das alles vereint: Alltagswerkzeuge (von Uhr bis Wasserwaage), technische Geräte (Laptop, MP3-Player, Navi) und Medienformate (TV, Print, Radio). Dazu perfekt individualisierbar über Apps, die für jedes nur denkbare Problem eine Lösung bieten. So hat sich das Smartphone längst als First Screen etabliert. Kleiner Test: Sitzen sie auch häufig vor dem Fernseher und nutzen nebenbei Ihr Smartphone? Dies stellt die Markenverantwortlichen vor die Herausforderung, in der richtigen Situation einen cleveren Weg auf's Smartphone zu finden.

Für die Out of Home-Medien (also Plakate, City Light Poster, Megaposter etc.) bedeutet dies völlig neue Möglichkeiten. Eben nicht nur die Verlängerung vornehmlich in TV stattfindender Kampagnen, sondern vielmehr die eines wirkmächtigen Impulsgebers unterwegs, der zum sofortigen Handeln aktivieren kann. Auch sind völlig neue Nutzungsmöglichkeiten von Citylight-Postern oder an Wartehäuschen denkbar. Warum nicht als digitales Schaufenster, aus dem ich per Smartphone direkt kaufen kann? Zum Beispiel Sonderangebote und Aktionen, bei denen man abrufen kann, wo und wie diese noch verfügbar sind. Rezeptideen in Wartehäuschen, bei denen sich das Rezept abrufen lässt, mit dem direkten Hinweis auf den nächsten Laden, in dem – noch besser – die Waren bereits zusammengestellt zur Abholung bereitstehen. Dies sind nur einige Beispiele, die sich ganz normale Smartphone-Nutzer schon heute vorstellen können.

Welche spannenden Möglichkeiten sich aus der „Smartphonisierung" ergeben, zeigte die koreanische Tochter von Tesco mit einer in Cannes prämierten Aktion in der Seouler U-Bahn, die in Kap. 1 ausführlicher vorgestellt wurde.

Dies ist nur der Anfang. Dank Cloud werden wir sehr bald wirklich alles jederzeit in unserer Tasche haben, wie ein Kreativer, gefragt nach seinem Zukunftstrend, in einem Diskussionspanel auf der Uebercloud 2011, einer Vorab-Konferenz der dmxco in Köln, antwortete: „All details and features in your pocket, whatever whenever ... "

## 2.1.1   Wir leben in einer „Liking Meconomy"

Es gibt weitere Phänomene, die zeigen, wie stark digitale Technologien oder sogar Marken unseren Alltag prägen. Eine Marke, der dies in besonderem Maße gelingt, ist Facebook. Es ist bemerkenswert, in welch kurzer Zeit sich Facebook etabliert hat und inzwischen die sozialen Netzwerke dominiert. Selbst Google konnte diese Dominanz mit ihrem – angeblich viel clevereren – Konkurrenzangebot Google+ bislang nicht gefährden.

Wir alle werden Freunde, Bekannte, selbst eher flüchtige Begegnungen unterschiedlichster Lebensphasen, nie wieder verlieren. Seit kurzem auch chronologisch geordnet entlang der persönlichen Timeline. Auch die Zufälligkeit eines Aus-den-Augen-Verlierens wird es nicht mehr geben, stattdessen erhält man Einblicke in das Leben mancher Menschen, die man sonst nie bekäme.

Umgekehrt gewährt man, zum Teil ganz öffentlich, selbst Einblicke in Berufliches und Privates, lokalisiert sich an interessanten Orten, postet Sonnenuntergänge und Kinderfotos. Oder einfach nur, was man gerade so macht. Sehr schön auf den Punkt bringt es das auf Blogs und in Postings kursierende Flipchart „Social Media explained". Anhand der schlichten Tatsache eines Donut-Verzehrs wird erklärt, wie dieses Ereignis je nach sozialem Medium inszeniert wird:

Twitter:       I am eating a #donut
Facebook:    I like donuts
Foursquare: This is where I eat donuts
Instagram:   Here' a vintage photo of my donut
Youtube:     Here I am eating a donut
Linkedin:     My skills include donut eating
Pinterest:    Here's a donut recipe
Last FM:     Now listening to „donuts"
G+:          I'm a Google employee who eats donuts

**Abb. 2.1** Pinnwand im
Betahaus mit analogen Like-
Daumen

Diese Kraft des Banalen und des allzu Menschlichen ist es jedoch, die den Erfolg der sozialen Medien ausmacht. Und seien wir ehrlich: auch bei ganz altmodisch analogen Treffen mit Freunden beim Bier oder im Café, beim Plausch im Treppenhaus oder in der Schlange beim Bäcker, sind die Themen der Unterhaltung nicht sehr hochtrabend. Es wird nur einfach nicht für alle und immer in Echtzeit dokumentiert (in einigen Fällen eben doch).

Die Facebook-spezifische Aktivität des „Likens" sowie die Markenmanifestation des Thumbs-up-Daumens sind inzwischen fest in unseren Alltag integriert. Im Betahaus Berlin, einem beliebten Co-Working Space, wird so ein traditionelles Schwarzes Brett dank Post-its und dem Facebook I-like-Daumen zum analogen Crowdsourcing (s. Abb. 2.1).

Das spontane, zum Teil oberflächliche aber dennoch wertschätzende „I like" hat sich voll in unserem Sprachschatz etabliert. Wie sehr sich das Liken als neue Aktivität etabliert hat, erlebten wir im letzten Jahr in einer von uns durchgeführten Gruppendiskussion im Bereich Telekommunikation.

Ein Teilnehmer entwickelte eine Wunschfunktion für das Smartphone, die ihm ermögliche, alles, was er erlebt, sieht, hört und gut findet, zu „liken". Es entstünden kontinuierlich persönliche Top-like-Listen: „einfach draufhalten und liken, zack". Diese würden zusätzlich z. B. über Google Maps gesammelt und so für Dritte zugänglich gemacht werden können. Per Like-App könne das Smartphone dann via Augmented Reality sämtliche Likes an einem

Ort für andere sichtbar machen. Die anderen Teilnehmer nahmen diese Idee mit Begeisterung auf und spannen sie weiter.

Vielleicht entstand Pinterest genau aus einem solchen Gedanken. Die zur Zeit als neues Massenphänomen gehandelte Plattform ermöglicht ihren Nutzern ebenfalls etwas recht Banales: das Anlegen einer persönlichen Pinnwand, die mit interessanten Dingen, die man auf dem Streifzug durch das Internet findet, für alle öffentlich einsehbar und nach Themen sortiert, bestückt werden kann. Pins lassen sich selbstverständlich liken, re-pinnen, kommentieren oder – über Facebook sharen.

Es ist für Menschen heute ganz normal, persönliche Vorlieben und Interessen öffentlich mit anderen zu teilen. Umgekehrt lässt sich über die meisten Menschen eine ganze Menge an Informationen sammeln, ohne dass man diese kennt oder aktiv fragen muss. Soziale Medien haben dazu geführt, dass wir uns zu einer Meconomy entwickelt haben. Es gehört dazu, im digitalen Raum über sich zu kommunizieren und sich wo immer möglich interessant zu machen. Und mal Hand auf's Herz: wie viele Profile unterhalten und pflegen Sie? Xing, Facebook, Linkedin gehören sicherlich dazu. Laut Bitkom-Studie sind Nutzer sozialer Netzwerke im Durchschnitt in 2,4 Netzwerken angemeldet (Bitkom 2012).

In unserer Studie „Poke, add, tweet – und alle haben dich lieb" über Digital Teenies erfuhren wir, wie souverän Jugendliche heute ihr digitales Image inszenieren und kreieren (Musiol et al. 2009). Jeder, der die sehr erfolgreiche Facebook-App von Intel „The Museum of Me" angewendet hat und sich am Ende bei dramatischer Musik in der Halle wiederfindet – in der Mitte ein monumentaler Like-Daumen und rundherum die eigenen, am meisten gelikten, „Most-liked-ever"-Postings – der spürt die Ego-Macht der sozialen Medien (s. Abb. 2.2a und b).

▶    http://youtu.be/qfd54nYPhXk – Der Film demonstriert sehr anschaulich, was einen erwartet, wenn man die Intel-App „The Museum of Me" nutzt, um sein Facebook-Network zu visualisieren. Auch hier ist die Diskussion, die der Film provoziert, sehr interessant.

Den treffenden Begriff der Meconomy hat der Journalist und Autor Markus Albers in seinem gleichnamigen Buch geprägt (Albers 2010). Ihm geht es dabei um mehr. Seine These lautet: „Wir machen unsere Hobbys zum Beruf und verlegen unseren Lebensmittelpunkt dorthin, wo wir am glücklichsten und produktivsten sind. Wir müssen uns als Marke positionieren, ständig dazulernen und Dinge, die wir nicht gern tun, an Dienstleister in fernen Ländern auslagern. Wir machen uns leichteren Herzens selbstständig, aber vor allem werden wir selbstständiger denken und fühlen. Es wird ein gutes, aufregendes und erfülltes Leben sein, aber nicht jeder wird es führen können. Die Meconomy wird die Gesellschaft in der Mitte spalten." Markus Albers beschreibt anschaulich, wie sich durch die Verfügbarkeit und Leistungsfähigkeit von Technologie unser beruflicher Alltag verändert bzw. verändern lässt und zu mehr Freiheit führen kann.

**Vor allem aber beschreibt er, welche neue zentrale Aufgabe wir alle haben: die Positionierung der eigenen Person als Marke.**

a

b

**Abb. 2.2   a, b** „The Museum of Me" von Intel von außen vor dem Betreten und in der Halle

Etwas, was Jugendliche heute mit ihrem ersten Facebook-Account rund um den 14. Geburtstag zu lernen beginnen. Dieses Sich-selbst-jederzeit-Positionieren und -Verkaufen ist heute bereits Realität. Studentenprojekte unterhalten eigene Webseiten, Bewerbungen werden ergänzt durch Links auf den eigenen Blog, Präsentationen auf Slideshare, Artikel auf Issuu etc. So gehört der Online-Check bei Personalern genauso zu einer der ersten Tätigkeiten wie bei jungen Leuten im Privaten, die jemand Interessanten kennen gelernt haben in den sie sich verlieben könnten.

## 2.1.2   Kampf um Aufmerksamkeit

Auch wenn gewisse Funktionen des Gehirns seit Jahrhunderten gleich sind, ist gerade die Anpassungsfähigkeit seine herausragende Eigenschaft. Eine Vielzahl von Studien zeigt, dass digitale Medien unsere Informationsverarbeitung, unsere Wahrnehmung, unsere Konzentration, unser Erinnerungsvermögen und unsere Lernfähigkeit, aber auch unsere soziale Kompetenz verändern können.

Der Göttinger Neurobiologe Gerald Hüther beschäftigt sich seit Jahren mit den Auswirkungen von Medien auf unser Gehirn. In seiner recht populär gewordenen Untersuchung bei Jugendlichen, die intensiv SMS schrieben, beobachtete er einen messbaren Zuwachs in den entsprechenden Gehirnarealen (Hüther 2008). Ein Beleg für die enorme Plastizität unseres Gehirns. Neuere Untersuchungen beschäftigen sich mit den unterschiedlichen Verarbeitungsqualitäten beim analogen Lesen vs. dem auf Pads und Readern mit Touchscreens. Für Hüther ist es ein zentrales Merkmal der digitalen Mediennutzung, dass man Wichtiges nicht mehr von Unwichtigen trennen könne. So zeigen Untersuchungen, dass junge Menschen, die intensiv digitales Multitasking betreiben, Probleme haben, den Frontalcortex aufzubauen und zu verschalten.

Überhaupt steht das Multitasking in der Kritik. Der durchaus streitbare Hirnforscher Manfred Spitzer findet in einem Interview mit Media Spectrum recht deutliche Worte: „Wenn Sie dauernd versuchen, alles Mögliche gleichzeitig zu erledigen, dann trainieren Sie sich eine Aufmerksamkeitsstörung an, und diese überträgt sich dann auch auf anderes." (Media Spectrum 2011).

Die heutige Arbeitsrealität vieler Berufstätiger entspricht dennoch in vielen Fällen diesem Multitasking zwischen Mailprogramm, Kalender, Intranet, Projektplanungs-Tool und verschiedenen Office-Anwendungen. Auch das Mediennutzungsverhalten der sogenannten Digital Natives ist Multitasking par Excellence.

**Sicherlich ist es noch zu früh, um abzuwägen, ob letztendlich die Vor- oder Nachteile überwiegen. Festzuhalten bleibt, dass digitale Medien unser Gehirn verändern und davon insbesondere die Aufnahmebereitschaft bei der Medienrezeption betroffen ist.**

Folgt man den Ausführungen von Frank Schirrmacher, dem Journalisten und Mitherausgeber der FAZ, in seiner Keynote anlässlich der Verleihung des Horizont-Awards im Januar 2012, dann birgt diese Entwicklung auch Potenzial für die langsamen, kontemplativen Medien – wie beispielsweise Zeitungen und Zeitschriften. Sich Zeit nehmen und Zeit geben, ein Thema wirklich zu durchdringen, sich darauf ungestört einzulassen, böte einen einzigartigen Wettbewerbsvorteil. In einigen Jahren wird nach Schirrmacher daher der kontemplative, konzentrierte und langsame Medienkonsum ebenso zum Erhalt der geistigen Fitness gehören wie heute Joggen und Fitnessstudio.

▶    http://tinyurl.com/schirrmacher – Auf der Webseite von Horizont lässt sich die interessante Rede Frank Schirrmachers vollständig anschauen.

Franz Liebl und Jan Oliver Schwarz preisen in einem Artikel in der GDI Impulse (2011) denn auch die Kraft von Romanen für die strategische Frühaufklärung. Gerade bei der heutigen Allverfügbarkeit von Informationen und Trends in Realzeit seien laut Liebl und Schwarz die ausgefeilten, durchdachten Szenarien und Welten der Literatur als Quelle für das Verständnis komplexer Entwicklungsprozesse und Veränderungen für Unternehmen wesentlich geeigneter.

**Das Digitale verändert uns. Wie wir denken, wie wir wahrnehmen, wie wir handeln. Teilweise bewusst, zu einem großen Teil aber auch fließend und automatisch.**

Neue Technologien verändern unsere Gewohnheiten, und das hat Auswirkungen auf die Nutzung von Medien, aber auch auf die Rezeption von (Marken-)Informationen: Aufmerksamkeit, Informationsverarbeitung, Speicherung. Es gilt, dies in der Kommunikation mit allen Bezugsgruppen zu berücksichtigen (wir vertiefen das Thema Informationsverarbeitung von Marken in Kap. 3).

Menschen nehmen Markeninformationen weniger denn je mit voller Konzentration wahr. Es muss Marken gelingen, die Aufmerksamkeit nicht nur zu wecken, sondern sie auch zu halten. Ein nicht sehr leichtes Unterfangen. Umso wichtiger ist es daher, das Zusammenspiel zwischen impliziten und expliziten Inhalten und Signalen zu verstehen und nutzen (s. Kap. 5).

Wie wir in Kap. 5 ausführlich darlegen werden, hinken auch die Praktiken bei den Maßen und Messkriterien den Entwicklungen hinterher. Markenverantwortliche vertrauen heute in großem Maße auf unzutreffende Einzelmaße, tradierte Werbewirkungsmechanismen bilden die Realität schon seit längerem nicht mehr zutreffend ab.

Der zeitlich gesteuerte, klassische Teaser auf kollektiver Ebene funktioniert nicht mehr. In vielen Agenturen und Unternehmen herrscht weiterhin klassisches, lineares Kampagnendenken. Eine Kampagne baut sich über die Zeit auf. Sie folgt einer zeitlichen und inhaltlichen Dramaturgie und bietet entlang hypothetischer Kauf- bzw. Entscheidungsprozesse unterschiedliche Informationen. Diese Linearität durchlaufen die Menschen nicht mehr. Vieles läuft parallel, Phasen werden übersprungen, das meiste erreicht die Menschen höchstens punktuell.

**Die Herausforderung für Unternehmen besteht darin, jeden einzelnen Kontaktpunkt optimal zu nutzen.**

## 2.2 Die Macht der Masse

### 2.2.1 Machtverschiebung auf allen Ebenen

Die zunehmende Digitalisierung in all ihren Spielarten hat eine Machtverschiebung in Gang gesetzt, die einen Paradigmenwechsel für die Markenführung von Unternehmen bedeutet. Diese Machtverschiebung verändert die Rolle und das Selbstverständnis von Unternehmen fundamental.

Vieles, was heute heiß diskutiert wird, ist in Wahrheit schon länger bekannt. Aber wer hat 1999 schon richtig verstanden, was Levine, Locke, Searls und Weinberger mit ihren 95 Cluetrain Manifesto-Thesen meinten? Heute ist es ganz selbstverständlich, dass Märkte Gespräche sind. Gabriele Fischer beschreibt im Editorial der Brand Eins vom Februar 2012 sehr treffend das damalige Schwanken der Redaktion zwischen „pathetischem Quatsch" und „das hat etwas" angesichts des Manifests. Dies erlebte ich selbst, als die Thesen in Mail-Verteilern von Saatchi & Saatchi kursierten. Irgendwie war es bedeutsam, richtig etwas damit anzufangen wussten wir alle jedoch nicht. Inzwischen wissen wir, wie Gabriele Fischer schreibt, „dass sich viele der Cluetrain-Vorhersagen erfüllt haben".

Auch Alwin Toffler beschrieb bereits 1990 in seinem Buch Powershift einiges, was Unternehmen heute scheinbar schlagartig vor neue Herausforderungen stellt. Toffler spricht zwar nicht von horizontalen und vertikalen Marken wie Burns, er prognostizierte jedoch schon damals allen streng hierarchisch geführten Konzernen Schwierigkeiten und plädierte für den freien Zugang zu Wissen für alle Beteiligten. Heute nutzen wir ganz selbstverständlich Wikipedia – Inbegriff für die Macht und das Wissen der Masse.

Was genau macht diesen Paradigmenwechsel aus? Das Time Magazin versinnbildlichte diesen im Dezember 2006 sehr treffend, indem es als „Person of the Year" schlicht „You" kürte, denn: „You control the information age." Die Titel-Illustration zeigt Bildschirm und Tastatur – beim genauen Hinsehen handelt es sich beim Monitor um ein Youtube-Fenster. Nicht mehr das Unternehmen mit seinen bewundernswerten Produkten steht im Zentrum, nicht die überlebensgroße Marke, die anzuhimmeln ist, nicht der unnachahmliche Staatslenker, sondern das Volk. Wir. Kunden bekamen plötzlich eine mächtige Stimme.

Auf einer ESOMAR-Konferenz in London im Sommer 2006 erklärte Charles Leadbeater dem versammelten Publikum, dass unsere Gesellschaft nicht länger auf Massenkonsum, sondern auf Massenpartizipation basiert („Mass innovation, not mass production") und welche Rolle dabei Massenkollaboration im Internet bzw. das Web 2.0 spielt. Plötzlich war die Marketingwelt voller Buzzwords, die um das Neu-Entdecken der „Menschen da draußen" und deren plötzliche Machtergreifung kreisten: Crowdsourcing, Co-Creation, Prosumer, Open Innovation, Wikinomics, um nur einige zu nennen.

Noch immer kann man den Eindruck gewinnen, dass Unternehmen, Agenturen und Markenverantwortliche über die Schlagworte hinaus noch immer nicht ganz verstanden haben, was passiert ist. Es geht mitnichten um ein paar weitere Medien, eben die sozialen, oder Prozess-Tools, die man anwenden kann oder auch nicht.

**Die Machtverschiebung ist grundsätzlich, irreversibel und nachhaltig, d. h. die Rahmenbedingungen für die Markenführung haben sich deutlich verändert.**

2008 analysierte Clay Shirky in „Here comes everybody", wie das Web 2.0 auch die soziale Ordnung revolutioniert (Shirky 2008). Ein Thema, das angesichts der grünen Revolution im Iran 2009 breite Aufmerksamkeit erlangte, inzwischen allerdings auch deutlich kritischer verhandelt wird. Leider dient das Web 2.0 eben nicht nur den „Guten", um damit Gutes zu tun, sondern dient selbstverständlich immer auch der Gegenseite. Ein Aspekt, der bei aller Weltverbesserungseuphorie durch und mit dem Internet nicht vergessen werden darf. Die schnelle, einfache und dezentrale Kommunikation und Vernetzung spielt heute eine zentrale Rolle in der Organisation von Aktivisten in allen Bereichen. Dies gilt für Politik wie Gesellschaft, aber auch für Privatpersonen (digitales Mobbing/Cyber Mobbing) und Unternehmen (Shitstorms und Online Bashing).

Wie weit die Machtverschiebung tatsächlich gehen kann, lässt sich sehr schön im Bereich Telekommunikation darstellen. Zunächst ist Telekommunikation an sich ein Katalysator des Machtwechsels – im äußerst positiven Sinn. Da Mobilfunknetze einfacher aufzubauen sind als Festnetzinfrastrukturen, sind mittlerweile auch entlegene Gegenden in Entwicklungs- und Schwellenländern erschlossen. Dank erschwinglicher und robuster Geräte und entsprechenden Tarifen bekommen die Menschen Zugang zu Informationen und Dienstleistungen, die sie in die Gegenwart katapultieren und die ihnen völlig neue Möglichkeiten erschließen.

M-Pesa zum Beispiel erlaubt Handynutzern den einfachen Transfer von Geld. Eine Dienstleistung, die in ländlichen Gegenden ohne Banken das Verschicken von Geld nicht nur einfach, sondern sicher macht. Das heißt. plötzlich sind Bankdienstleistungen ganz ohne Bank möglich. Mit bankunabhängigen Angeboten wie Smava & Co. gibt es plötzlich eine Vielfalt von Anbietern mit Lösungen, die Banken vor Ort tatsächlich obsolet machen. Aber vielleicht haben diese es auch einfach zu lange versäumt, die Bedürfnisse dieser Zielgruppe ernst zu nehmen. Jetzt ist es zu spät.

Wie selbstverständlich für uns „Mass Innovation" heute tatsächlich ist, lässt sich am Beispiel der Apps beobachten. Lange konnten Handys zwar viele Dinge, genutzt wurden über das Telefonieren hinaus lediglich das Zufallsprodukt SMS und der Wecker. Sämtliche Versuche, das Internet auf dem Handy über WAP etc. nutzbar zu machen, fruchteten nicht.

Dann kam Apple und dachte – horizontale Marke – nicht nur in Hardware und an weitere Klappvariationen und andere Äußerlichkeiten, sondern ganz grundlegend an Funktion und Nutzen eines mobilen Geräts, das wir Tag und Nacht bei uns tragen und bislang vornehmlich zum Kommunizieren nutzen. Apple konzipierte das iPhone als Plattform. Das Internet verpackte Apple mitsamt aller Vorbehalte (wie passt eigentlich ein Browser auf ein kleines schwarz-weißes Handy-Display?) in kleine kompakte Programme (die sogenannten Applikationen), die einwandfrei funktionieren, äußerst leicht bedienbar sind und nicht viel mehr als ein Alltagsproblem lösen können.

Dabei versuchte Apple jedoch gar nicht erst, die dringlichsten Alltagsprobleme zu antizipieren, um die iPhones mit den entsprechenden Apps zu bestücken. Sie wählten den klugen Weg, nur die Plattform zu bieten, und wer immer will, programmiere bitte die App,

**Abb. 2.3** Post eines Facebook-Freundes zur App, die googelt, was im Kühlschrank ist

die er für sinnvoll hält. So heißt es heute: was immer es sein mag, es gibt sicher eine App dafür (s. Abb. 2.3), und jedes iPhone (und inzwischen sämtliche Smartphones und Pads) lässt sich wunderbar einfach individuell bestücken.

### 2.2.2 Gefragt sind Profis und Laien

Neben vielen eher unterhaltenden und marketinggetriebenen Ansätzen setzen Großkonzerne wie P&G unter dem Begriff Open Innovation auf die Macht der Masse – wobei neben Kunden hier vor allem professionelle Innovatoren angesprochen werden.

Bereits 2001 startete P&G das Connect + Develop-Programm mit dem Ziel, zukünftig die Hälfte der Innovationen mit Hilfe externer Partner zu entwickeln. Von der Öffnung für Einflüsse von außen versprach sich P&G deutliche Impulse für die eigene Innovationsfähigkeit. Umgesetzt wurde das Programm durch ein Connect + Develop-Team, das über sechs regionale Zentren Ideen für alle Bereiche von Geschäftsprozessen bis Verpackung sucht. Herzstück ist die Internetplattform, auf der Externe ihre Ideen einstellen können. Eingeladen ist jeder, ob Einzelperson, Universität, kleine und mittelständische Unternehmen oder Großkonzerne. Heute zählt P&G mit seinem hoch professionalisierten und voll in das Unternehmen integrierten Innovationsprogramm zu den herausragenden Beispielen für den höchst erfolgreichen Einsatz von Open Innovation.

Gleichzeitig entwickelten sich in den letzten Jahren unabhängige Online-Marktplätze für Crowdsourcing. Die beiden Berliner Start-ups 12Designer und Jovoto bzw. das amerikanische Vorbild 99Designs haben sich darauf spezialisiert, Kreativdienstleistungen zu crowdsourcen. Kritiker monieren an diesen unabhängigen Anbietern, dass kreative Leistungen entwertet werden und im Rahmen nett gestalteter Wettbewerbe kreative Dienstleistungen entprofessionalisiert werden. Andererseits geben solche Angebote einer sehr viel breiteren Gruppe überhaupt erst Zugang zu Ausschreibungen und Wettbewerben.

Für Unternehmen muss es selbstverständlich sein, den Einsatz entsprechend zu würdigen und entlohnen. Schließlich fällt Ausbeutung sehr schnell negativ auf und auf die Marke zurück. Aber natürlich fallen Hoheitsgebiete, werden Zugänge demokratisiert, entsteht Transparenz und verändern sich Preise.

Festzustellen ist, dass das Interesse und die Bereitschaft von Kunden am Mitmachen und am Verbessern (bis zu einem gewissen Aufwand) sehr groß ist. Schließlich finden es viele Menschen toll, endlich auch direkt gefragt zu werden.

Jedes Unternehmen muss jedoch sorgfältig entscheiden, in welchem Bereich und mit welcher Zielsetzung es kollaborative Ansätze verfolgt. Entsprechend können die Schwerpunkte ganz unterschiedlich liegen: Marktforschung, Kundenbindung, Ideenfindung, Ideenentwicklung.

### 2.2.3   Die Wiederentdeckung der Kunden

Als Beispiele für die Erstarkung der Kunden lassen sich heute ganz unterschiedliche Formen der Beteiligung von Kunden heranziehen. Vieles wird probiert, manches bleibt oberflächlich, dennoch gibt es aktuell wohl kaum ein Unternehmen, das sich nicht damit auseinandersetzt, wie es seine Kunden heute und in Zukunft (noch) stärker einbeziehen kann und wie sich langfristige und tragfähige Beziehungen aufbauen lassen.

Am plakativsten manifestiert sich die Renaissance der Kunden in unterschiedlichen Ansätzen der Co-Creation. Diese reicht vom wirklich ganzheitlichen Ansatz, wie es in Deutschland Tchibo mit der Ideenplattform Tchibo Ideas umgesetzt hat, bis hin zu Gestaltungswettbewerben wie z. B. der Sonderedition der Pril-Flasche (leider nicht mit Hähnchengeschmack), Abstimmungen zu Sorten, z. B. die Wiedereinführung von Ritter Sport Olympia, oder die Wahl des Cover-Models für den neuen Otto-Katalog und ähnliche Aktionen.

Die spannendsten Ansätze beschränken sich jedoch nicht auf eine mehr oder minder gewichtige Abstimmung, sondern werden ganzheitlich umgesetzt. Tchibo etablierte 2008 eine eigene Plattform, um gemeinsam mit Kunden bzw. jedermann an neuen Produkten zu basteln. Mitmachen konnte jeder. Entweder mit der Nennung eines Alltagsproblems, für das man gerne eine Lösung hätte. Oder aber mit einer Idee zu einer Lösung bis hin zur fertigen Produktidee. Diese wurden dann auf der Plattform zur Diskussion gestellt, und in regelmäßigem Turnus stimmte die Community in Vor-, Zwischen- und Finalrunden ab. Die Siegerideen wurden dann bis zur Marktreife umgesetzt und bei Tchibo verkauft.

So entstanden eine ganze Reihe von Produkten von Kunden für Kunden unter sehr enger Verzahnung von Marketing und Vertrieb: der multifunktionale Maleimer, ein cleverer Teelöffel, eine mehrfach nutzbare Mehrfachsteckdose, aber auch eine Handtasche, die man durch Zierelemente in drei Looks gestalten kann. Perfekt passend zum Versprechen des Non-Food-Bereichs „Jeden Tag eine neue Welt", das 2008 durch den übergreifend geltenden Claim „Das gibt es nur bei Tchibo" ergänzt wurde.

Im letzten Jahr wurde es dann etwas ruhiger um Tchibo Ideas. Im Januar 2012 verkündete Tchibo die Weiterentwicklung und Überarbeitung der Plattform und läutete für Februar 2012 die letzte Abstimmungsrunde in der Community ein. Die Herausforderung für Tchibo besteht nun darin, die Plattform zu transformieren, ohne die Community gegen sich aufzubringen.

Anders als in prä-digitalen Zeiten, als misslungene Motive oder Spots oder die gesamte Kampagne einfach abgesetzt wurden, ist es im digitalen Raum so gut wie unmöglich, Dinge ungeschehen zu machen. So schnelllebig und vielfältig die Botschaften auch sind, tritt ein Unternehmen bzw. eine Marke in den direkten Dialog, ist temporäres Kampagnendenken fehl am Platze. Es gilt in Szenarien zu denken und schon zu Beginn das Ende mit zu planen und entsprechend anzukündigen, wenn das Budget beispielsweise kein langfristiges Engagement zulässt.

Ein anderes Beispiel für einen ganzheitlichen Ansatz und die enge Verzahnung sämtlicher Marketinginstrumente ist die Aktion Mein Burger von McDonald's – so erfolgreich, dass sie McDonald's Deutschland Chef Bane Knezevic als einer der wesentlichen Faktoren für das erfolgreiche Geschäftsjahr 2011 bezeichnet (Campillo-Lundbeck 2012).

In einem Aktionszeitraum von vier Wochen wurden zur Kür der Finalisten-Burger 116.000 Burger-Kreationen eingereicht und 1,5 Mio. Stimmen abgegeben. Die beliebtesten Burger gab es dann wiederum für einen begrenzten Aktionszeitraum in allen Filialen zu kaufen. Spannend ist, dass Mein Burger nicht nur kommunikativ erfolgreich, sondern hinsichtlich des Absatzes in den Filialen die erfolgreichste Aktion 2011 war. 2012 scheint die Aktion noch erfolgreicher zu werden: so wurden laut Angaben des Unternehmens 327.000 Mein Burger kreiert und knapp 5 Mio. Stimmen abgegeben (s. Abb. 2.4).

Die erstarkte Wertschätzung der Kundenmeinung, die durch das Web 2.0 initiiert wurde, macht auch vor der analogen Welt nicht Halt. Kundenbeiräte werden immer populärer. Der direkte und institutionalisierte Austausch mit dem Kundenbeirat als beratendes Gremium kann nicht nur dabei helfen, die Kundenorientierung und das Kundenverständnis des Unternehmens zu optimieren, sondern auch konkrete Angebote und

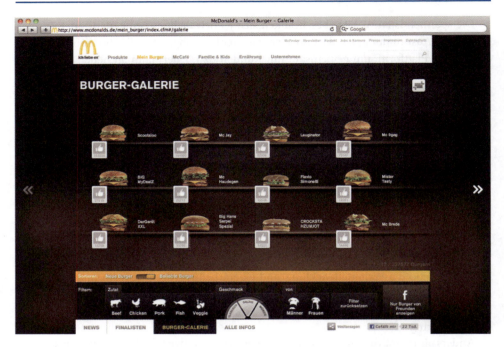

**Abb. 2.4**  Burger-Galerie der McDonald's-Aktion Mein Burger zur Abstimmung der Kreationen

Dienstleistungen zu verbessern. Dabei ist der Kundenbeirat wesentlich mehr als eine andere Form von Marktforschung oder ein Dialoginstrument. Vielmehr steht hinter dem Kundenbeirat der Gedanke, das Kundenverständnis in der Unternehmensentwicklung zu verankern.

Kundenbeiräte können eine große Kraft in der Transformation von Unternehmen entfalten – und werden daher in der Praxis von Unternehmen sehr geschätzt. Gleichzeitig bewerten auch Kunden das Engagement eines Unternehmens im Kundenbeirat äußerst positiv. Wie wir in unserer Studie „Kundenbeirat – Ein strategisches Instrument zur Unternehmensentwicklung" gemeinsam mit der Postbank und dem F.A.Z.-Institut heraus gefunden haben, wussten 2011 zwar erst 4 % der Deutschen genau, was ein Kundenbeirat ist, und nur weitere 20 % waren mit dem Begriff vertraut, aber in Verbindung mit einer kurzen verbalen Beschreibung des Konzepts sahen 58 % der Befragten darin eine sinnvolle oder sehr sinnvolle Einrichtung. Die Wertschätzung stieg mit dem Kenntnisstand, d. h. 67 % der Befragten, die zumindest den Begriff Kundenbeirat kannten, hielten Kundenbeiräte für sinnvoll oder sehr sinnvoll (Czotscher 2011).

▸   http://www.slideshare.net/MusiolMunzingerSasserath/kundenbeirat – In der
    Präsentation finden sich ausgewählte Ergebnisse der Studie Kundenbeirat – Ein
    strategisches Instrument zur Unternehmensentwicklung

Bei der Deutschen Bahn und Postbank ist diese Form des Kundendialogs bereits länger etabliert. Richtig bekannt wurden Kundenbeiräte jedoch durch den Commerzbank-Kundenbeirat, der im Rahmen der Zusammenführung von Commerzbank und Dresdner Bank etabliert wurde und jetzt nach der gelungene Integration in leicht modifizierter Form weitergeführt wird. Unter dem Motto „Zuhören, Mitreden, Verbessern" diskutiert und entwickelt der Commerzbank-Kundenbeirat in regelmäßigen Sitzungen und Workshops Ideen und arbeitet an Projekten der Commerzbank mit. Der Kundenbeirat, der sich aus 25 Privat-, Geschäfts- und Wealth-Management-Kunden zusammensetzt, repräsentiert alle Privatkunden der Commerzbank. Ende 2011 verkündete die Ergo Versicherung ebenfalls die Etablierung eines Kundenbeirates, um dadurch ihre nicht nur kunden-, sondern vor allem auch menschenfokussierte Neupositionierung „Versichern heißt Verstehen" erlebbar zu machen.

**Durch die Digitalisierung entstehen nicht nur viele neue, direkte und wirklich interaktive Dialogformen und Austauschmöglichkeiten, sie verändert auch die analoge Beziehung zu den unterschiedlichsten Bezugsgruppen ganz grundsätzlich.**

## 2.3   Neue Rahmenbedingungen für Unternehmen

Für Kunden ist das Internet ein Schlaraffenland. Es bietet eine unendliche Auswahl von Gütern aus der ganzen Welt, ohne dass sie dafür das Wohnzimmer verlassen müssen. Für Anbieter und Händler sieht das etwas anders aus. Menschen haben weiterhin nur ein bestimmtes Budget zur Verfügung. Um dieses Budget herrscht allerdings ein zunehmend globaler Wettbewerb. Dadurch besteht ein immenser Druck auf Produktivität, Preise und Qualität.

Für Unternehmen hat die digitale Ära massive und zum Teil auch radikale Veränderungen mit sich gebracht. Diese betreffen nicht nur, wie im vorangegangenen Abschnitt beschrieben, die Kundenbeziehung, sondern das gesamte Unternehmensumfeld.

## 2.3.1   Zunahme an Dynamik und Volatilität

Wie fragil die Machtverhältnisse in den Märkten heute sind, zeigt sich darin, wie Produktinnovationen durch das Aufbrechen von angestammten Marktsegmenten die Kräfteverhältnisse verschieben können. Bestes Beispiel hierfür ist wieder das iPhone von Apple. Apple hat sich nicht damit begnügt, ein tolles Gerät in einer für das Unternehmen neuen Kategorie zu entwickeln und dieses dann über Telekommunikationsunternehmen zu verkaufen, sondern hat gleichzeitig das klassische Geschäftsmodell in der Kategorie über den Haufen geworfen. Apples Coup ist es, nicht nur am Gerät, sondern auch an den Umsätzen, die die Telekommunikationsanbieter mit ihren iPhone-Kunden machen, mitzuverdienen.

Das gleiche Prinzip gilt für den App-Store. Apple bietet Dritten die Möglichkeit, Apps zu offerieren, und verdient an jedem einzelnen App-Download. Gleichzeitig kontrolliert Apple anhand strenger Kriterien, welche App überhaupt den Weg in den App-Store findet. Das Unternehmen bewegt sich damit in völlig unterschiedlichen Produktkategorien und hat die etablierten Gesetze des Marktes auf den Kopf gestellt. Erlauben konnte sich Apple das nur, weil das iPhone so unwiderstehlich ist. Keiner der Telekommunikationsanbieter wollte und konnte es sich leisten, die Chance auf neue und vor allem hoch attraktive Kunden nicht zu ergreifen. Es bleibt abzuwarten, ob Apple einen solchen Erfolg mit Apple TV wiederholen kann. Samsung besitzt gegenüber Apple vier Jahre Entwicklungs- und Forschungsvorsprung, und Experten vermuten, dass Samsung den Markt machen wird.

Apple ist zwar nicht das simpel zu kopierende Vorbild, wie es häufig gepredigt wird, das Unternehmen demonstriert jedoch par excellence, was horizontale Marken ausmacht: nicht in tradierten Kategorien und etablierten Geschäftsfeldern denken, sondern nutzer- und nutzenorientiert. Gleichzeitig hat Apple stets den eigenen Erfolg im Fokus.

In kürzester Zeit hat sich durch Apps ein völlig neuer Markt entwickelt. Laut einer Untersuchung von TechNet hat die App Economy allein in den USA seit 2007 466.000 Jobs geschaffen und gilt als der Jobmotor in den USA (Bishop 2012). Nach Bitkom wurden 2010 in Deutschland 900 Mio. Apps heruntergeladen, und der Umsatz mit bezahlpflichtigen Apps stieg gegenüber dem Vorjahr um 88 % auf 357 Mio. Euro. Berlin befindet sich in einer regelrechten Startup-Euphorie und wird als einer der „heißesten Tech-Standorte der Welt" (Spiegel Online 2011) gehandelt. Der Skype-Gründer Niklas Zennström investierte im November 2011 in die 6Wunderkinder, die einzig und alleine mit ihrer Aufgabenplaner-App Wunderlist bekannt wurden, die weltweit über eine Millionen Nutzer fand.

**Diese Entwicklung zeigt, wie technologische Innovationen angestammte Märkte innerhalb kürzester Zeit radikal verändern und völlig neue Märkte entstehen lassen.**

Telekommunikationsanbieter, Hardware- und Software-Hersteller, alle mussten und müssen sich anpassen. Eine Vorstellung, die für Sony (Walkman), für Nokia oder auch Blackberry zu ihren Hochzeiten völlig undenkbar war. Aber auch Telekommunikationsunternehmen hätten es sich nicht träumen lassen, einmal von einem Handheld-Hersteller die Bedingungen diktiert zu bekommen, und darüber froh zu sein, überhaupt zum Zuge zu kommen.

Wie rasant sich verschiedene Branchen innerhalb nur weniger Jahre durch die Digitalisierung gewandelt haben, zeigt die Reisebranche wie in einem Brennglas. Während noch 2006 nur gut ein Drittel des Gesamtumsatzes online erzielt wurde, ist das Verhältnis heute ausgeglichen, Tendenz eindeutig Richtung online. Noch 2001 nutzte lediglich vier Prozent der Deutschen das Internet zur Buchung von Urlaubsreisen. 2011 lag der Anteil in der Gesamtbevölkerung bei 29 %. Betrachtet man nur diejenigen, die regelmäßig online sind und regelmäßig verreisen, dann nutzen 88 % das Internet zur Information und 71 % zur Buchung. (VIR: Daten & Fakten zu Online-Reisen 2012)

Das lange Jahre attraktive Geschäftsmodell, sehr gut und bequem an den Provisionen für die Vermittlung von Flügen, Bahntickets, Hotels zu verdienen, hat sich zu einem Kampf um jede Buchung entwickelt. Die Vielzahl an Anbietern und Plattformen im hoch attraktiven deutschen Reisemarkt ist fast unüberschaubar, und Reisende haben heute die Wahl, ob sie über eines der vielzähligen Vergleichsportale, bei Online-Reisebüros oder gleich direkt beim Anbieter buchen. Bahn.de gehört heute zu den meist frequentierten Reiseportalen in Deutschland.

Seit Herbst 2011 bietet Google, das zuvor den Flugdienstleister IATA übernommen hatte, Google Flight an, eine supersimple Meta-Suche nach dem günstigsten, im Web verfügbaren Flug – zunächst noch auf die USA beschränkt.

Es bleibt abzuwarten, ob wir in ein paar Jahren nur noch vom Flüge googeln sprechen werden.

▶   http://youtu.be/OC2bUYVkjrY – Der kurze Film erklärt sehr anschaulich Vorteile und Funktionsweise von Google Flight

Um fix per Click den günstigsten Flug zu buchen, hat das traditionelle Reisebüro schon längst keinerlei Relevanz mehr. Haben Kunden das Angebot eines Online-Reisebüros gefunden und auch gewählt, stehen diese vor der großen Herausforderung, ihre Kunden zu binden, um ihre Akquisitionskosten im Griff zu behalten.

## 2.3.2   Mehr Wettbewerb

Die Digitalisierung hat jedoch nicht alleine die Vertriebskanäle für Reisen verändert. Angesichts authentischer, ungeschönter Kundenfotos und -bewertungen auf Holidaycheck, Tripadvisor & Co zählt auch der gute Rat eines Experten immer weniger. Und selbst der

Besitzer eines einfachen Strandbungalows auf einer thailändischen Insel hat die Möglichkeit, diesen online mit einer Vielzahl stimmungsvoller Fotos zu präsentieren. Eine Zukunft haben nur die Reisebüros, die sich entsprechend spezialisiert haben und etwas anbieten, was es Online nicht gibt. So funktionieren die Reisebüros, die sich auf komplexe Angebote, spezielle Regionen oder beispielsweise das Luxussegment fokussieren, sehr gut.

Neueste Angebote professionalisieren nun die Privatvermittlung im Reisebereich. 2008 kamen zwei Jungunternehmer aus Silicon Valley auf die Idee, ihre Luftmatratze zu vermieten. Jedoch anders als die extrem populären, aber kostenfreien und eher idealistischen Backpacker-Plattformen wie Couchsurfing und Hospitality Club hatten die beiden das Ziel, Geld zu verdienen. Heute bietet AirBnB Privatunterkünfte in 19.732 Städten in 192 Ländern an. Als quasi globale private Zimmer- bzw. Ferienwohnungsvermittlung greift AirBnB direkt die Hotelindustrie an, die diese Entwicklung wenig wohlwollend betrachtet. So kursiert in Blogs immer wieder die Geschichte, dass in New York inzwischen ein eigenes Anti-AirBnB-Gesetz gelte, das es AirBnB verbiete, bestimmte Privatwohnungen kürzer als 30 Tage zu vermieten.

Mit 9 f.lats gibt es auch eine deutsche Version. Unterstützt durch den Einstieg des Media for Equity-Fonds GMPVC German Media Pool preist sich 9 f.lats aktuell in einer groß angelegten Kampagne als Alternative zum Hotel an.

**Die globale Vernetzung hat dazu geführt, dass sich vermeintliche Nischenmärkte professionalisieren und damit Laienanbieter, Privatpersonen und Kleinstunternehmer in spürbare Konkurrenz zu Unternehmen treten.**

Auch in ganz anderen Bereichen ergänzt heute eine Vielzahl von Marktplätzen für Laiendienstleistungen den professionellen Markt. Hier zeigt sich die ganze Kraft des Web 2.0: es befähigt die Menschen tatsächlich, sich selbst zu helfen.

Prominentes erfolgreiches und profitables Beispiel ist der auf Handwerkliches spezialisierte Marktplatz Dawanda mit 1,5 Mio. registrierten Nutzern, der genau wie sein amerikanisches Vorbild und Konkurrent Etsy auf Do it yourself setzt und die Heimarbeit wieder salonfähig gemacht hat. Gerade Frauen und Mütter nutzen die Chance, mit ihrem handwerklichen Geschick etwas Geld zu verdienen, was nicht selten dazu führt, dass das einstige Hobby zum Beruf wird.

Wer schnelle und günstige Hilfe beim Schneeschippen braucht oder ein Geschenk für die Geburtstagsfeier am Wochenende, wird z. B. bei Gigalocal oder Fiverr fündig. Die Preise bei Gigalocal bestimmen Anbieter und Nachfrager, während bei Fiverr der Reiz darin besteht, dass jede Dienstleistung genau 5 Euro kostet. Wer nichts Besonderes kann und auch keine Zeit übrig hat, kann immer noch Geld damit verdienen, zu teilen.

Analog zum Markt der Laiendienstleistungen bietet der Sharing-Markt eine Alternative zur kommerziellen Wirtschaft, indem er Menschen, die etwas anzubieten haben, mit der nötigen Reichweite ausstattet, um auf sich aufmerksam zu machen: die praktische Flinc-App überführt das Prinzip Fahrgemeinschaften ins Zeitalter des mobilen Internets, indem sie Mitfahren in Echtzeit ermöglicht, und das auch für kurze Strecken wie dem morgend-

**Abb. 2.5**  Das tagesaktuelle Gidsy-Angebot für Berlin

lichen Weg zur Arbeit; auf Frents können Menschen alles zum Verleih anbieten, was die meiste Zeit sinnlos zu Hause herumsteht, von anderen aber dringend gebraucht wird, ob Bohrmaschine, Beamer oder Harry Potter-DVD-Sammelbox.

Der in Berlin gegründete „Marktplatz für authentische Erfahrungen" Gidsy genießt inzwischen breitere Bekanntheit, seit in den Medien berichtet wurde, dass Celebrity-Risikokapitalgeber Ashton Kutcher eine knappe Million in das junge Unternehmen investiert habe. Auf Gidsy bieten Menschen Stadtführungen an (Real Berlin Experience, 12 Euro), Koch- (Cooking Class – the Basics, 10 Euro) und Computer-Crashkurse (Mac Tools and Tricks, 10 Euro), vgl. Abb. 2.5. Die Idee ist einfach und bestechend: Menschen, die sich etwas dazuverdienen wollen, müssen keine Laternenmasten mehr bekleben oder Kleinanzeigen aufgeben. Menschen, die sich langweilen, können sich etwas Neues zeigen lassen (Gidsy's Claim: „Do something different"). Und Gidsy beteiligt sich mit 10 %.

Spezialisierte Marktplätze wie Gidsy, Dawanda oder AirBnB professionalisieren den Markt von Laiendienstleistungen. Einen Markt, der über Kleinanzeigen noch vor ein paar Jahren fest in der Hand regionaler Tageszeitungen und Anzeigenblättern wie Zweite Hand oder Sperrmüll lag. Einen Markt, den es zwar immer schon gab, der aber durch mangelnde Reichweite und fehlende kritische Masse nicht zu einer Gefahr für professionelle Anbieter wurde bzw. als solcher betrachtet wurde.

Das ist heute anders. Das Internet macht Dinge sichtbar. Es bietet eine Plattform für Anbieter und Nachfrager extrem spezieller Nischenprodukte (und sei es der florierende Handel mit Muttermilch, wie in Nido kürzlich berichtet wurde), die aufgrund der wahrlich globalen Vernetzung plötzlich gar nicht mehr so nischig sind.

**Dank einfachster Handhabbarkeit haben Menschen mit Ideen heute die Möglichkeit, diese ohne große Investitionen in die Tat umzusetzen, ohne dass sie für globale Strukturen die Kraft und Größe von Konzernen benötigen. Nichts ist unmöglich, nichts, was es nicht gibt.**

Die Vision von Brian Chesky, einem der Gründer von AirBnB, geht so weit, dass er eine dritte Welle des Internets ausruft: nämlich die „Sharing Economy". Er knüpft dabei an Chris Andersons Free Economy und den von Roo Rogers und Rachel Botswan populär gemachten Begriff Collaborative Consumption an und führte diese Vision sehr anschaulich in seinem Vortrag auf der DLD-Konferenz in München im Januar 2012 aus: Die erste Welle ließ uns alle Online gehen (wir erinnern uns an Boris Beckers „Ich bin drin!"). Businessseitig entstanden Online-Varianten von analogen Geschäften wie Amazon als Online-Variante eines Buchhändlers oder eBay als Online-Flohmarkt.

Die zweite Welle erfasste das Internet um die Mitte des letzten Jahrzehnts. Plötzlich ging es darum, sich untereinander und miteinander zu vernetzen, es bildeten sich Online Communities und die sozialen Netzwerke begannen ihre Verbreitung: Friendster, Stayfriends, Myspace, StudiVZ, Facebook & Co.

Laut Chesky befinden wir uns derzeit in der dritten Welle, in der die Vernetzung Offline stattfindet. Das heißt, dass auch unsere physische Welt sozialer wird und damit der Zugang zu (analogen) Dingen wesentlich bedeutsamer wird als deren Besitz.

▸    http://youtu.be/KINsjz4K_34 – Der Film zeigt Brian Cheskys interessanten Vortrag auf der DLD-Konferenz 2012.

Kurz: das Internet – und Angebote wie AirBnB – ermöglichen eine Sharing Economy, die auf Vertrauen basiert. Vertrauen, das wir über unsere Online-Reputation erarbeiten und bezeugen können.

**Das Laienhafte dieser Angebote sorgt für Authentizität. Dies ist etwas, mit dem sich etablierte Marken häufig schwer tun, und die daher oft vergeblich versuchen, dies durch besonders menschliche Kommunikation auszugleichen.**

Die besondere Erfahrung in unserer globalisierten, vernetzten Welt liegt nicht mehr darin, die Nacht in einem durchstandardisierten Hotelzimmer in den typischen Touristenvierteln zu verbringen, sondern sich in der echten Wohnung eines anderen in einem echten Viertel einen Moment lang wie ein echter New Yorker, Pariser, Venezianer oder Berliner zu fühlen. Das besondere Produkt ist nicht das, was ich überall bekomme, sondern was für mich ganz individuell angefertigt wurde. Was jemand mit Liebe selbst gemacht hat – wenn ich schon selbst nicht dazu in der Lage bin.

**Diese Entwicklung illustriert anschaulich, was post-digital bedeutet. Das Internet, das Digitale, wirkt wie selbstverständlich im Hintergrund und beeinflusst und bereichert unser ganz analoges Leben.**

### 2.3.3   Aber: Off- und Online-Welt funktionieren nach den gleichen Gesetzen

Das Geschäftsmodell der Online-Marktplätze hat sich seit eBay nicht verändert und unterscheidet sich im Grunde auch nicht vom klassischen Reisebüro, das einst von Kommissionen lebte. Allerdings braucht es, um lukrativ zu sein, wesentlich mehr Transaktionen. Ein Grund dafür, dass immer auch nach weiteren Einnahmequellen gesucht wird, was dann sehr fix zu Werbefinanzierung und dem Sammeln von Nutzerdaten führt.

Die Start-up-Experten Jörg Rheinboldt, Niko Waesche und Eric Schlie vertreten in ihrem Buch SimplySeven die These, dass es generell nur sieben Kategorien von Internet-Geschäftsmodellen gibt (Schlie et al. 2011). Die Autoren haben aufgrund ihrer Beobachtung, dass es bei Internet-Start-ups einerseits eine Vielzahl von Ideen, andererseits jedoch nur sehr eingeschränkte Monetarisierungsmöglichkeiten gibt, eine Systematik entwickelt, nach der sich jedes Internetunternehmen hinsichtlich seines Geschäftsmodells analysieren und einordnen lässt:

1. Verkauf eines Produkts bzw. einer Dienstleistung,
2. Verkauf von langfristigen Abonnements,
3. Handel, d. h. der Verkauf physischer Produkte,
4. Werbung, d. h. Verkauf des Zugangs zu potenziellen Kunden,
5. Kommissionen/Vermittlungsgebühren,
6. Lizenzen, d. h. der Verkauf digitaler Produkte,
7. Übernahme von finanziellem Risiko, d. h. Verdienst durch Anteile an erwartetem Ergebnis.

Intention der Autoren war es, den Blick von Gründern auch hinsichtlich ihres Geschäftsmodells zu schärfen. Aus unserer Sicht hilft diese Systematik jedoch ganz generell für eine faktenbasierte Betrachtung. Die Gesetze für Unternehmen online sind nicht gänzlich anders und neu als offline.

Wie auch zu prä-digitalen Zeiten ist es für jedes Unternehmen unabdingbar, die eigene Strategie genau zu definieren und kontinuierlich zu prüfen.

Neu ist, dass dabei – wie häufig noch üblich – keine künstliche Trennung zwischen On- und Offline-Welt gemacht werden darf. Viele der in diesem Kapitel angeführten Beispiele zeigen, dass das digitale Zeitalter wirklich jeden Unternehmensbereich betreffen kann. Das gilt für das zugrundeliegende Geschäftsmodell (etwas, was gerade bei den digitalen Startups in aller Euphorie um Promi-Investments und „Next-really-really-big-thing"-Hype häufig in den Hintergrund tritt) wie für die Unternehmensorganisation, Prozesse wie Logistik, Beschaffung und Einkauf sowie die Steuerung von Produktionsabläufen. Aber eben auch für die klassischerweise das Marketing betreffenden Bereiche Produkt-, Preis-, Distributions- und Kommunikationspolitik, die wir im Folgenden noch etwas ausführlicher beleuchten werden.

**Durch die hohe Geschwindigkeit und Dynamik, die Komplexität und Interkonnektivität, die die digitale Ära mit sich gebracht hat, ist es entscheidender als je zuvor, Entwicklungen stetig zu beobachten und die mögliche Bedeutung für das eigene Geschäftsfeld zu antizipieren, um handlungsfähig zu bleiben.**

Es ist keineswegs ausreichend, sich auf das unmittelbare Wettbewerbsumfeld der zwei bis drei Hauptwettbewerber zu beschränken, wie es vielfach üblich ist. Es ist existenziell, den Blick über den eigenen Tellerrand hinaus auf angrenzende Märkte zu richten und gesamtgesellschaftliche Phänomene zu berücksichtigen. Die gute Nachricht ist, dass es eine Fülle von Daten und Informationen gibt, aus denen derjenige, der sich die Mühe macht, sehr gut lesen kann, welche Bedürfnisse Menschen haben, welche Nischen vielleicht gar nicht so nischig sind etc.

Wir wollen uns im Folgenden vor allem auf die Phänomene konzentrieren, die das Marketing in besonderer Form betreffen.

## 2.4   Implikationen für die klassischen 4 P des Marketing

Die vier Bereiche lassen sich definitorisch klar abgrenzen, in der heutigen Realität sind sie jedoch ganz eng miteinander verzahnt und fließen zunehmend ineinander. McCarthy gliederte in den 60er Jahren des letzten Jahrhunderts das Marketing in die klassischen vier Bereiche, die sich rasch als 4 P etablierten: Product, Price, Place, Promotion (McCarthy 1960). Er wollte das Thema für Marketingverantwortliche dadurch leichter verdaubar und handhabbar machen.

Unter dem Begriff New Marketing wird seit einigen Jahren eine ganzheitliche Sichtweise propagiert, der ein systemischer Ansatz zugrunde liegt.

**Heute stehen Unternehmen vor der Herausforderung, die häufig auch strukturell separierten Bereiche vernetzt zu steuern. Nicht zuletzt die Digitalisierung hat dazu beigetragen, zu erkennen, dass Markenführung wesentlich mehr Bereiche als nur das Marketing betrifft.**

Für die Menschen ist nicht unterscheidbar und auch ganz egal, ob da nun Corporate Communications, Personal oder Vertrieb spricht, ihnen geht es darum, im richtigen Moment eine befriedigende Reaktion auf ihr Anliegen zu bekommen. Dies war auch in prä-digitalen Zeiten der Fall. Allerdings gab es nur eine überschaubare Anzahl an Kontakt- und Interaktionsmöglichkeiten mit Marken und Unternehmen, die sich zudem leicht bezugsgruppenspezifisch steuern ließen.

Wie schwer es Unternehmen fällt, eine ganzheitliche Außenperspektive einzunehmen, zeigte sich, als Marken begannen, sich als Marke auf Social-Media-Plattformen zu präsentieren. Zum einen herrschte Verwunderung, welcher nicht-autorisierte Mensch da eigenmächtig eine Fangruppe angelegt hatte. In einigen Fällen gingen Unternehmen gar mit rechtlichen Mitteln dagegen vor. Zum anderen spiegelten viele Unternehmen einfach ihre internen Strukturen, was dazu führte, dass da plötzlich viele sprachen: verschiedene Regionaldirektionen, die Personalabteilung, die PR-Abteilung etc.

Heute sind viele Unternehmen im Verständnis schon wesentlich weiter. Nichtsdestotrotz bedeutet ein bisschen Social-Media-Aktivität in vielen Fällen sehr große kulturelle und strukturelle Veränderungen im Unternehmen.

Der Guru des post-digitalen Marketings, Seth Godin, geht sogar so weit, eine neue Marketingtaxonomie zu postulieren. Er definiert als Basiselemente des Marketings

1. Daten (was Menschen tun, d. h. wer kauft und wann), und
2. Geschichten (diese definieren alles, was das Unternehmen sagt und tut, und gründen auf Mythen und Legenden um und über das Produkt).

Zwei weitere Bereiche, die auf den Basiselementen aufbauen, sind

3. Produkte und Services (als Manifestation der Geschichten) sowie
4. die Interaktion (d. h. alle Aktivitäten bzw. Kontaktpunkte, an denen das Unternehmen mit Kunden und potenziellen Kunden in Kontakt tritt).

Als übergeordnetes Ziel definiert Godin den Bereich Beziehung bzw. Verbindung (zwischen Unternehmen und Kunden, vor allem aber zwischen den Kunden selbst im Sinne einer Gemeinschaft) (Godin 2008).

Auffällig ist, dass sich nach Godin ein Unternehmen nicht wie üblicherweise aus dem Produkt heraus definiert, sondern die Geschichte von grundlegender Bedeutung ist. Gleichzeitig sei das datenbasierte Wissen über das Kaufverhalten zentral. Aus dieser Perspektive betrachtet trifft es genau den Wettbewerbsvorteil, den gemäß Burns horizontale Marken besitzen. Nur aus der Idee heraus und dem genauen Wissen über die Menschen ist eine Marke in der Lage, auch in schnelllebigen und dynamischen Märkten mit einer unüberschaubaren Anzahl von Wettbewerbern die richtigen Produkte anzubieten und die richtigen Punkte für die Interaktion für sich zu nutzen.

Wir beziehen uns im folgenden Abschnitt aus Anschauungsgründen dennoch auf die klassische 4-P-Taxonomie und beleuchten den Einfluss des digitalen Zeitalters auf Produkt, Preis, Vertrieb und Kommunikation.

## 2.4.1   Produkt – Die Renaissance des Produktes

In den letzten Jahren ist das eigentliche Produkt im Marketing immer weiter in den Hintergrund gerückt. Der Fokus galt verstärkt der Kommunikation, insbesondere der Werbung, der Identifikation und zielgenauen Ansprache von Zielgruppen und in jüngster Zeit vor allem neuen Kommunikationskanälen wie Social Media.

Das Produkt bzw. der Service, Herzstück jeder Marke, wurde mehr oder weniger als gegeben und nicht weiter interessant betrachtet. Dabei bietet das Produkt (und in diesem Kontext sind auch Services und Dienstleistungen unter dem Begriff Produkt subsumiert) die ursprünglichste und authentischste Plattform, um Markenversprechen erlebbar zu machen und Präferenzen zu begründen. Kein anderes Marketinginstrument bietet einen so direkten Kontakt zu den Menschen. Und kein anderes Marketinginstrument verfügt über die Möglichkeit, Menschen so multisensorisch anzusprechen.

Marc Hassenzahl, Professor für Experience Design an der Folkwang Universität der Künste, empfiehlt Designern dringend einen Perspektivenwechsel: „Designing experience before products". In seinem Vortrag auf der TEDx-Konferenz in Utrecht 2011 erläuterte er, dass Verhalten über das konkrete Erleben, z. B. von Objekten, wesentlich leichter zu beeinflussen und zu verändern sei als durch Argumente und Worte. Wie die psychologische Forschung vielfach belegt, lernen wir durch konkrete Erfahrung und Erlebnisse schnell und einfach, und je mehr Sinne ihren Beitrag leisten, desto besser können wir Wissen speichern und später erinnern. Gutes Produktdesign befasst sich daher immer mit dem Erlebnis bei der Nutzung und im Gebrauch.

▸    http://youtu.be/ehWdLEXSoh8 – Der Film zeigt den gesamten Vortrag von Marc
Hassenzahl auf der TEDx-Konferenz in Utrecht 2011.

**Nicht umsonst hat die Verwendung eines Produktes eine wesentlich stärker Marken prägende Kraft als jede noch so gut gestaltete Werbung.**
In der Einleitung seines Bestsellers The Anatomy of Buzz klärt Emanuel Rosen daher auch erst einmal die Grundvoraussetzung für Buzz (oder auch Mund-zu-Mund-Propaganda): „Buzz starts with a superior user experience, and nothing in this book will help if your product doesn't deliver such an experience" (Rosen 2000). Und genau das ist einer der Gründe für den Erfolg von Apple. Die beste Werbung für Apple ist die unmittelbare Produkterfahrung und der daraus resultierende Word-of-Mouth-Effekt. Apple ist sich dessen sehr bewusst. In Steve Jobs' Keynotes wurden die neusten Produkte jedes Mal

als alles bisher Dagewesene in den Schatten stellend inszeniert. Auch in der klassischen Kommunikation von Apple stehen seit Jahren die Produkte vollkommen im Mittelpunkt.

▶   http://www.slideshare.net/sodderland/buzz-awards-seminar-2009-emanuel-rosen-presentation – Die Präsentation eines Vortrags von Emanuel Rosen an-lässlich eines Seminars in Amsterdam aus dem Jahr 2009 gibt einen guten Einblick in das Thema Word of Mouth-Marketing.

Auf der anderen Seite landen Marken mit riesigen Werbebudgets zum Teil gigantische Flops, weil das Erlebnis von Produkt oder Service mit den Werbeversprechen nicht mithalten kann.

Die Digitalisierung hat auch dazu geführt, dass immer mehr Tätigkeiten dem Kunden selbst überlassen werden – Stichwort „Customer Self Service". Genau betrachtet handelt es sich dabei nicht nur um Marken-, sondern auch Produkterlebnisse.

Für Produkte wie beispielsweise Energie oder Telekommunikation, die sich nur schwer unmittelbar erleben lassen, bieten diese Service-Kontaktpunkte die Chance, das Produkterleben zu prägen und somit die Marke erlebbar zu machen: über die Service-App, den Online-Tarifrechner, die Rechnung, das Kundenzentrum etc.

Bei Dienstleistungen kann das Produkterleben eine ganze Reihe von Erlebnissen umfassen. Sicherlich ist der Flug von A nach B das Basis-Produkterlebnis, das eine Fluggesellschaft wie Lufthansa verkauft. Das Produkt- bzw. Markenerleben umfasst jedoch den gesamten Prozess: von der Suche über die Buchung online, den Check-in per Smartphone, die Wartelounge im Flughafen bis hin zur Gepäckabholung. Hier gilt es, genau zu verstehen, welche Erlebnisse kritisch sind und welche Kontaktpunkte eine zentrale Rolle für das Markenerleben spielen. Aber auch jeden Kontaktpunkt singulär als Produkterlebnis zu verstehen, das das gesamte Markenerleben prägt.

Es überrascht nicht, dass klassische Design-Ansätze wie beispielsweise User Experience immer größere Popularität gewinnen und Unternehmen ihr gesamtes Produkterleben unter dem Aspekt Service Design beleuchten. Will Sansom, Autor und Consultant bei Contagious Communication, schlug auf der Ubercloud 2011 vor, das gesamte Marketing als Service-Design zu verstehen, mit dem Ziel, in der Interaktion mit den Menschen die Marke erlebbar zu machen: „Killer Experience statt Killer App". Sansom misst dem Erleben wesentlich größere Bedeutung zu als der Innovation. Schließlich könne eine Innovation nur dann von Vorteil sein, wenn sie erlebt werden kann. Umgekehrt lässt sich das Erleben auch ganz ohne Innovation des Basisproduktes maßgeblich optimieren.

▸ http://youtu.be/4VvHjD6oP40 – Der Film zeigt den gesamten Vortrag „Experience over innovation" von Will Sansom auf der Ubercloud 2011.

**Es reicht nicht, einfach ein gutes Produkt zu machen, sondern es gilt dafür zu sorgen, dass das gesamte Produkterlebnis ein positives ist, da dieses das Markenerleben entscheidend prägt. Dabei spielen digitale Kontaktpunkte in nahezu allen Produktkategorien eine wichtige Rolle.**

Im Bereich Fast Moving Consumer Goods ist schon länger bekannt, dass Produkte heute – Stiftung Warentest sei Dank – nahezu austauschbar und Qualitätsunterschiede für normale Menschen kaum mehr wahrnehmbar sind. Menschen sind in ihrer Präferenzbildung daher von weiteren Merkmalen abhängig.

Digitale Kontaktpunkte spielen auch hier eine immer wichtigere Rolle. Maggi begann bereits in den 90er Jahren, das Maggi Kochstudio als Service vor Ort in die Fußgängerzonen deutscher Innenstädte zu bringen. Maggi schuf damit einen hochinteressanten, analogen Kontaktpunkt für das multisensorische Markenerleben.

Heute präsentiert sich das Kochstudio selbstverständlich auch digital (s. Abb. 2.6). Online kann man sich zu Kochkursen in den Maggi Kochstudios anmelden, es lassen sich Rezepte abrufen. Kleine Tutorials zeigen die Zubereitung, die Zutatenliste lässt sich als Einkaufszettel exportieren, im Mitglieder-Bereich „Mein Kochstudio" bewertet und kommentiert die Community Rezepte. Im engeren Sinne sicherlich die Aufgabe der Kommunikationsabteilung in Zusammenarbeit mit Agenturen und nicht des Produktmanagements. Letztlich aber nur erfolgreich, wenn es als Produkt angelegt ist das Menschen nutzen.

Pampers schaffte es mit der App „Hello Baby" auf faszinierende Weise, ein digitales Vorfreudeprodukt für werdende Eltern zu entwickeln, um diese auf ihr Baby vorzubereiten.

Für P&G war dies die erste App überhaupt, und sie schaffte es sofort zur Nummer Eins-App in der Rubrik Gesundheit und Fitness im iTunes Store. Sicherlich auch gefördert vom perfekten Launch gleichzeitig mit dem iPad, dennoch blieb sie noch für Monate in den Top Ten.

Interessant dabei ist, dass diese App zunächst nichts mit Windeln zu tun hat, obwohl z. B. ein Erinnerungskalender zum Windelkauf durchaus sehr naheliegend gewesen wäre. Die App ist konzipiert als Schwangerschaftskalender, der die Entwicklungen des noch Ungeborenen nicht nur erklärt, sondern auch in originalgroßen Bildern erlebbar macht. Nebenbei gibt es Tipps zum Thema Elternschaft aus der Pampers Village Online Community.

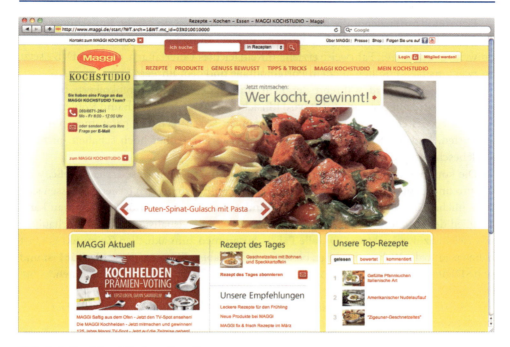

**Abb. 2.6**  Das Maggi Kochstudio online

Der Marke Pampers gelingt es durch diese App – im Sinne eines völlig eigenständigen Produkts – auf ganz einmalige Weise, bereits zu den zukünftigen Kunden eine hochemotionale Beziehung aufzubauen. Pampers ermöglicht es den werdenden Eltern, ihre Vorfreude auf ein großes Erlebnis zu zelebrieren wie es sonst nicht möglich ist.

Die App bekam sogar gesellschaftspolitische Relevanz durch amerikanische Abtreibungsgegner, die P&G für ihre „Pro-Life"-Unterstützung lobten.

▸    http://youtu.be/rjW8aAqrsOk – Der Film zeigt sehr anschaulich die Funktionsweise der Pampers Hello Baby Pregnancy App.

Ein Beispiel, wie Fiat es geschafft hat, selbst bei einem Produkt wie dem Auto, das per se ein extrem starkes Erlebnispotenzial hat, ein einzigartiges Produkterleben zu ermöglichen, ist das Eco Drive-System.

Fiat-Autos produzieren die niedrigsten $CO_2$-Emissionen im Markt. Ein schöner Fakt, aber: wie lässt sich dieser erlebbar machen, und wie kann man die Fahrer selbst zu einer umweltfreundlicheren Fahrweise erziehen? Kein leichtes Unterfangen, aber eco:Drive setzt an zwei sensiblen Punkten an: dem Portemonnaie und dem Ehrgeiz.

Per USB-Stick wird während der Fahrt das Fahrverhalten protokolliert: bremsen, schalten, beschleunigen. Jede Fahrt wird hinsichtlich Benzinverbrauch und Kohlendioxid-Ausstoß ausgewertet. Am heimischen Computer lassen sich die gesammelten Daten auswerten, und das System gibt Tipps: später bremsen, früher hoch schalten, nicht so stark beschleunigen.

Die konkrete Ersparnis, die sich durch eine optimierte Fahrweise erzielen ließe, wird in Euro und Cent demonstriert, die auf den aktuellen Benzinpreisen basiert. Es lassen sich persönliche Ziele setzen, z. B. welchen eco:Index man erreichen möchte, und man kann Mitglied der Online-Community eco:Ville werden. Diese visualisiert äußerst anschaulich, wie viel Benzin, respektive $CO_2$, alle Fahrer zusammen zum aktuellen Zeitpunkt gespart haben und so die Welt ein bisschen besser gemacht haben. Eine grandiose Idee für Fiat und seine Digitalagentur AKQA, die zu Recht den Cannes Cyber Grand Prix gewannen.

▶    http://youtu.be/zec7h2yUNIY – Der kurze Film demonstriert, wie es mit Fiat
     eco:Drive gelingt, kraftstoffsparend zu fahren.

Beispiele wie Fiat eco:Drive zeigen deutlich, wie die Grenzen zwischen Produkt und Kommunikation verwischen und wie sehr es sich lohnen kann, ganz gezielt in das gesamte Produkterleben zu investieren und den Fokus nicht alleine auf das Basisprodukt zu legen.

**Für alle digitalen (Produkt-)Erlebnisse gelten die gleichen Kriterien wie für das Produkt selbst, allen voran die Nützlichkeit – etwas, was aus der kommunikativen Perspektive häufig vernachlässigt wird.**

Es geht also nicht darum, auch endlich eine App zu haben, weil alle eine haben, sondern genau zu überlegen, wie (und ob überhaupt) eine App das Produkt- bzw. Markenerlebnis bereichern oder ergänzen kann. Dabei hilft die einfache Frage: Wofür ist die App von Nutzen? Eine Frage, die sich für einige Marken-Apps gar nicht so leicht beantworten lässt. Neben dem Irrtum, dass sich Marken-Apps ganz von alleine, weil viral, verbreiten (derzeit stehen in Apples App-Store über 585.000 verschiedene Apps zum Download zur Verfügung!), vergessen viele, dass 80 % der Marken-Apps weniger als 1000 Mal heruntergeladen wurden (Deloitte 2011).

Die Digitalisierung hat neben der Ausweitung des primären Produkterlebnisses um das Basisprodukt herum auch dazu geführt, dass das Basisprodukt nicht länger vernachlässigt werden kann. Schon kleine Verfehlungen, Produktmängel, falsche Versprechungen oder Qualitätsschwindel werden in Windeseile publik. Da nutzt die schönste Werbung nichts.

Viele Unternehmen haben schon größere Krisen überwinden müssen, die durch scheinbar kleine Verfehlungen ausgelöst wurden und sich über digitale Medien wie ein Lauffeuer um die halbe Welt verbreiteten. Bekannt ist in diesem Zusammenhang das Beispiel H&M: In New York entdeckte eine Studentin zerschnittene Kleidung von H&M und Walmart. Die Kleidung wurde von den Unternehmen komplett untragbar gemacht, anstatt sie z. B. frierenden Obdachlosen zu schenken. Eine Studentin, die zunächst erfolglos versuchte, mit den Unternehmen in Kontakt zu treten, berichtete dies einem Reporter der New York Times. Walmart entschuldigte sich sofort öffentlich, aber seitens H&M gab es keine Stellungnahme. Es folgte ein Artikel in der New York Times, der einen Wirbelsturm der Entrüstung auf Twitter, in Blogs und Social Networks entfachte. Das gewaltige Echo resultierte in Negativschlagzeilen weltweit. Schließlich bezog H&M Stellung – viel zu spät, denn der Reputationsschaden war schon passiert.

**Es herrscht eine nie zuvor da gewesene Transparenz über die Herkunft, Herstellung, Beschaffenheit, Qualität und Leistungsfähigkeit von Produkten.**

Es gibt wohl kein Produkt, zu dem sich nicht die Erfahrungen und Meinungen anderer in Foren zu Rate ziehen ließen. Zum Teil werden die persönlichen Erfahrungen auch äußerst kreativ und unterhaltsam aufbereitet und finden so ein äußerst breites Publikum. Legendär ist das Video „A Comcast Technician Sleeping on my Couch" aus dem Jahre 2006, das in kürzester Zeit 650.000 Mal abgerufen wurde. Der Comcast-Kunde Brian Finkelstein wollte eigentlich nur sein Modem austauschen lassen, fand statt eines neuen Modems jedoch den schlafenden Service-Mitarbeiter vor, der über eine Stunde in der Warteschleife seines Arbeitgebers hing. Er filmte diesen kurzerhand und machte seinem Ärger Luft, indem er zwischen den Schlafszenen seinen „Dank" ausdrückte – „Danke für zwei kaputte Router, stundenlange Ausfälle, ewige Telefonwarteschleifen und hohe Preise" – und das Video auf Youtube stellte.

Wie man einen scheinbaren Fehler in einem Produkt, der von vielen Menschen im Internet angeprangert wurde, in einen Kult verwandeln kann, zeigte EA Sports. Auch Spielehersteller sind normalerweise nicht gerade begeistert, wenn es um Fehler in ausgelieferten Spielen geht. Beim jährlich erscheinenden Tiger Woods PGA Tour-Spiel von EA Sports konnte man in der Version 08 mit dem Protagonisten des Spiels auf dem Wasser herumlaufen und auch auf dem Wasser problemlos schlagen. Es dauerte nicht lange, bis auf Youtube Clips mit diesem Fehler gepostet wurden, die auch mehrere hunderttausend Male geklickt wurden (s. Abb. 2.7).

EA Sports verfiel nicht in Panik, sondern nutzte diese Panne, um daraus eine selbstironische, virale Kampagne für das Spiel aufzusetzen. Sie drehten einen Film, in dem Tiger Woods einen Ball ins Wasser spielt, anschließend Schuhe und Socken auszieht, auf dem Wasser läuft und seinen seither legendären „Jesus Shot" aus dem Wasser spielt.

**Abb. 2.7**  Tiger Woods bei seinem inzwischen legendären „Jesus Shot"

Dieser Spot erzielte deutlich mehr Popularität als das Video mit dem Fehler im Spiel. Die Panne wurde ganz gezielt dazu genutzt, um aus einem vermeintlich peinlichen Desaster souverän einen Vorteil zu machen.

▸    http://www.youtube.com/watch?v=FZ1st1Vw2kY – Mit diesem Film reagierte EA Sports auf die Panne, die von Levinator 25 zuerst auf Youtube gepostet wurde.

Es sind auch nicht immer nur unzufriedene oder kritische Kunden, die ihrem Ärger online Luft machen (mehr und vehementer, als dies zufriedene Kunden tun), auch kleinen

**Abb. 2.8** Produktinformatio-
nen nach dem Barcode-Scan
mit Hilfe der Barcoo-App

Interessengruppen oder NGOs bietet das Internet über vielfältige Plattformen die Möglichkeit, ihre Mission zu verbreiten.

Die Umweltorganisation Greenpeace fand Anfang 2010 heraus, dass bei der Palmöl-
Produktion für das Nestlé-Produkt KitKat Lebensräume von Orang-Utans zerstört werden.
Greenpeace startete mit Hilfe eines dramatischen Videos eine Social-Media-Kampagne gegen Nestlé und KitKat. Aufgemacht war das Video wie ein Kitkat-Werbespot. Allerdings
mit der deutlichen Intention, dass dem Betrachter der Appetit auf KitKat vergeht, wenn aus
dem vermeintlichen Schokoriegel das Blut läuft. Zusätzlich wurden Abholzungsszenen, un-
terlegt mit Motorsägengeräuschen, eingeblendet. Durch die unkluge Reaktion von Nestlé,
die Fansites abzuschalten und das Video zu verbieten, entwickelte sich ein öffentlichkeits-
wirksamer Shitstorm (ein Phänomen, das Streisand-Effekt genannt wird). Das Video wurde
mehrfach neu hochgeladen, die Kampagne gewann an Bekanntheit und Nestlé erfuhr einen
enormen Reputationsschaden.

Zweifel über Qualität oder Herkunft eines Produkts lassen sich mit Hilfe der entsprechenden App inzwischen direkt vor Ort und ganz bequem über den Barcode-Scan abrufen.
Die Barcodescanner-App Barcoo zum Beispiel lässt ihre Nutzer alles über ein Produkt erfahren (s. Abb. 2.8).

Richtig populär wurde die App während des Dioxin-Ei-Skandals im Januar 2011.
Schnell integrierte Barcoo weitere Transparenzinformationen wie beispielsweise den
Fairtrade-Check und optimierte sein Top-Feature Lebensmittelampel, so dass sich ein

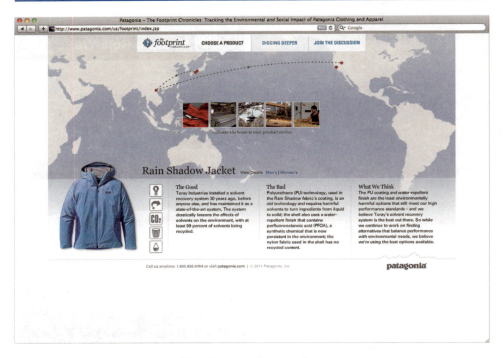

**Abb. 2.9**   Footprint einer ausgewählten Patagonia-Regenjacke

Produkt mit anderen Produkten der gleichen Kategorie vergleichen lässt. Damit schaffte Barcoo es 2011 auf Platz 1 der kostenlosen Apps im Appstore.

Die neue Transparenz gibt Unternehmen allerdings auch die Möglichkeit, sich durch aktive Transparenz und „Gutsein" zu positionieren und zu differenzieren.

Der Bekleidungshersteller Patagonia zum Beispiel verfährt nach der Philosophie: Stelle das beste Produkt her und belaste die Umwelt so wenig wie möglich. Dabei wird zugestanden, dass es eine absolut umweltneutrale Produktion nicht gibt. Aber die Footprint Chronicles ermöglichen es, die Umwelteinflüsse bestimmter Patagonia-Produkte vom Entwurf bis zur Auslieferung zu verfolgen. Auf einer Mini-Webseite kann man den ökologischen Fußabdruck einzelner Produkte von der Entwicklung bis zur Auslieferung verfolgen. So erfährt man Details zum Produktionsprozess, und es wird diskutiert, was an Produkten positiv ist, aber auch, was negativ ist und was Patagonia in der Summe empfiehlt (s. Abb. 2.9). Außerdem kann man mehr erfahren über Patagonias Bemühungen, die Produkte unter sicheren, fairen, legalen und menschenwürdigen Arbeitsbedingungen herzustellen. Allesamt Aspekte, die insbesondere in der Bekleidungsindustrie alles andere als selbstverständlich sind.

Natürlich kann auch jeder seine eigene Meinung auf der Webseite posten. Ein hoher Anspruch an Moral oder Umweltbelastung macht allerdings auch angreifbar. Northface geriet beispielsweise in die Kritik, weil sie – trotz ihrer Behauptung, auf Tier- und Umweltschutz zu achten – Daunenjacken mit den Daunen von Stopflebergänsen füllen. Deshalb müssen Unternehmen sehr sorgfältig darauf achten, dass Prozesse, Strukturen und Bewusstsein der Mitarbeiter wirklich den postulierten Ansprüchen gerecht werden können, damit ein hoher und gut gemeinter Anspruch nicht zum Bumerang wird.

Unternehmen wie dm oder Hipp, die Gutsein schon immer in ihrer Unternehmenskultur verankert hatten, profitieren von dieser neuen Transparenz.

In post-digitalen Zeiten ist das Produkt (wieder) von höchster Priorität. Aufgrund der umfassenden Transparenz lassen sich möglicherweise unliebsame Fakten weder verschleiern noch durch Werbung schönen. Unternehmen müssen ihren Produkten und allen damit verbundenen Prozessen höchste Aufmerksamkeit widmen, um dieser Transparenz begegnen zu können. Gleichzeitig reicht es nicht, sich nur auf das Basisprodukt zu fokussieren. Vielmehr muss das Produkt im erweiterten Sinne verstanden werden als für das Markenerleben höchst relevantes Produkterleben. Aus der Verknüpfung von digitalem und analogem Produkterleben ergeben sich heute und in Zukunft die spannendsten Herausforderungen.

## 2.4.2    Preis

Lasst euch nicht verarschen, vor allem nicht beim Preis.
    Media Markt 2004

Wir können uns kaum noch vorstellen, dass es einmal Zeiten gab, in denen man einfach den Preis, der im Laden auf dem Produkt klebte, hinnahm, ihn lediglich mit der eigenen Erfahrung verglich oder durch den zeitaufwändigen Besuch weiterer Geschäfte.

Heute tätigen wir kaum eine größere (oder auch kleinere) Investition, ohne vorab Preise zu checken, zu vergleichen und zu versuchen, das günstigste Schnäppchen zu machen. Bitkom-Studien zeigen seit Jahren, dass sich über 50 % der Internetnutzer über Produkte oder Dienstleistungen vorab online informieren, bevor sie sich zum Kauf entschließen. Mit dem Smartphone und mit Barcode-Scan-Apps lassen sich Preise inzwischen direkt am Point of Sale vergleichen. Einige Händler versuchen dies zu unterbinden, indem sie auf Barcodes verzichten oder gar versuchen, die Benutzung eines Smartphones ganz zu verbieten – eine wenig weitsichtige und nachhaltige Strategie.

Entsprechend populär und etabliert sind Preisvergleichsportale. Vergleichsportale wie z. B. Verivox, die in ihrer tatsächlichen Transparenz äußerst umstritten sind, gehören beispielsweise im Strommarkt zu den relevantesten Kontaktpunkten für wechselwillige Privatkunden überhaupt. Neben Preisportalen gibt es unzählige Anbieter, die Preise checken, Angebote vergleichen, die günstigsten Schnäppchen versprechen.

Diese Preistransparenz, befeuert durch die von den Unternehmen selbst angeheizte Geiz-ist-geil-Mentalität sowie allgegenwärtige Rabattschlachten und Dauerniedrigpreise, hat insbesondere die Handelsunternehmen hart getroffen. Noch dazu, wenn der günstigste

Kauf bei der Recherche nur noch einen Click entfernt ist, der Weg in den Laden also gar nicht sein muss.

Was preiswert ist, liegt nicht mehr in der Definitionsmacht der Händler. Eine alleinige Preisfokussierung mit der daraus automatisch folgenden Preisspirale ist ruinös: für das Handelsunternehmen selbst, wenn es Kampfpreise nicht quersubventionieren kann, und auch Produzenten bringt es in eine ausweglose Situation. Der Zweikampf zwischen Lidl und Aldi um die günstigsten Milchpreise wird auf dem Rücken der Milchbauern ausgetragen. Immerhin dürfen die Kunden mittlerweile für faire Milch einen Sonderobolus von einigen Cent entrichten.

Wie schwer es für ein Unternehmen sein kann, sich von einer reinen Preisfokussierung zu verabschieden und für die Kunden einen attraktiven Preiswert zu schaffen, lässt sich anhand des größten amerikanischen Händlers für Elektrowaren Best Buy darstellen. Best Buy galt noch vor kurzem als glänzendes Beispiel für den Umbau des gesamten Unternehmens mit Hilfe von Social Media, das von Josh Bernoff und Charlene Li in ihrem Buch Groundswell ausführlich vorgestellt wurde und so große Popularität erreichte (Li und Bernoff 2008).

Besondere Beachtung fand dabei die Twelpforce. Dahinter verbergen sich 2200 Best Buy-Mitarbeiter, die via Twitter Fragen beantworten und Probleme lösen, nach eigener Beschreibung „a collective force of Best Buy tech pros offering tech advice in tweet form". Schnell hatte Twelpforce 15.000 Follower, heute sind es rund 41.000. Eine Idee, für die die amerikanische Agentur Cripin Porter + Bogusky zahlreiche Preise gewann. Sicherlich inspirierte diese Initiative auch die Deutsche Telekom zu „Telekom hilft". Hier steht das Telekom Service-Team auf Facebook und Twitter mit Rat und Tat zu Verfügung.

Leider fruchtete die Strategie nicht. Best Buy verlor alleine 2011 40 % an Wert, und Experten wie der Forbes-Contributor Larry Downes spekulieren über das baldige Aus von Best Buy. Downes zeichnet ein desolates Bild und bezieht sich dabei vor allem auf das Markenerlebnis vor Ort am POS. Best Buy habe es nicht geschafft, eine neue Legitimation für den „Best Buy" im wortwörtlichen Sinne zu etablieren – ganz entgegen den Verlautbarungen des Managements. Downes diagnostiziert diesem die Realitätsleugnung eines psychisch Kranken. Weder könne die Gestaltung des wichtigsten Kontaktpunktes, des Stores, ein Best-Buy-Gefühl evozieren, noch habe der vom Unternehmen selbst vielfach gepriesene und als Best Practice in der Fachwelt prämierte Social-Media-basierte Ansatz dazu geführt, die Kompetenz der Mitarbeiter in den Griff bekommen. Wenn auch keine Top-Seller-Produkte im Sortiment sind, die sich quasi von alleine verkaufen, bleibt letztlich doch nur der Preis für das Best Buy-Markenerleben.

Auch in Deutschland stehen die großen Elektronikmärkte vor Problemen. Sie haben lange gezögert, mit einem Online-Angebot präsent zu sein. Media Markt eröffnete erst im Januar 2012 seinen Online-Shop, kurz nachdem Saturn im Herbst 2011 online gegangen war. Dieses Zögern ist der dezentralen Struktur geschuldet, die mit der online herrschenden Preistransparenz schlicht unvereinbar ist. Schließlich war es das langjährige Erfolgsmodell, dass jeder Media Markt autonom die eigenen Preise machte. Ein Start zu einem so späten Zeitpunkt ist schwer. Der Erfolgsdruck ist groß, denn es gilt, aus den roten Zahlen zu kommen. Gleichzeitig diktiert Amazon als Platzhirsch die Bedingungen. Jetzt zeigt sich, wie viel Wahrheit im Versprechen der Marke Media Markt steckt, die seit Herbst laut-stark und mutig „Das Ende des Preis-Irrsinns!" verkündet. In Foren und auf Blogs werden munter die Schwächen und Probleme diskutiert.

**Preistransparenz ist heute eine Selbstverständlichkeit, die kein Unternehmen um-gehen kann.**

So ist es nicht verwunderlich, dass Kunden heute besonders genau prüfen, wie viel ihnen etwas wert ist. Wer als Unternehmen alleine auf Preisargumente setzt, muss sich bewusst sein, dass man dabei nur schwer gewinnen kann. Preise sind jederzeit und überall ver-gleichbar.

Marktplätze für Online-Couponing wie Groupon oder Dailydeal, die gezielt die Schnäppchenlust bedienen, haben in den letzten Jahren eine rasante Entwicklung hin-gelegt. Bei Groupon können Unternehmen Rabatt-Coupons für ihr Geschäft anbieten. Findet sich eine bestimmte Anzahl von Interessenten zusammen, kommt der Deal zustan-de. Groupon behält eine Kommission, typischerweise rund die Hälfte des Gutscheinwertes. Interessant an Groupon ist, dass sie vor allem lokalen Handelspartnern eine Plattform bie-ten, d. h. klassischen Anzeigenkunden der lokalen Tageszeitungen und Anzeigenblätter, der Gelben Seiten oder auch Diensten wie Google Maps.

Nach eigenen Angaben besaß Groupon 2011 insgesamt rund 142,9 Mio. registrierte Kunden – von denen allerdings erst rund 29,5 Mio. mindestens einmal bei einer Groupon-Rabattaktion mitgemacht hatten. Groupon ist in Deutschland nicht unumstritten. Sie sind Verbraucherschützern ein Dorn im Auge, da diese die Deals als Lockangebote wer-ten. Handelspartner kritisieren die saftige Provision und zeigen sich enttäuscht, wenn sie statt neuen Stammkunden vor allem Eintags-Schnäppchenjäger rekrutieren. Nutzer kritisieren die häufig wahllosen und unattraktiven Deals wie z. B. von Nagelstudios oder für Schönheits-OPs. Hier setzt Groupon seit kurzem auf besseres Targeting. Es bleibt sehr spannend abzuwarten, wie sich Groupon weiter entwickeln wird. Neben den lokalen Stadt- und den Shopping-Deals führte Groupon in Kooperation mit Expedia kürzlich Flüge und Reisen ein.

Das deutsche Start-up KaufDa verfolgt einen etwas anderen Weg. KaufDa versteht sich als Online-Netzwerk für lokale Einkaufsprospekte und publiziert diese auf der Plattform. Kunden können sich bequem online über alle aktuellen Angebote lokaler Händler in ihrer Nähe informieren und direkt vergleichen.

Schön für die lokalen Händler, in Zukunft auf teure Anzeigen oder Handzettel, die sich durch hohe Streuverluste auszeichnen, verzichten zu können, allerdings auch riskant für den Aufbau nachhaltiger Kundenbeziehungen, allein auf die Rabattlust zu setzen.

Vor diesem Hintergrund ist es äußerst wichtig für Unternehmen, die Bedeutung des Preises in der Kaufentscheidung wirklich zu verstehen. Nicht selten sind wir nämlich gar nicht so preisgeil und rabattwillig, wie Unternehmen denken. Vielmehr herrscht noch im-mer ein antiquiertes Preisverständnis oder, wie Florian Bauer, Vorstand des unter anderem auf Preispsychologie spezialisierten Beratungsunternehmens Vocatus, es in einem Inter-view mit Planung & Analyse ausdrückt: „Die klassischen Preisforschungsmethoden gründen im Kern auf einem idealisierenden Konsumentenmodell, dem Homo oeconomicus, nach dem Konsumenten immer perfekt informiert sind, alle das gleiche Preismotiv verfolgen und immer vernünftig entscheiden."

Als eindrucksvollen Beleg für den entscheidungsbasierten Preisforschungsansatz berichtet er von einer Tageszeitung, die in drei Jahren Preissteigerungen von 32 % ohne Auflagenverlust durchsetzen konnte, weil Vocatus detaillierte Empfehlungen ableiten konnte, bei welchen Preiselementen und bei welchen Kundensegmenten Preissteigerungen möglich sind. In der Verlagsbranche eine kleine Sensation, wo Abonnenten seit Jahren mit teuren Zugaben und saftigen Rabatten überhäuft werden. Auch in preistransparenten digitalen Zeiten lassen sich Preise nicht nur nach unten anpassen, um Kunden mit Rabatten zu begegnen (Bauer 2010).

**Die Herausforderung liegt heute und in Zukunft darin, genau zu verstehen, welcher Preis das eigene Angebot dem Kunden wert ist.**

### 2.4.3  Distribution (Place)

Sicherlich hatte und hat das Internet den dramatischsten direkten Einfluss auf die Distribution. Heute gibt es keine Branche, in der Online-Handel keinerlei Bedeutung besitzt. Die Zahl der Online-Shopper nimmt auch auf hohem Niveau stetig zu. Laut Enigma und GfK kauften 2011 38,1 Mio. und damit knapp 80 % aller deutschen Internetnutzer im Alter zwischen 14 und 69 online ein. Die Internet-Verkäufe erreichten laut Handelsverband im Jahr 2011 ein Volumen von 26 Mrd. Euro, was in etwa sechs Prozent der gesamten Einzelhandelserlöse entspricht. Das Wachstum wird vom Handelsverband Deutschland für 2012 auf 13 % geschätzt, bei einem Umsatzplus des gesamten Einzelhandels von nur 1,5 %.

Das Wachstum des Online-Handels ist nicht überraschend, wenn man sich die Vorteile vergegenwärtigt. Online einkaufen ist bequem, kennt keinen Ladenschluss und bietet eine riesige Auswahl, die leicht zu durchsuchen ist, und dazu attraktive Preise bei beinahe vollständiger Transparenz. Und man muss nicht mal ins Auto steigen und einen Parkplatz suchen.

Viele Händler wissen trotz des enormen Potenzials noch immer nicht, wie sie mit dem veränderten Kaufverhalten umgehen sollen. Der Fachhändlerverbund Intersport etwa betreibt eine Webseite, auf der man sich Sportprodukte zwar ansehen, aber nicht bestellen kann. Das soll den stationären Absatz schützen. Die erfolgreiche Drogeriekette dm traut sich einen eigenen Internet-Shop nicht zu und vertreibt seine Eigenmarken lieber über Amazon.

Zahlreiche, vormals erfolgreiche Einzelhändler, die den Wandel im Konsumentenverhalten nicht nachvollzogen haben, mussten sich bereits vom Markt verabschieden, wie in den USA der Plattenhändler Tower Records, die Elektronikkette Circuit City oder die Buchhandelskette Borders.

Einer Analyse des Beratungsunternehmens Bain & Company zufolge durchläuft der Einzelhandel alle 50 Jahre einen grundlegenden Wandel (Rigby 2012). Vor 150 Jahren ermöglichten die sich entwickelnden Großstädte und die Ausbreitung des Bahnnetzes das moderne Kaufhaus. 50 Jahre später gab es Autos für den Massenmarkt, und als Folge entstanden in den Vorstädten Einkaufszentren mit Fachgeschäften, die den Kaufhäusern in den Innenstädten Konkurrenz machten. In den 60er und 70er Jahren breiteten sich Discounter aus, wie Aldi oder Schlecker, und bedrohten die althergebrachten Einkaufsstätten. Jede Welle der Veränderung prägte die Branche und definierte die Erwartungen der Verbraucher neu. Händler müssen sich anpassen, oder sie verschwinden über kurz oder lang von der Bildfläche wie zuletzt Schlecker.

Viele große Einzelhändler sind von einer geradezu technologiefeindlichen Kultur geprägt und sind Neuem gegenüber skeptisch.

Wie die meisten dieser Veränderungswellen begann auch die Digitalisierung des Einzelhandels eher verhalten. In den 90er Jahren besetzten Anbieter wie Amazon.com das Feld mit zunächst rasantem Wachstum. Als dann zu Beginn des Jahrtausends die Internetblase platzte, wurde die Hälfte aller Online-Händler vom Markt gefegt. Amazon gehörte nicht dazu.

Der Aufstieg des von Jeff Bezos gegründeten Buchhändlers Amazon zum größten Kaufhaus der Geschichte illustriert die Veränderungen, die das Internet in der Handelslandschaft in den letzten Jahren möglich gemacht hat, und zeigt das Potenzial, das Händler haben, wenn digitale und physische Welt perfekt zusammenarbeiten.

Amazon öffnete 1995 seine Pforten und beschreitet seither sowohl für Handelsunternehmen wie für Internetfirmen ungewöhnliche Wege. Jeff Bezos schuf einen sehr speziellen Internet-Konzern, bei dem der Großteil der Mitarbeiter in Warenlagern arbeitet. 1998 begann Amazon auch Musik-CDs zu verkaufen und erweitert seitdem ständig das Sortiment. Mittlerweile können tausende unterschiedliche Produkte erworben werden, von der Tüte Gummibärchen für wenige Cent bis zur mehrere tausend Euro teuren Armbanduhr. Dabei werden nicht nur eigene Waren angeboten. Eine wichtige Entscheidung für den Erfolg von Amazon dürfte es gewesen sein, sich komplett zu öffnen. Gegen eine Gebühr können externe Anbieter – Privatpersonen wie Unternehmen – ihre Waren über die Amazon-Webseite verkaufen und die Logistik nutzen, selbst wenn die Fremdware unmittelbar mit Amazon-Artikeln konkurriert, inklusive Gebrauchtwaren. Es ist sogar möglich, nur den Lagerservice in Anspruch zu nehmen, und die Ware z. B. über den Amazon-Konkurrenten Ebay anzubieten. Mittlerweile gehört Amazon zu den größten E-Book-Anbietern, vertreibt mit dem Amazon Kindle einen eigenen E-Book-Reader und verlegt selber Autoren.

Ein weiteres Erfolgsrezept von Amazon ist die kontinuierliche Arbeit an der Erreichung des bestmöglichen Services.

Von Anfang an erhielten Kunden die Möglichkeit, Produkte zu rezensieren und die Bewertungen anderer Kunden anzusehen (was von Buchverlagen und später Markenherstellern zunächst heftig kritisiert wurde). Zwei Jahre später führte Amazon den patentierten 1-Click-Kauf ein, mit dem registrierte Kunden mit nur einem Click bestellen können. 2001 folgte die Einführung der Funktion „Blick ins Buch". Damit können Interessenten ein Buch vor dem Bestellen querlesen. Die Amazon-Software weiß, was sich ein Nutzer bei früheren Besuchen im Online-Shop angesehen hat, und listet auf der Startseite Produkte, die ihn auf

Grund der bisherigen Vorlieben interessieren könnten. Populär wurde Amazon u. a. auch durch den Einsatz von sogenannten „Recommendation Engines" („Kunden, die Produkt A gekauft/gesucht haben, haben auch B gekauft!").

Bei Bestellungen kann der Kunde Versandart und -geschwindigkeit wählen, und Amazon gibt ein Versprechen ab, wann die Ware beim Kunden eintreffen wird. Der Zeitpunkt wird von der Logistik-Software berechnet, die berücksichtigt, wo ein Kunde wohnt und in welchem Lager der gewünschte Artikel vorrätig ist. Intern hat Amazon die Eine-Stunde-Vision ausgegeben. Das Ziel lautet: Der Kunde soll die Bestellung bereits eine Stunde nach der Bestellung erhalten.

2010 erfolgte der Launch der Amazon-App, mit deren Hilfe ein Produkt fotografiert oder gescannt werden kann, um den Amazon-Preis abzufragen. Über Facebook und Twitter verbreitet Amazon die neusten Top-Angebote an seine Liker bzw. Follower. Leitgedanke bei allen Amazon-Services ist ein optimales Kundenerlebnis.

Belohnt wird die konsequente Orientierung am Menschen durch herausragendes Vertrauen, das Amazon in Deutschland entgegengebracht wird (vgl. Kap. 1). Amazon ist laut Statista in Deutschland nicht nur der mit Abstand größte Online-Shop, sondern gehört auch zu den beliebtesten. 2010 kauften laut GfK 24,7 Mio. Deutsche dort Waren (Statista 2011).

Amazon wurde in früheren Zeiten oft eine baldige Pleite vorhergesagt, insbesondere zu Beginn des Jahrtausends, als die Internet-Blase platzte. Auch die eigene Logistik wurde Amazon als schwerer Fehler vorgehalten, weil Amazon damit kein schlanker Internet-Anbieter wie Ebay war. Aber gerade die Logistik, die den einzigartigen Amazon-Service ermöglicht, wurde zu einem entscheidenden Erfolgsfaktor. 2011 beschäftigte Amazon weltweit mehr als 50.000 Menschen und setzte beinahe 50 Mrd. US-Dollar um. Dabei ist der Konzern 2011 erst in acht Ländern mit eigener Logistik und Web-Seite präsent. Entsprechend hoch ist das Potenzial, das der Finanzmarkt Amazon bescheinigt. Ende 2011 war der Börsenwert mit 87 Mrd. US-Dollar um das 170-Fache größer als der erwartete Gewinn für 2011.

In der Öffentlichkeit genießt Amazon sehr viel geringere Aufmerksamkeit als Firmen wie Apple, Google oder Facebook. Dabei verändert das virtuelle Kaufhaus der Superlative die Welt mindestens ebenso stark.

**Das Beispiel Amazon zeigt, wie wichtig es ist, das Kaufverhalten seiner Kunden zu verstehen. So gelingt es Amazon stetig, an den relevanten Kontaktpunkten nützliche und interessante Angebote zu machen und den Kunden in der Summe ein hochgradig positives Amazon-Markenerleben zu bieten – fast gänzlich ohne physischen Kontakt.**

Für Amazon ist es ganz selbstverständlich, dass Kunden auch per Smartphone oder iPad bestellen können. Völlig egal, ob es sich nun per Definition um E-, M- oder F-Commerce handelt.

Die Zukunft im digitalen Vertrieb gehört ganz klar dem M-Commerce, der dank Smartphones endlich auch wirklich einfach handhabbar ist. Betrachtet man das Einkaufen aus Kundensicht, dann ist völlig logisch, dass diese alle Möglichkeiten schätzen und nutzen werden, mit deren Hilfe sich Einkäufe bequem auf dem Sofa oder zwischendurch unterwegs erledig lassen.

Dennoch tun sich Unternehmen schwer, und nicht wenige, selbst Handelsunternehmen, besitzen keine adäquate, smartphonefähige Plattform. Eine Studie von Google Deutschland und dem BVDW deckte 2011 auf, dass von den Top 500 der im Online-Marketing aktiven Unternehmen lediglich 33 % eine mobile Einkaufslösung bieten (Google Deutschland und BVDW 2011). Jeder, der einmal versucht hat, per Smartphone über eine normale Webseite einzukaufen, weiß, dass der umständlichen Bezahlvorgang dazu führen kann, das Vorhaben kurz vor Vollendung entnervt abzubrechen.

Dabei liegt das Erfolgspotenzial auf der Hand, Besorgungen und Einkäufe einfach nebenbei unterwegs und in Wartezeiten zu erledigen oder spontanen Kaufimpulsen direkt nachzugeben – wie mein Sitznachbar in einem Seminar vor ein paar Wochen, der am Ende des Tages fünf Literaturempfehlungen der Dozentin direkt über die Amazon-App bestellt hatte.

Ein aktuell viel diskutiertes Thema ist F-Commerce, d. h. der Vertrieb über Facebook. Hier sind die Zahlen trotz aller Euphorie bei einigen Experten und den Bestrebungen Facebooks noch äußerst schlecht. Nach der W3B-Studie von Fittkau und Maaß (2011) haben bislang lediglich zwei Prozent der Nutzer etwas über Facebook eingekauft. Nur 15 % äußert überhaupt Interesse am Facebook-Shopping.

Die Erklärung liegt auf der Hand: bei Facebook geht es für die Nutzer in erster Linie um Privates und Zwischenmenschliches und nicht um Shopping. Marketingaffine Menschen übersehen gerne, dass zwar rund drei Viertel aller Facebook-Nutzer mindestens eine Marke liken (BBDO 2011), dies aber nicht gleichzusetzen ist mit aufmerksamen und regelmäßigen Rezipienten der Marken-Postings. Eine Vielzahl an Studien zeigt, dass die Interaktionsraten der Liker mit ihrer Marke im niedrigen einstelligen Bereich liegen.

Dass Produktempfehlungen und -inspirationen tatsächlich hohe soziale Relevanz besitzen zeigt Pinterest. Ob Outfit-Empfehlungen oder Wohnzimmerdekoration – da alle Bilder mit den Originalquellen hinterlegt sind, lässt sich das Abgebildete in den meisten Fällen mit ein paar Clicks auch shoppen, wenn diese Bilder mit einem Shopping-Portal verknüpft sind. So verbreitet sich der Pin-it-Button aktuell sehr rasant bei den Online-Händlern in den USA. Es sieht ganz danach aus, dass P-Shopping zukünftig von größerer Relevanz sein wird.

Ob und wie eine Marke Facebook als Distributionskanal nutzen kann, lässt sich nicht pauschal beantworten (das gilt für alle sozialen Medien, ob bereits bestehend oder noch kommend). Im ersten Schritt sollten Unternehmen eine detaillierte Analyse der Gefolgschaft (Liker, Follower etc.) vornehmen. Sind es treue Markenfans, dann sollte man diese nicht mit Schnäppchen-Angeboten bespielen, sondern bevorzugt behandeln: Sondereditionen, Vorkaufsrecht, Fanshop etc.

**Unternehmen sollten sich ganz ehrlich die Frage stellen, wie viel soziales Sharing-Potenzial ihr Produkt und die spezifischen Angebote überhaupt besitzen und welche Rolle digitale wie analoge Kontaktpunkte generell im Kaufprozess spielen bzw. spielen könnten.**

Vielleicht empfiehlt es sich, eine gesonderte Special Deal-Präsenz zu lancieren wie z. B. Amazon Deals auf Facebook. Diese können all diejenigen liken, die sich vorrangig für Schnäppchen interessieren.

Eine ähnliche Strategie verfolgte die Deutsche Bahn 2010 mit dem Chefticket. Etwas ungeschickt kündigte die Bahn das Chefticket auf Facebook als ersten Social-Media-Testlauf an – und geriet in einen mächtigen Shitstorm. Die Kritiker fanden es unerhört, dass die Bahn über Facebook Tickets verkaufen wollte, statt über Verspätungen und Stuttgart 21 in den sozialen Dialog zu treten. Die beiden Themen wurden von den Fans natürlich trotzdem diskutiert, die Bahn ließ es geschehen, was wiederum als großes PR-Debakel bewertet wurde.

Im Rückblick könnte man auch sagen, dass nur ein Unternehmen wie die Bahn die Souveränität besitzt, eine solche Aktion durchzuführen. Die Bahn ist Kritik gewohnt, sie schreckt und überrascht das nicht wie andere Unternehmen, die sich erst einmal daran gewöhnen müssen, wenn sie sich dem Dialog öffnen und dann öffentlich angefeindet und kritisiert werden.

Die Bahn gehört mit dem Chefticket ganz entgegen dem anfänglichen Verriss zu den deutschen Pionieren des F-Commerce, denn es erwies sich als äußerst erfolgreich: Es wurden 52.000 Fans rekrutiert und in einem Aktionszeitraum von zwei Wochen 145.147 Tickets im Wert von 3.628.675 Euro verkauft. Auch die Facebook-Liker waren zufrieden: 97 % bewerteten die ganze Angelegenheit positiv (GWA 2011).

▶    http://www.gwa.de/images/effie_db/2011/Der-Film.pdf – In diesem Fallbeispiel
     für den Effie werden die Mechanik und die Erfolge des Cheftickets der Bahn de-
     tailliert beschrieben.

Parallel zur zunehmenden Digitalisierung der Vertriebskanäle hat sich auch die analoge Handelslandschaft deutlich verändert. Innenstädte sind geprägt von Filialen, die das klassische Fachgeschäft verdrängt haben. Auf der grünen Wiese ist One-Stop-Shopping auf extrem großen Verkaufsflächen angesagt, Kaufhäuser sind auf Shop-in-Shop-Systeme umgestellt. Unter den Filialisten finden sich in den Großstädten zunehmend Flagship-, Mono Label- und kuratierte Concept Stores, mit denen Marken sich und ihre Produkte in Eigenregie inszenieren.

**Markenverantwortliche haben erkannt, wie wichtig die Inszenierung des gesamten Einkauferlebnisses ist, schließlich fällt hier die Kaufentscheidung. Wie auch das Produkt selbst, lassen sich eigene Shops hervorragend multisensorisch inszenieren.**

**Abb. 2.10**   Das interaktive Schaufenster des Diesel Flagship Stores in Berlin Mitte

So beginnt das multisensorische Erlebnis schon beim Schaufenster. Hier ist eine Erlebnisorientierung in der Gestaltung zu beobachten. Mit der schlichten Präsentation einiger
ausgewählter Produkte gewinnt man die Aufmerksamkeit der vorbeieilenden Passanten
nicht mehr. Ob von Künstlern gestaltet, mit lebenden Menschen bestückt (wie etwa von
XOXO in Manhattan spektakulär inszeniert), die Schaufenstergestaltung besitzt hohe
Priorität und wird mit entsprechenden Budgets bedacht. Immer häufiger werden auch
digitale Technologien eingesetzt. Bereits 2009 konzipierte Diesel die Schaufenster seiner
Flagship Stores als interaktives Spiel, bei dem Kunden mit ihren Bewegungen Symbo-
le fangen konnten, die vom Himmel fielen. Je nach getroffenem Symbol löste dies im
Schaufenster zerstörerisches Wetter aus. Schließlich ging es um das Thema „Destroyed
Denim" (s. Abb. 2.10).

Auch in den Läden zeigt sich Diesel sehr experimentierfreudig und demonstriert, welche spannenden Verknüpfungen sich aus analog und digital in Zukunft ergeben können.
2010 brachte das Unternehmen über die Diesel Cam Facebook in die Umkleidekabinen.

Die Kunden konnten sich in der Umkleidekabine mit den anprobierten Teilen fotografieren und die Bilder auf Facebook veröffentlichen, um sich von den Freunden beraten zu
lassen. Bemerkenswert finden wir diese Umsetzung vor allem deshalb, weil wir aus qua-
litativem Research wissen, dass Mädchen genau das in den Umkleidekabinen von H&M,
Zara & Co. tun, wenn sie ihre Clique nicht live dabei haben.

▶    http://youtu.be/_P-zA90yl64 – Der Film demonstriert die Funktionsweise der
Diesel Cam.

Das Erfolgsgeheimnis der Modemarke Abercrombie & Fitch und ihrer Tochtermarke Hollister liegt zum Großteil in der ungewöhnlichen Inszenierung am Point of Sale, einem Vorzeigebeispiel für die multisensorische Shop-Gestaltung (vgl. Kap. 1). Das Highlight ist das extrem gut aussehende Service-Personal mit Modelmaßen und mit grundsätzlich nacktem Oberkörper. Und natürlich können sich die Besucher(innen) am Eingang mit den knackigen Jungs fotografieren lassen.

Alles in allem ein beeindruckendes Erlebnis, das eine Menge Buzz durch Word-of-Mouth generiert und auch digital hochgradig „shareable" ist. Denn welche Jugendliche teilt nicht sofort mit den Freundinnen, dass sie gerade mit einem absoluten Traumtypen posiert und als Andenken ein cooles Shirt gekauft hat.

Wie sehr sich die Marketingdisziplinen Distributions- und Kommunikationspolitik vermischen, zeigt sich an Concept Stores wie Colette in Paris, 10 Corso Como in Mailand oder Andreas Murkudis in Berlin. Hier geht es in erster Linie um die Promotion der ausgestellten Trendprodukte und nur nachgeordnet um den Abverkauf. Wer es in die streng kuratierte Auswahl schafft, gehört dazu: stil- und trendbewusste Kunden lassen sich bzgl. der neuesten Musthaves inspirieren, Mode- und Lifestyle-Medien berichten, Touristen fotografieren und „sharen".

Die scheinbar individuelle Zusammenstellung von Waren (im Fachjargon auch Curated Consumption), um ein inspirierendes Einkaufserlebnis zu kreieren, machen sich auch Filialisten zu nutze. Der US-amerikanische Modefilialist Anthropologie möchte ein inspirierender Ort für Frauen zum Einkauf von Bekleidung, Accessoires und Dekorationsartikeln sein, alle Produkte sind auch online erhältlich. Urban Outfitters, seit 2012 auch in Berlin, verfolgt einen ähnlichen Ansatz und bietet eine bunte Mischung aus Kleidung, Accessoires, Büchern und Beauty-Produkten, setzt dabei allerdings auf Marken.

Mit dem Ziel, ihren Kunden ein einmaliges Shopping-Erlebnis zu verschaffen, setzen viele Marken auf temporäre Stores oder Guerilla Shops. Als Erfinderin der Guerilla Shops gilt die Designerin Rei Kawakubo von Comme des Garçons, die 2004 in Berlin den ersten Guerilla Shop eröffnete. Zuvor war sie die Erste, die Architekten einlud, die Läden passend zur Mode zu gestalten. Dies ist mittlerweile bei den Luxusmarken eine Selbstverständlichkeit, so dass der Besuch von Flagship Stores auch bei Architekturinteressierten auf dem Programm steht. Der Modehändler Peek & Cloppenburg beauftragt regelmäßig Star-Architekten für den Bau der neuen Häuser.

Der besondere Reiz der temporären Shops liegt in der ungewöhnlichen Location und der zeitlichen Verknappung: „nur für kurze Zeit". Limitierte und nur vor Ort erhältliche Produkte erhöhen die Attraktivität zusätzlich. Das Potenzial für „Earned Media", d. h. unbezahlte Berichterstattung durch die Medien und Word of Mouth, ist beträchtlich. Auch hier ist die Grenze zur Kommunikationspolitik fließend. Mittels Pop-up Stores lässt sich die Aufmerksamkeit sehr gut auf spezielle Produkte lenken, so dass Pop-up Stores häufig zur Inszenierung der Einführung neuer Produkte genutzt werden.

Für Marken aus dem Modebereich gehören Pop-up Stores mittlerweile zum Standardrepertoire. Luxusmarken wie Yves Saint Laurant, Louis Vuitton oder Chanel laden ausgewählte Kunden an ungewöhnliche Orte, um exklusiv – und nur für kurze Zeit – limitierte Teile anzubieten. Mittlerweile poppt aber durchaus auch ein temporärer Shop von Persil in deutschen Großstädten auf.

Neo-analoge Form temporärer Guerilla Shops stellen die „unsichtbaren" Stores dar, die Airwalk 2010 am Washington Square Park in New York und am Venice Beach in Los Angeles realisierte: ein gelungenes Beispiel für die Nutzung von Augmented Reality. Mit Hilfe der App Goldrun wurden am Tag der Aktion 300 Exemplare der Limited Edition des wiederaufgelegten Airwalk-Klassikers „Jim Shoe" sichtbar. Das Fotografieren mit dem Smartphone führte dazu, dass die Schuhe aus dem Geschäftsangebot genommen wurden, und berechtigte zum Kauf der limitierten Schuhe bereits vor Verkaufsstart.

▶   http://youtu.be/4erNe_NpdyE – Dieser Film dokumentiert den ersten „Invisible Pop-up Store" von Airwalk.

Welch hohen kommunikativen und markenbildenden Wert analoge Marken-Flagship Stores besitzen, haben auch klassische Konsumgütermarken wie Ritter Sport oder Nivea erkannt. In den Nivea Häusern bzw. der Ritter Sport Bunte Schokowelt (bei Trip Advisor übrigens auf dem dritten Platz in der Kategorie Shopping in Berlin, direkt nach dem traditionsreichen KaDeWe!) werden die Produkte multisensorisch erlebbar. Der Besuch entwickelt für Kunden eine starke präferenzbildende Kraft, die im Umfeld des klassischen Lebensmitteleinzelhandels niemals möglich wäre. Der Online-Auftritt Nivea Haus hat neben Nivea-Fanartikeln auch sämtliche Pflegeprodukte im Angebot.

Automobilhersteller wissen dies schon länger, ob Autostadt in Wolfsburg (s. Kap. 1), gläserne Manufaktur in Leipzig, BMW-Welt in München – wer einmal sein Auto im Rahmen eines solchen Erlebnis-Trips abgeholt hat, weiß, welche präferenztreibende Kraft eine solche Inbesitznahme entfaltet.

Aber auch Dienstleister entwickeln erlebnisorientierte Konzepte jenseits der praktischen und vorwiegend nutzenorientierten Filialgestaltung. Die Deutsche Bank unterhält seit 2005 auf der Friedrichstraße in Berlin eine besondere Filiale mit dem Namen „Q110 – Die Deutsche Bank der Zukunft" als Testlabor für neue Konzepte und Module, die bei Erfolg bundesweit eingeführt werden. Die ING Direct, eine Direktbank wie ihre deutsche Schwester ING Diba, die physisch eigentlich nur in Form von Geldautomaten erlebbar ist, unterhält in den USA und Kanada seit einiger Zeit die ING Direct Cafés: unten zwangloser Coffeeshop mit günstigen Preisen und Geldautomat, in einer Lounge Online-Banking-Terminals.

Die zunehmende Erlebnisorientierung liegt vor allem auch darin begründet, dass es sich heute beim Shoppen vor Ort vor allem um Impulseinkäufe handelt – das bedeutet, dass Händler inspirieren und Lust auf Shopping machen müssen, damit der Kunde überhaupt kauft. Der reine Bedarfskauf lässt sich bequem und vielfach günstiger im unendlichen Warenangebot online befriedigen.

Anlässlich des 4. Clubs der Markenfreunde, einer Veranstaltung von Musiol Munzinger Sasserath für Markenexperten, erläuterte Adrian Kiehn, der ehemalige Markenting-Chef und Generalbevollmächtigte von Peek & Cloppenburg Düsseldorf, im Januar 2012 in Berlin sehr anschaulich, welchen Sinneswandel dies für ein klassisches Kaufhaus wie P&C bedeutet. Brauchte man früher neue Kleidung, ging's in die Innenstadt ins Kaufhaus. Doch die Zeiten änderten sich durch das Online-Shopping dramatisch. Plötzlich bekomme man jederzeit das weiße Hemd, die neue Hose. Nicht nur bequem und günstig, gleichzeitig eröffne das Internet den Menschen die gesamte Vielfalt an Schnitten, Marken, Farben, Mustern und was es noch so alles gibt. Warum sich also mit der kleinen Auswahl eines Kaufhauses zufrieden geben, wenn man per Click die Hose direkt vom Laufsteg ordern könne, inklusive der Style-Musthaves?

Peek & Cloppenburg Düsseldorf meisterte die Herausforderung, seinen Kunden einen Mehrwert des Kaufens vor Ort zu verschaffen, für das diese bereit sind, das bequeme Sofa gegen einen Besuch von P&C zu tauschen, und ist entgegen dem Branchentrend auf Expansionskurs.

Dazu war die komplette Umgestaltung aller Häuser nötig, die nicht mehr nach Kategorien, sondern Themen sortiert sind und nach Kiehn heute mehr mit interessanten und erlebnisreichen mittelalterlichen Marktplätzen gemein hätten als mit dem klassischen Kaufhaus von früher. Das Verkaufspersonal musste lernen, Looks & Styles von Kopf bis Fuß zu beraten und zu verkaufen.

Es gilt, den Kunden kontinuierlich unvergleichliche Erlebnisse zu bieten, indem die Waren und das Haus einzigartig inszeniert werden. Hier setzt P&C sehr erfolgreich auf Kooperationen und regelmäßige Events für besondere Kunden in den Häusern. Bemerkenswert ist die Vielfalt und Bandbreite, die P&C dabei abdeckt. Für den Nachwuchspreis „Designer for Tomorrow by Peek & Cloppenburg Düsseldorf" fungierte 2011 niemand geringeres als Marc Jacobs als Schirmherr und Jury-Vorsitz. Ein Signal, das die Modekompetenz stärkte und Fashionistas begeisterte. In der Herbstkampagne ließ P&C die Strickkollektion von bekannten Krimiautoren des Ullstein-Verlags vorstellen. Allen kommunikativen Aktivitäten gemein ist, dass diese die Menschen in die Läden vor Ort bringen müssen.

Eine Herausforderung stellt zukünftig die Öffnung für digitale Vertriebskanäle dar. Aktuell kann man sich online zwar über jedes Produkt ausführlich informieren und die Verfügbarkeiten in allen Filialen vor Ort prüfen, allerdings nicht direkt kaufen.

Modehändler wie Markenhersteller sahen lange keine Notwendigkeit, selbst online zu verkaufen – abgeschreckt von der hohen Retourenquote des Versandhandels, aber auch dem vermeintlichen dringenden Bedürfnis der Kunden, die Waren direkt anfassen und probieren zu wollen. In der Tat kauft heute jeder dritte Internetnutzer Bekleidung, Schuhe und Accessoires online. Entsprechend haben vor allem die Marken selbst in den letzten Jahren auch in eigene Online-Shops investiert.

Besonders gut – und entgegen aller Prophezeiungen von noch vor ein paar Jahren – läuft das Geschäft mit Luxusartikeln. Mytheresa.com, Online-Ableger der Luxusboutique Theresa in München, gehört mit einem jährlichen Umsatzwachstum von 60 % zu den Erfolgsgeschichten und beweist, was auch Net-a-porter seit Jahren demonstriert: teure Stücke lassen sich problemlos – oder sogar besser – online verkaufen. Louis Vuitton gehört inzwischen zu den Referenz-Cases für Multichannel-Strategie und die exzellente Vernetzung aller digitalen wie analogen Kanäle unter Nutzung attraktiver und interessanter Inhalte (die wir im nächsten Abschnitt Kommunikation etwas ausführlicher darstellen werden).

Kaufprozesse laufen heute in den seltensten Fällen linear gemäß eines definierbaren Funnels ab. Vielmehr nutzen Menschen alle ihnen verfügbaren Kontaktpunkte zu ganz unterschiedlichem Zweck und zu unterschiedlichen Zeitpunkten. Person A informiert sich online, geht in den Laden, um dann doch online zu kaufen. Person B entscheidet sich im Laden spontan. Person C folgt dem umgekehrten Weg, lässt sich im Laden inspirieren und informieren, kauft dann unterwegs bzw. online. Person D kauft spontan online. Und so weiter und so fort.

**Multichannel heißt heute und in Zukunft die Multichannel-Perspektive auf Distributions- und Kommunikationskanäle. Die Herausforderung liegt in der zunehmenden Vernetzung aller digitalen und analogen Kanäle.**

Dabei muss jeder Kontaktpunkt ganz unterschiedliche Kundenwünsche bedienen können, wie es Amazon digital hervorragend leistet. Die Verknüpfung analoger und digitaler Kanäle bedeutet nicht nur „online kaufen, im Laden zurückgeben".

Vielmehr geht es um völlig neue Formen des Zusammenspiels ganz unterschiedlicher Kontaktpunkte. Kunden lassen sich beispielsweise 24/7 bedienen, wenn Vorabreservierung, Check der Verfügbarkeit oder Direktbestellung per Smartphone (oder Touchscreen) rund um die Uhr direkt über das Schaufenster oder über Anzeigen und Plakate möglich sind. Großes Potenzial liegt z. B. auch die Verbindung von Location-based Services, sozialen Elementen und Rabattaktionen oder Kundenbindungsaktivitäten. Der Kreativität im post-digitalen Marketingmix sind keine Grenzen gesetzt.

## 2.4.4   Kommunikation (Promotion)

Frei nach Paul Watzlawick kann auch ein Unternehmen oder eine Marke nicht nicht kommunizieren. Wie in den vorangegangenen Abschnitten immer wieder deutlich wurde, gibt es keinen Bereich der Markenführung und kein Marketinginstrument, das keinen kommunikativen Aspekt besäße und keine größeren Veränderungen aufgrund der Digitalisierung erlebt hat.

Für den Bereich Kommunikation hat das digitale Zeitalter zwei ganz zentrale Themen hervor gebracht, denen sich kein Unternehmen, keine Marke verschließen kann.

**Zum einen hat die durch das Web 2.0 erstarkte Macht der Masse zu einem Paradigmenwechsel im grundsätzlichen Verständnis von Kommunikation durch Unternehmen und Marken notwendig gemacht.**

Eine Herausforderung, die noch längst nicht alle Unternehmen gemeistert haben. Kommunikation bedeutet für Unternehmen nicht mehr alleine das unidirektionale Mitteilen, also das Aussenden von Information mit einer sehr eingeschränkten Perspektive auf die gewünschte Reaktion (attraktiver finden, Bedürfnis entwickeln, kaufen). Es gilt auch für Marken, dass Kommunikation den bidirektionalen Informationsaustausch bezeichnet. Etwas, was Unternehmen jahrelang unterschlugen, weil es nicht sichtbar wurde. Etwas, was Unternehmen lernen mussten bzw. müssen. Nicht umsonst ist das immer wiederkehrenden Mantra von Social-Media-Experten wie z. B. Jeff Jarvis die Aufforderung an die Unternehmen: Listen and learn!

Gleichzeitig hat die Digitalisierung der Kanäle zu einer extremen Komplexitätszunahme der Markenkommunikation geführt. War es noch vor 15 Jahren eine überschaubare Anzahl vorwiegend klassischer Kanäle, die im Rahmen eines Mediaplans bedacht wurde, nutzen ganz normale Marken alleine für die Ansprache von Kunden und Nicht-Kunden heute weit mehr als 100 Kontaktpunkte.

Diese explosionsartige Zunahme an Kanälen liegt zum einen an dem Mitte der 90er Jahre aufkommenden Schlagwort der 360 Grad-Kommunikation. Unter dem Gebot der Konsistenz platzierten die Unternehmen ihre Logos und brachten alles formal in Markenlook. Maggis Parole lautete damals: „Wir machen die Welt gelb-rot". Die Deutsche Telekom färbte ganz Deutschland in einem wahren Magentarausch und versah sie mit Ts: magenta Krawatten in magenta T-Punkten, Robert T. Online flirtete mit der magentahaarigen Enie van de Meiklokjes, magentafarbene Telefonkarten mit Paulchen Panther etc. Dabei geriet der inhaltliche Aspekt häufig in den Hintergrund, Hauptsache alles wurde schön gebrandet.

Bei den digitalen Kanälen erleben wir zum Teil ein Déja-vu. Gerade in den Diskussionen um Bewegtbild geht es immer wieder darum, dass schon bald sämtliche Oberflächen mit günstigen LEDs ausstattbar sind und in absehbarer Zeit nicht nur Poster und Plakate sondern Autoooberflächen, ganze Häuserfassade, ja selbst Kleidung als Screens fungieren werden.

Es wäre wünschenswert, wenn Agenturen wie Unternehmen hier eine intelligente inhaltliche Nutzung anstreben. Bei der World Expo in Shanghai 2010 präsentierten Architekten hochspannende Ideen, wie sich digitale Wände und Fassaden in Innen- und Außenräumen sehr ästhetisch interaktiv inszenieren lassen; z. B. veränderte sich die Außenhülle des Corporate Pavillons (die aus recycelten Plastikflaschen bestand und durch LEDs illuminiert wurde) computergesteuert je nach Aktivität der Besucher im Innenraum.

**Während klassische Medien lediglich ausgewählt und belegt werden müssen, zeichnen sich die digitalen Kanäle neben ihrer wachsenden Vielzahl durch technologische Komplexität und unendliche Vielfalt aus.**

Vielfach ist zu Beginn noch gar nicht klar, wofür sich neue Medien nutzen lassen und wer sich dort tummelt bzw. dies auch noch nach der Registrierung tut. Alles ist beta und wer dabei sein will, muss sich reinfuchsen und mit ständig neuen Entwicklungen, kontinuierlichen Veränderungen und Umstellungen leben. Und auch damit, dass genau das so vielversprechend anmutende soziale Medium nicht funktioniert oder überlebt. Auch Experten können nicht mit Bestimmtheit sagen, was das „nächste große Ding" sein wird und wo sich Investitionen lohnen.

In einem Gespräch verglich Christoph Bornschein, einer der Gründer der Social Media Agentur TLGG, die kluge Mediaplanung in digitalen Zeiten mit gutem Portfolio-Management. Er ist überzeugt davon, dass es bei digitalen Kanälen immer die schlechteste Wahl ist, Investitionen allein auf ein Pferd zu setzen. Als Beispiel nennt er die Unternehmen, die sich in ihren Investitionen voll auf StudiVZ konzentriert hatten – aus heutiger Sicht eine völlige Fehlinvestition. Er rät daher Markenverantwortlichen, die (digitale) Mediaplanung als Investitionsgeschäft zu verstehen und aus der Portfolio-Perspektive zu betrachten. Schließlich ginge es letztendlich ja auch nicht um die optimierte Kanal-Performance jedes einzelnen Mediums, sondern um das gesamte Markenerleben, das das Kanalportfolio erzielt.

Der Investitionsgedanke bedeutet häufig auch tatsächliche Investitionen in die Entwicklung digitaler Kontaktpunkte wie beispielsweise digitale Poster oder Marken-Apps auf dem Smartphone. Kampagnen lassen sich heute nicht mit Hilfe kleinerer formaler Adaptionen durch alle Kanäle durchdeklinieren. Die technologischen Anforderungen an Unternehmen und ihre Agenturen sind hoch. Zudem muss jeder digitale Kontaktpunkt auch konzeptuell und kreativ entwickelt und intelligent mit anderen Kanälen und Kontaktpunkten vernetzt werden. Zusätzlich entstehen völlig neue anspruchsvolle Aufgabenfelder, wie bspw. Suchmaschinenmarketing.

Diese Dynamik und schlechte langfristige Planbarkeit stellt den Unternehmensalltag in punkto Kommunikation vor völlig neue Herausforderungen. Es reicht nicht, aus einer Liste bewährter Medien anhand wasserdichter Kriterien die geeigneten Kanäle auszuwählen und diese mit sorgfältig entwickelten und rundherum abgestimmten Inhalten zu bespielen. Vielmehr müssen gleichzeitig unterschiedliche Kanäle entwickelt und nach dem Prinzip learning by doing ausprobiert werden. Ständig kommen neue Kanäle hinzu, andere gewinnen plötzlich an Relevanz für ganz andere Bezugsgruppen oder Aufgaben.

Die Funktion und Rolle einzelner Medien verändert sich laufend. Das gilt für die klassischen Medien in ihrem Verhältnis zu den digitalen Echtzeitmedien, aber auch für die digitalen Medien selbst. Twitter, einst von den Tagesthemen als neues Jugendphänomen gepriesen, entwickelte sich hierzulande zu einem Kommunikationsmedium der Medien- und Pressemenschen untereinander und einem persönlichen PR-Tool von Prominenten und Politikern (mit solchem Reiz, dass nicht wenige das offizielle Twitter-Verbot bei der Wahl des Bundespräsidenten Joachim Gauck einfach ignorierten). Für Marken sind es mittlerweile neben der schnellen Verbreitung von Unternehmens-News vor allem auch Kundenservice-Themen, die via Twitter bedient werden. Dies war zu Beginn jedoch nicht absehbar.

Gleichzeitig hat sich durch die jederzeitige Verfügbarkeit, gepaart mit Interaktivität (bzw. Rückkanalfähigkeit) der digitalen Kanäle, auch die Definition von Kommunikation gewandelt. Es geht nicht um das Senden auf möglichst vielen Kanälen. Die Menschen fordern den Austausch. Das heißt für Unternehmen, sie selbst müssen auch empfangen, antworten, reagieren, den Dialog aufnehmen und weiterführen, in Summe: sich auf die Interaktivität der digitalen Kanäle einlassen.

Die digitalen und sozialen Kanäle verlangen sehr viel Aufmerksamkeit und Arbeit – was sich aktuell noch selten auszahlt. In unseren quantitativen Untersuchungen erweisen sich vor allem die sozialen Medien noch immer als Kontaktpunkte mit kaum messbarem Einfluss auf das gesamte Markenerleben (vgl. Kap. 5).

Die zentrale Aufgabe liegt somit im Kanalportfoliomanagement oder, wie es die Agentur Scholz und Friends seit vielen Jahren bezeichnet, in der Orchestrierung. Entscheidend ist letztendlich, was herauskommt: Markenerleben bei den Menschen.

Etwas zu kurz greift die Metapher der Orchestrierung allerdings auch. Mag es aus Sicht des Unternehmens mit sich selbst im Zentrum durchaus so erscheinen, als ob in Summe ein wunderbar abgestimmtes Kommunikationskonzert entsteht, ist es in der Realität doch eher so, dass die einen nur die Bratschen und Flöten hören und die anderen Streicher und Trompeten, wieder andere sind nur zum Schlussakkord zugegen und nehmen nur die Tuba wahr.

**Es ist für Markenverantwortliche zwar traurig, aber leider Realität. In der Regel wird von den Menschen nur ein Bruchteil aller Kommunikationsmaßnahmen überhaupt wahrgenommen, vieles davon dazu unbewusst.**

Auf die althergebrachten Werbewirkungsmechanismen ist immer weniger Verlass. In der Diskussion mit Jugendlichen über die TV-Spots eines Telekommunikationsanbieters erklärten diese sehr reflektiert, dass sie versteckte Botschaften im echten Leben gar nicht mitbekämen, da ihre Fernsehsituation ganz klar „laid back" und total passiv sei und sie dementsprechend gar nicht willig und in der Lage seien, sich aktiv mit dem Entschlüsseln von komplexen Werbebotschaften auseinanderzusetzen. Ihre Empfehlung an das Unternehmen lautete eindeutig, dass dieses sie zum eigenen Handeln animieren müsse. Nur dann bestünde die Chance, dass sie sich überhaupt mit einem Thema, einer Marke, einem konkreten Angebot auseinander setzen. Führt man sich dazu die in dieser Altersgruppe völlig normale Parallelnutzung von Medien vor Augen (bzw. das in Kap. 1 und 2 beschriebene Multitasking) wird klar, dass ungeteilte Aufmerksamkeit ein sehr rares Gut ist.

**Umso wichtiger ist die intelligente Vernetzung von Kontaktpunkten und Kanälen. Dabei gibt es jedoch kein Standardrezept. Es gilt, je nach Zielsetzung und Bezugsgrup-**

**pe an jedem einzelnen Kontaktpunkt interessante, nützliche und einzigartige Marken-erlebnisse zu ermöglichen und diese mit der notwendigen Reichweite zu versehen, um ein insgesamt präferenzbildendes Markenerleben zu erreichen.**

Der amerikanische Kreative Doug Jaeger, Präsident des ADC New York, brachte es auf der Ubercloud-Konferenz 2011 wunderbar auf den Punkt: „Creatives no longer create ads, but rooms for experiences." Das Markenerleben ist es, was zählt. Es geht nicht um das Bespielen von Kontaktpunkten oder das selbstreferentielle Verkünden von Botschaften.

Es geht in der Kommunikation wie zuvor beim Produkt zu allererst darum, das Erlebnis für die Menschen zu gestalten. Wie wir im Abschnitt Produkte gesehen haben, sind digitale Kontaktpunkte sehr gut dazu geeignet, Markenerlebnisse zu gestalten, die weit über den eigentlichen Produktkonsum hinausgehen. Dies gelingt jedoch nur, wenn man die Menschen auch als Menschen und nicht nur situativ in ihrer Konsumsituation begreift. James Hilton, Chief Creative Officer und Mitgründer der zurzeit führenden Digital-Agentur AK-QA, fordert daher von Kreativen auf der gleichen Konferenz: „Never talk about consumers, it's people with love in their hearts."

Aus dieser Perspektive lassen sich dann auch die geeigneten Kanäle und Kontaktpunkte auswählen. Positive Markenerlebnisse lassen sich nur dann gestalten, wenn die richtigen Kanäle, Inhalte und Signale in ihrer Dreiheit genutzt werden. Wenn jedes Markenerlebnis auch einen konkreten Nutzen für den Erlebenden hat. Wenn die Marke die Menschen, die sie etwas erleben lassen will, als Menschen mit unterschiedlichen Sinnen begreift, fähig und willens zur Interaktion, und nicht als passive botschaftenhörige Zielgruppe, die mit einer möglichst hohen Kontaktfrequenz weichzuklopfen ist.

Für Unternehmen ist diese direkte Hinwendung zu den Kunden – über Marktforschung hinaus – nicht immer nur positiv. Vielmehr müssen sie nicht selten schmerzhaft durch Shitstorms und Bashing auf eigenen Plattformen und als Reaktion auf den wohlmeinenden Willen zum Dialog lernen, was es heißen kann, in den unmittelbaren und öffentlichen Dialog mit den Kunden zu treten.

**Der Wegfall der Kommunikationshoheit wird häufig als Kontrollverlust erlebt, und es bestehen selten die passenden Organisationsstrukturen.**

Allerdings war diese Kontrolle auch in prä-digitalen Zeiten nicht gegeben und nur vermeintlich vorhanden. Es wurde einfach nicht so gut sichtbar. Die Markenführung konzentrierte sich jahrzehntelang auf das Image, das Bild, das man in den Köpfen der Kunden erzeugen wollte. Dabei wurde – trotz umfänglicher Marktforschung – häufig negiert, was wirklich in den Köpfen der Kunden als mentale Repräsentation im Markengedächtnis bestand und wie diese Marken tatsächlich erlebt wurden.

Es gehört für Unternehmen heute noch immer eine gewisse Souveränität dazu, diesen öffentlichen Dialog zuzulassen und angemessen darauf zu reagieren. Vodafone musste dies recht schmerzhaft lernen. Mit einer neuen Image-Kampagne setzte das Unternehmen 2009 voll auf das Thema Web 2.0 und die aus der Vodafone-Perspektive definierte „Generation Upload". Dabei wurden nicht nur erstmalig sämtliche sozialen Medien (inklusive Live-Übertragung der Pressekonferenz im Internet) berücksichtigt, in den reichweitenstark platzierten TV-Spots ließ das Unternehmen Protagonisten aus der Szene als Kampagnen-Testimonials für sich sprechen.

Die Reaktionen waren alles andere als zuvor gedacht. Es zeigte sich schnell, dass der – als Telekommunikationsunternehmen unabdingbare und einzig richtige – Weg in die digitale Welt alleine aus der Kommunikationsabteilung heraus schwer zu bewerkstelligen ist. Vodafone lernte aus den Fehlern und etablierte sich schnell und professionell auf Youtube, Twitter und Facebook.

Wer heute die Dialoge auf der Facebook-Pinnwand verfolgt, merkt, dass es den Menschen bei den Telekommunikationsanbietern auf Facebook um das Produkt an sich geht: ganz konkrete Hilfestellungen bei Problemen mit der Rechnung, dem Handy, der Netzqualität oder Fragen zu Vertragsumstellung, Abrechnung etc. Und nur sehr peripher um das, was Unternehmen als Kommunikation verstehen, nämlich neue Produktbotschaften oder Werbefilmchen.

Das spannende Echtzeit-Experiment „Mein Tweet als Lied. Mit Vodafone." demonstriert, wie gut Vodafone inzwischen die sozialen Medien versteht. Unter dem Hashtag #tweetlied konnte am 30. März 2011 jeder Twitterati und Facebook-Nutzer eine Tag lang Zeilen einreichen. Die Band Bakkushan, die in einem Berliner Musikstudio saß, machte aus den besten Tweets innerhalb von 5 Minuten Songs. Diese wurden wiederum sofort auf Youtube veröffentlicht. Gleichzeitig ließ sich der gesamte Kreativprozess der Band per Livestream verfolgen. In elf Stunden kamen so 64 Lieder zustande. Eine Aktion, für die man sich eine größere Reichweite wünschen würde (s. Abb. 2.11).

Selbst Banalitäten wie die Suche nach neuen Auszubildenden – in Tageszeitungen und Stellenbörsen ein völlig unemotionales und sachliches Thema – kann auf der Facebook-Pinnwand zu hochemotionalen Diskussionen führen. McDonald's provozierte mit einem solchen Facebook-Posting im letzten Jahr seine Kritiker, und es entspann sich eine lebhafte und authentische Diskussion um die Vor- und Nachteile von McDonald's als Arbeitgeber. Da sich mittlerweile aus vielfältigen Beispielen lernen ließ, dass zensierende Eingriffe noch schlechter aufgenommen werden, heißt es, auch wenn es schwer fällt: aushalten und gelassen reagieren.

**Das größte Missverständnis von Unternehmen in Bezug auf die sozialen Medien ist, dass nicht alle Liker oder Follower einer Marke wirkliche Fans mit positiver Hinwendung zur Marke sind.**

Mit der Digitalisierung haben sich auch die kommunikativen Inhalte verändert. In Werbung und Kommunikation gehört User-generated Content inzwischen zum Standardprogramm. Als Kampagnen-Testimonials werden echte Kunden oder auch echte Mitarbeiter eingesetzt.

Stand die Authentizität einer Frau Sommer (Jacobs Krönung) oder eines Herrn Kaiser (Hamburg-Mannheimer) in früheren Zeiten nicht zur Debatte, ist das heute anders. Das Unternehmen 1&1, das 2009 den eigens installierten Leiter für Kundenzufriedenheit Marcell D'Avis zur Hauptperson machte, musste mehrfach klar stellen, dass dieser Mann mit dem schönen Namen keine Kunstfigur, sondern authentischer Mitarbeiter sei. Letztlich

**Abb. 2.11**  Die Vodafone-Aktion Tweetlied (Idee, Konzept, Umsetzung: TLGG GmbH; Design: fertig design, Berlin)

jedoch ein gelungener Anlass für Earned Media (d. h. verdiente und somit für das Unternehmen kostenlose Berichterstattung), da die Medien vielfach berichteten.

Für die Deutsche Telekom rief Thomas D. 2010 zur bislang größten virtuellen Mitsingaktion Million Voices auf. Jeder, der mitmachen wollte, konnte seine Interpretation der einzelnen Textzeilen über Mobil- oder Festnetz sowie über die Telekom-eigene Plattform als Video- oder Audioaufnahme hochladen. Thomas D bastelte aus den 11.200 Beiträgen dann die Neuauflage des Songs „7 Seconds", der nicht nur die Charts stürmte und zum Youtube-Hit avancierte, sondern auch die Basis der nachfolgende TV-Kampagne bildete.

Die mehrfach prämierte Edding Wall of Fame setzte auf das gemeinschaftliche Malerlebnis. Anlässlich des 50-jährigen Jubiläums dachte sich Edding zusammen mit Kempertrautmann etwas ganz Besonderes aus. Auf einer interaktiven Live-Zeichenfläche standen acht verschiedene Edding-Stifte zur Verfügung, mit denen man sich auf der virtuellen Zeichenfläche verewigen konnte, begleitet vom typischen Edding-Schreibgeräusch (s. Abb. 2.12). Ebenfalls typisch Edding war jeder Strich permanent, d. h., er konnte nicht rückgängig gemacht oder gar gelöscht werden. Während man selbst zeichnete oder, was durchaus vorkam, darauf wartete, dass endlich ein Stift frei wurde, konnte man beobachten, was die anderen gerade zeichneten, und Zeichnungen kommentieren. Im Anschluss

**Abb. 2.12**  Die Edding Wall of Fame

konnte man sein Werk auf der Edding Wall of Fame über unterschiedliche soziale Netzwerke sharen. Über eine kreativen Wallkeeper wurde sichergestellt, dass keine unpassenden Sprüche oder Zeichnungen überlebten: Diese wurden einfach umgemalt.

Die Resonanz war groß und extrem positiv und lud allein über die virale Verbreitung mehrere Hundertausende Zeichner aus der ganzen Welt dazu ein, ihre Zeichnungen zu hinterlassen, so dass die Zeichenfläche ständig erweitert werden musste. In einer Hall of Fame wurden dann die beliebtesten Bilder gesammelt.

**Das digitale Zeitalter ist begleitet von einer Sehnsucht nach dem Echten, die jedes analoge Erlebnis feiert und schon fast verklärt. Marken sind in der Kommunikation auf der Suche nach Sinnstiftung und Authentizität.**

Ein Phänomen, das sich im Sportbereich sehr deutlich zeigt. Schließlich war die Überhöhung von Ikonen des Profisport jahrzehntelang bewährte Strategie, die mit Sportgrößen werbende Marke in den Olymp zu erheben und „bigger than life" zu machen. Mittlerweile sind viele Marken herabgestiegen und umarmen geradezu alles Menschliche.

Schon der grandiose TV-Spot zur Fußball-WM 2010 von Nike läutete einen neuen Umgang mit Sport-Ikonen ein. Für die sonst unantastbaren Fußballgötter Rooney, Ronaldo, Ribéry, Drogba und Cannavaro stand alles auf dem Spiel. Die gezeigte Fallhöhe rangierte zwischen Nationaldenkmal und Trailerpark. Kurze Filme auf Youtube zeigten noch en détail die dramatischen Einzelschicksale; besonders schön: Wayne Rooney als bärtiger Trailer Park-Bewohner im Feinrippunterhemd (s. Abb. 2.13a,b). Als Ironie des Schicksals ist zu werten, dass keiner der Spieler die Fußball-WM tatsächlich entscheidend prägte und alle deutlich unter Erwartung spielten.

Im Sommer 2011 launchte Adidas seine neue globale Markenkampage inklusive neuem Marken-Claim „Adidas is all in". Integraler Bestandteil bildete die Einladung an die Fans, mit dem eigenen Bild Teil der All-in-Kampagne zu werden. Unter dem Motto: „Zeig uns dein Gameface!" konnte man das eigene All-in-Plakat gestalten und auf der Plattform voten lassen, natürlich nachdem man es zuvor via Facebook gepostet und die Freunde zum Mitmachen aufgefordert hatte. Mit ein wenig Glück hing man dann in ausgewählten Großstädten auf den Plakaten neben Katy Perry, Lionel Messi & Co (s. Abb. 2.14).

Was mit den Normalo-Gamefaces unter den Sport- und Musikgrößen begann, setzte Adidas zum Berlin-Marathon 2011 mit der Running-Kampagne „Im Angesicht des Marathons" fort. 15 ausgewählten Teilnehmern (schöner Beweis der Bodenhaftung für Insider: unter ihnen Matthias von Bechtholsheim, Chef der für die Kampagne verantwortlichen Agentur Heimat) wurden ausgeklügelte Kamerakonstruktionen auf die Köpfe geschnallt, die die emotionalen Höhen und Tiefen in den Gesichtern der Läufer als nicht immer vorteilhafte, dafür authentische Großaufnahme live ins Internet übertrugen (s. Abb. 2.15).

Auf dem Profil der Läufer lässt sich das Gesicht für die gesamte Dauer des Marathons mit genauer Kilometerangabe und Zeit betrachten. Anschließend hingen Plakate der Marathongesichter in Berlin.

Puma feiert seit 2010 mit der Initiative Puma Social den ganz normalen After-hour-Freizeitsportler. Die Botschaft ist simpel: wir alle sind Feierabendathleten – beim abendlichen Dartspielen in der Kneipe, beim Ping-Pong im Keller, beim Karaoke-Singen oder auf der Bowling-Bahn. Es geht auch im Hobbysport um Siegen und Verlieren. Aber zu allererst um die sozialen Aspekte, das Gemeinschaftsgefühl und die Freude an der Bewegung. Puma Social will dazu animieren, gemeinsame Sportabende zu verbringen. „Social" ist eben nicht nur in sozialen Medien „social", sondern vor allem bei gemeinsamen, völlig analogen Tätigkeiten.

Am Beispiel Puma kann man sehr gut sehen, dass Marken für die Kommunikation zunehmend nach Inhalten mit Sinnhaftigkeit und tieferer Bedeutsamkeit suchen. Wie zu Anfang dieses Kapitels ausgeführt, hat das digitale Zeitalter zu einer umfassenden Transparenz geführt; gleichzeitig stehen Marken im ständigen Dialog und möchten den Menschen einzigartige Markenerlebnisse bieten. Dazu braucht es Inhalte und Geschichten.

**Marken wurden in den letzten Jahren regelrecht dazu gezwungen, sich wieder intensiv mit ihrem gesamten Produkterleben zu beschäftigen. Und darüber hinaus auch ganz grundsätzlich mit ihrer Daseinsberechtigung als Marke und ihrer Bedeutung für Kunden, Mitarbeiter, Partner, aber auch die Menschheit im gesamtgesellschaftlichen Kontext.**

Unternehmen und Marken, die auf gesellschaftlich relevanten Gedanken und einer Geschichte gegründet wurden, genießen besondere Wertschätzung und vermögen es meist sehr gut, den Dialog mit den unterschiedlichen Bezugsgruppen mit interessanten Themen

**Abb. 2.13**  a,b Wayne Rooney zwischen Trailerpark und Denkmal

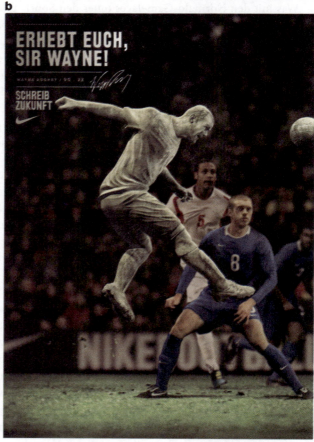

**Abb. 2.14** Unprominentes
Gameface der Adidas-
Kampagne

und Inhalten zu füllen: die auf anthroposophischen Grundsätzen aufgebaute Drogeriekette dm, der Versender Manufactum als Refugium für „die guten Dinge" (seit letztem Jahr auch auf dem guten, neuen Ding namens iPad) oder American Apparel, als originär urbanes Fabrikat „Made in Downtown L.A.".

Keine andere Marke versinnbildlicht in Deutschland das Markenideal der digitalen Ära wie Bionade. Entwickelt in einer kleinen Brauerei in der Rhön begann es über Hamburger Szenebars seinen Aufstieg zum „Getränk für eine bessere Welt". Mit der Übernahme durch Radeberger steuerte die Marke in eine Identitätskrise, deren Tiefpunkt erreicht war, als im Januar 2012 bekannt wurde, dass die Gründerfamilie ihre Anteile komplett an den Oetker-Konzern verkauft hat. Mit Lemonaid – halb Limonade, halb Entwicklungshilfe – steht in den Szenebars deutscher Großstädte aber bereits eine ebenbürtig korrekte Ablösung bereit, mit der man „trinkend die Welt verändern kann".

Auch völlig marktwirtschaftlich orientierte Marken multinationaler Konzerne haben die großen Themen für sich entdeckt. Die Unilever-Marke Dove ist mit ihrer „Initiative

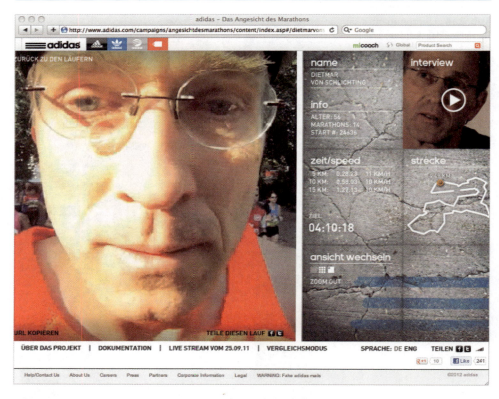

**Abb. 2.15**   Angesicht bei Kilometer 4,49 eines der Adidas-Marathonläufer

für wahre Schönheit" als Vorreiter zu nennen. Es begann 2004 mit einer Kampagne, die statt perfekter Models sechs ganz normale Frauen zeigte. Heute ist die Initiative für wahre Schönheit fester Markenbestandteil: „Dove is committed to help all women realise their personal beauty potential by creating products that deliver real care." (www.dove.com).

Dove hat sich dem Thema wahre Schönheit konsequent und umfassend verschrieben: Das Unternehmen veröffentlicht Studien und hält die Diskussion über Schönheit mit unterschiedlichsten Maßnahmen konsequent am Laufen (seien es Ausstellungen, das eigene Forum oder virale Spots wie Dove Evolution). Mit der Aktion für mehr Selbstwertgefühl sollen Kinder und Jugendliche dabei unterstützt werden, ihre Definition von Schönheit zu erweitern. Dove initiiert dazu Selbstbewusstseins-Workshops in Schulen und gibt Müttern, Erzieherinnen und Lehrerinnen konkrete Hilfsmittel für Übungen an die Hand. Die aktuelle TV-Kampagne läuft unter dem Motto „Ich sehe was, was du nicht siehst, und das ist schön" und fordert Frauen auf, ihren Freundinnen Komplimente zu machen mit Hilfe eines Echt-schön-Buttons, der per Facebook versendet werden kann.

Pedigree setzt seit einigen Jahren ebenfalls auf eine große Idee: „Everything we do is for the love of dogs". Das Unternehmen entwickelte sich vom Hundefutterhersteller zur Fan-Community für Hundeliebhaber auf der ganzen Welt.

Pedigree produziert aus Liebe zu Hunden nicht nur das beste Futter, sondern setzt sich konsequent für bessere Hundeleben ein. So versteht sich Pedigree als Fürsprecher für die Adoption von Heimhunden. Eine besonders aufmerksamkeitsstarke Aktion war der Pedigree Adoption Drive, der für zwei Wochen am New Yorker Times Square aufgebaut wurde. Besucher erlebten hautnah das schwere Schicksal von Heimhunden und wurden zum Spenden aufgefordert, um die Lebensbedingungen von Heimhunden zu verbessern.

▶   http://www.youtube.com/watch?v=MvaWSNabEDM – Der Film dokumentiert die Entstehungsgeschichte und Umsetzung des Pedigree Adoption Drive in allen Einzelheiten.

Nicht immer gelingt die Verbindung von gesellschaftlich relevanten Themen mit dem Anliegen einer Marke so gut. Coca-Cola light engagiert sich seit Kurzem für die Herzgesundheit von Frauen. An sich eine lobenswerte Aktivität. Allerdings bleibt abzuwarten, ob die Initiative durch den Einsatz des omnipräsenten Promi-Testimonials Heidi Klum wirklich authentisch für die Sache wirbt.

Widmet sich eine Marke einem großen inhaltlichen Thema und belegt dies durch vielfältige Aktionen, entstehen automatisch erzählenswerte Geschichten. Über solche erzählenswerten Geschichten kann es der Marke gelingen, Teil sozialer Gespräche (im digitalen Raum) zu werden. Griffin Farley, Strategy Director von BBH New York, bezeichnet daher das Propagation Planning als wichtige Aufgabe bei der Kommunikationsentwicklung. Im Kern geht es darum, die virale Ausbreitung bzw. die Word-of-Mouth-Verbreitung im Vorfeld zu planen, indem neben den eigentlichen Botschaftsempfängern vor allem auch die potenziellen Mittler in den Fokus der Aktivitäten rücken (Farley 2009).

Tim Leberecht, CMO von Frog, fasst diese Entwicklung in einem Essay für die Süddeutsche Zeitung sehr schön zusammen: „Die Bedeutung der Marke greift nun direkt an der Schnittstelle von sozialem Bewusstsein und sozialer Technologie, die von einer moralischen Ökonomie und einer Kultur des Teilens geprägt ist." Er geht sogar so weit, diese Entwicklung bei Marken als Ausgangspunkt für eine „humanere Ökonomie" zu interpretieren, „deren Wert sich nicht nur nach materiellem Wachstum bemisst, sondern nach dem Grad der Bedeutung, den sie schafft" (Leberecht 2012).

Eine Folge der übersättigten Märkte, denn Erlebnisse machen uns glücklicher als Besitz, wenn ein gewisser ökonomischer Status erreicht ist. Wie Marc Hassenzahl in einem Artikel in der Zeitschrift Gehirn&Geist schreibt, ist aus der psychologischen Forschung bekannt, dass erlebnisorientierte Käufe erfreulicher beurteilt werden als besitzorientierte.

Die Erklärungen, die Hassenzahl gibt, sind einleuchtend: Erlebnisse lassen sich in der Erinnerung verklären, kleinere unerfreuliche Details werden ausgeblendet und vergessen, Dinge hingegen bleiben, wie sie sind. Zudem sind Erlebnisse zu einem hohen Maße identitätsstiftend: „Menschen sind die Summe dessen, was sie erlebt haben", so Hassenzahl (2012).

Gelingt es also einer Marke, ein besonderes Erlebnis zu bieten, wird dies positiver erlebt als der Besitz alleine. Sicherlich gelingt dies zum Teil auch durch die Nutzung des Produktes, den Produkt-Benefit. Gibt es darüber hinaus zusätzliche positive Erlebnisse, wirkt sich dies auf die Präferenz aus.

Sehr intelligent spielt dies Louis Vuitton. Eigentlich ein Inbegriff des Statussymbols setzt die Marke gezielt auf ihre Heritage als handwerklich exzellentes Reisegepäck – unter dem Thema Journeys, denn: „Eine einzige Reise kann ein Leben verändern." Prominente wie Bono und seine Frau Ali, Zinedine Zidane, Sean Connery und aktuell Angelina Jolie berichten von ihren lebensverändernden Reisen und laden dazu ein, via Facebook die eigene Geschichte zu erzählen. Gleichzeitig dienen die Prominenten und ihre Reisen, natürlich begleitet von Louis Vuitton-Reisegepäck und fotografiert von Annie Leibovitz, als Motiv für die klassische Anzeigenkampagne. So bekommt das Statussymbol Vuitton-Tasche zusätzlich einen Hauch abenteuerlicher Reiseerlebnisse. Für junge Filmemacher lobt Louis Vuitton die Journey Awards aus, und auch bei der Gestaltung der spektakulären neuen „Maison"-Flagship Stores wird das Reisegepäck als Manifestation der Journeys zelebriert.

▶    http://youtu.be/QPzxmIWWep0 – Dieser Film erklärt die Bedeutung der „Journeys" für die Marke Louis Vuitton.

Ob sich Marken nun für das Glück des Einzelnen, die Schönheit, Hundeleben, die Kunst des Reisens oder für große gesellschaftliche Themen im Sinne von sozialem Engagement oder Nachhaltigkeit engagieren, es ist auf jeden Fall eine begrüßenswerte Entwicklung. Die häufig als halbherzig und effekthascherisch kritisierten Ansätze des Cause-related Marketing – von Krombachers Biertrinken für den Regenwald, Evians Unterstützung des Baus von Brunnen in Entwicklungsländern pro verkaufter Flasche oder die gespendete Impfdosis pro Pampers-Windelpaket – sind immerhin ein guter Anfang.

Dem Verfasser des Generation M-Manifest Umair Haque gehen diese Beispiele sicherlich nicht weit genug, sie sind aber erste Zeichen, dass große Konzerne bemerken, dass auch in der harten Welt der Wirtschaft ein Wertewandel stattfindet – nicht zuletzt beschleunigt durch die Finanzkrise. Immer mehr Menschen identifizieren sich mit Haques „Gen M", die Leidenschaft, Verantwortung und Authentizität über Profitstreben stellt: „They are doing meaningful stuff that matters the most" (Haque 2009).

**Nur wer tatsächlich etwas zu sagen hat, schafft es, Dialoge mit spannenden Inhalten zu füllen. Die noch vor einigen Jahren übliche hochglanzpolierte Oberflächenkommunikation von Marken eignet sich in digitalen Zeiten nicht als Orientierungs- und Sinnsystem.**

In der kreativen Exekution lässt sich ebenfalls ein Streben nach dem Echten erkennen. Neben Echtheit und Authentizität durch User-generated Content oder unverbrauchte Testimonials wie die Krimiautoren von P&C oder die eigenen Mitarbeiter und echten Kunden setzten die Kreativen verstärkt auf ein ganz analoges Look & Feel. Am schönsten manifestiert dies der Google-Chrome-Spot „Speed Test". Hier wird die gesamte Überlegenheit des durch und durch digitalen Produkts anhand völlig analog nachgebauter Vergleiche inszeniert. Der Browser Google Chrome tritt mit der Rezeptsuche für Pommes Frites gegen eine Art Rube-Goldberg-Maschine an, die Kartoffeln in Stücke schnippelt und durch die Luft in eine Fritteuse wirft. Natürlich gewinnt am Ende Google Chrome jeden Geschwindigkeitstest gegen die aberwitzigen Maschinen.

▶    http://www.youtube.com/watch?v=nCgQDjiotG0 – Der aufwändige und preisgekrönte Google-Chrome-Spot.

Ein digital-analoges Beispiel mit hohem Markenerlebnispotenzial ist das „Canvas Experiment" von Converse 2011. Durch freies Herumexperimentieren mit dem Schuh entstand eine animierte Installation bestehend aus einer fünf mal vier Meter großen Wand mit 480 Paar Chucks. Jeder Schuh, auf einer Seite rot, auf der anderen blau, wurde einzeln beweglich befestigt, quasi jeder Schuh ein einzelner Pixel. Digital gesteuert konnte die interaktive Fläche Muster, Bilder und Wörter wiedergeben. Befreundete Musiker und Künstler lebten sich mit der Chucks-Wall aus, sämtlich dokumentiert in Form von kurzen Filmen. Und schließlich konnte die Wand im Flagship Store in Berlin-Mitte einen Monat bewundert werden – selbstverständlich umfassend gefeiert durch kunst- und musikaffine Events.

Reichweite erzielte das Experiment vor allem über Magazine und zahlreiche Blogs. Das wirklich Besondere an dieser Aktion ist, dass es Converse gelingt, das Produkt selbst ganz selbstverständlich in den Mittelpunkt zu stellen und darüber hinaus für die Bezugsgruppe der kreativen Opinion Leader hochinteressant und unmittelbar erlebbar zu machen, ohne anbiedernd zu wirken. Vielleicht, weil die Marke Converse im Kern tatsächlich Verfechter der Unabhängigkeit ist und dies nicht nur Marketingrhetorik ist.

▸    http://www.dexigner.com/video/23626 – Dieser Film dokumentiert das gesamte Converse Canvas-Experiment.

In der Gestaltung zeigt sich aber auch eine gänzlich digitale Errungenschaft, die Datenvisualisierung. Ein großartiges Beispiel für die kreative Nutzung durch Kunden generierter Daten zur Inszenierung der Marke ist die Installation von YesYesNo für Nike+ City Runs. Die Gestaltung der Stores basierte dabei auf der Visualisierung der Läufe eines gesamten Jahres der Nike+-Webseite. Ausgewertet wurden Zehntausende von Läufen in New York, London und Tokyo.

Die Visualisierung erweckte die Stadt aus der Perspektive der Läufe zum Leben. Man konnte einzelnen Läufen auf dem Stadtplan folgen, gleichzeitig wurde die kollektive Energie aller Läufer sichtbar, indem die Stadt sich durch die konstant wechselnden Laufmuster der aktuellen Läufer neu definierte. Nicht nur eine hochspannende, digitale Idee, die konkrete Nutzung des Produkts betreffenden Daten sichtbar zu machen, gleichzeitig auch eine hochästhetische innovative Shop-Gestaltung.

▸    http://vimeo.com/26399542 – Der Film dokumentiert die Datenvisualisierung der New Yorker Agentur YesYesNo für Nike+ City Runs.

**In der kreativen Nutzung von digital gewonnenen Daten liegt zukünftig viel gestalterisches Potenzial. Der interessante Aspekt dabei ist, dass Markensignale und -manifestationen aus bereits Vorhandenem generiert werden. Und das in Echtzeit.**

Unternehmen stehen heute vor der Herausforderung, Flexibilität und Anpassungsfähigkeit zu kultivieren und ihre Reaktionszeiten deutlich zu erhöhen. Keine leichte Aufgabe – erst recht nicht, da sich die Komplexität in nur wenigen Jahren dramatisch erhöht hat und dies weiter tun wird. So gibt es dank der Vielzahl der Kanäle und Bezugsgruppen unterschiedlichste Abteilungen und Verantwortungsbereiche, die alle mit der Markenführung beschäftigt sind.

Vor lauter Management, Projekt- und Prozessplanung, um an 365 Tagen sämtlichen Bezugsgruppen 24/7 positive Markenerlebnisse zu ermöglichen, kann es leicht passieren, dass der Gesamtzusammenhang und die Inhalte auf der Strecke bleiben. Positive Markenerlebnisse lassen sich jedoch nur aus einer stimmigen Kombination aus richtigen Inhalten, passenden Kanälen und eindeutigen Signalen gestalten.

Sehr schön bringt der Musiker und Künstler Ryoji Ikeda die Herausforderung des Digitalen in einem Interview mit der De:bug auf den Punkt: „Man verliert sich, wenn man mit Cutting-Edge-Technik zu tun hat, leicht in ihrer Komplexität, in der Datenfülle, und man vergisst das Komponieren. Man landet bei Zufall, Randomness, reiner Technikdemonstration. Randomness ist toll, aber da schaut man besser in den Himmel, die Wolken, aufs Wasser. So schön! Musik wird es erst durch ganz altmodisches Komponieren, mit einer Idee dahinter." (Multipara 2011).

**Dies gilt auch für die Markenführung: entscheidend ist die Idee dahinter, die Idee wofür und das aktive, flexible und dabei zielgerichtete Agieren.**

---

**Die wichtigsten Punkte dieses Kapitels im Überblick**

- Digitale Technologien haben dazu geführt, dass wir uns anders verhalten: Wir sind Dank Smartphones immer und überall online, positionieren uns über soziale Netzwerke selbst als Marke. Sogar unser Gehirn verändert sich in puncto Aufnahmebereitschaft bei der Medienrezeption.
- Die Machtverschiebung ist grundsätzlich, irreversibel und nachhaltig und hat die Rahmenbedingungen der Markenführung deutlich verändert.
- Die hohe Geschwindigkeit und Dynamik, die Komplexität und Interkonnektivität machen es notwendig, Entwicklungen stetig zu beobachten und die Bedeutung für das eigene Geschäftsfeld zu antizipieren, um handlungsfähig zu bleiben.
- Markenführung betrifft mehr Bereiche als nur das Marketing.
- Das gesamte Produkterlebnis hat eine starke prägende Kraft für das Markenerleben.
- Preistransparenz ist eine Selbstverständlichkeit. Die Herausforderung liegt darin, genau zu verstehen, welcher Preis das eigene Angebot dem Kunden wert ist.
- Wer das Kaufverhalten seiner Kunden und die Rolle digitaler wie analoger Kontaktpunkte im Kaufprozess versteht, kann an den relevanten Kontaktpunkten nützliche und interessante Angebote machen, selbst ohne physischen Kontakt.

- Die größte Angst von Unternehmen ist der Verlust der Kommunikationshoheit. Das größte Missverständnis ist, dass nicht alle Liker oder Follower einer Marke Fans mit positiver Hinwendung zur Marke sind.
- Marken sind in der Kommunikation auf der Suche nach Sinnstiftung und Authentizität, die sich aus dem Produkterlebnis einerseits und der tieferen Bedeutung für Kunden, Mitarbeiter, Partner, aber auch die Menschheit im gesamtgesellschaftlichen Kontext, speist.
- Nur wer tatsächlich etwas zu sagen hat, schafft es, Dialoge mit spannenden Inhalten zu füllen.
- Bei der Markenführung gilt: Entscheidend ist die Idee und das aktive, flexible und dabei zielgerichtete Agieren.

Nachdem wir uns nun ausführlich mit der Bedeutung der Digitalisierung für Menschen und Unternehmen auseinandergesetzt haben, werden wir im nächsten Kapitel darstellen, warum das Markenerleben die neue Leitwährung in der Markenführung im digitalen Zeitalter ist.

# Das Markenerleben: die neue Leitwährung in der Markenführung

There is a vital distinction between understanding your brand as a static name and its promise delivered – as an experience.

Liz Bigham

Die Hauptthese unseres Buches lautet:

**Das Markenerleben ist die neue Leitwährung in der Markenführung.**

Auf den folgenden Seiten legen wir dar, warum dies zwangsläufig so ist. Über Jahrzehnte entwickelte Forschungsergebnisse aus den unterschiedlichsten Disziplinen wie Psychologie, Neurologie, Soziologie, Konsumentenforschung, Verhaltenswissenschaften, Kommunikationswissenschaften legen zwingend den Schluss nahe, dass das Markenerleben der Menschen die zentrale Währung in der Markenführung ist.

Warum ist das so? Lassen Sie uns zunächst einmal reflektieren, wie Marken wirken.

Marken begegnen uns ständig im Alltag, als Produkte, als Werbung, im Internet, in redaktionellen Beiträgen in den Medien, in Unterhaltungen mit Freunden und Bekannten oder einfach nur als zufällige Kontakte in unserer täglichen Umgebung.

Der kanadische Kommunikationstheoretiker Marshall McLuhan erkannte schon vor vielen Jahren: „Jeder erlebt mehr als er versteht, aber das Erleben, nicht das Verständnis bestimmt unser Verhalten.“

Und in der Tat verarbeiten wir nur einen Bruchteil der Informationen, die wir mit unseren fünf Sinnen wahrnehmen, bewusst, wie Psychologie und Neurowissenschaften heute belegen. Wir können nicht über alles, was wir wahrnehmen, nachdenken, und wir können nicht alles, was wir wahrnehmen, verstehen. Aber all die Millionen Bits an Informationen, über die wir nicht bewusst reflektieren, verschwinden nicht im Nirvana unserer Milliarden Hirnzellen, sondern prägen unsere Einstellungen zu und unsere Vorstellungen von Marken.

Markenerleben ist nicht mit Erlebnismarketing zu verwechseln, das in vielen Kategorien wie z. B. beim Automobil durchaus wichtig ist. Insgesamt wandeln sich die Gesellschaften hochentwickelter Länder zunehmend in Erlebnisgesellschaften, und mittlerweile haben

U. Munzinger und C. Wenhart, *Marken erleben im digitalen Zeitalter*,
DOI 10.1007/978-3-8349-3732-2_3,
© Springer Fachmedien Wiesbaden 2012

sich die unterschiedlichsten Formen und Typen von physischen und virtuellen Erlebnismärkten etabliert (siehe Kilian 2008). Beim Markenerleben geht es aber nicht um das eine Mega-Markenerlebnis, obwohl dieses durchaus eine das Markenerleben prägende Rolle haben kann.

**Das Markenerleben ist die Summe aller Begegnungen zwischen Menschen und Marken.**

Das Markenerleben speist sich somit aus vielen individuellen Markenerlebnissen und hat mehrere Dimensionen: Inhalte und Signale definieren das Markengedächtnis. Das Markensoma drückt die Qualität des Markenerlebens (von positiv bis negativ aus) als spontane emotionale Reaktion aus. Zudem besitzt das Markenerleben eine spezifische Intensität.

**Jedes Markenerleben hat also einen Inhalt, eine Qualität und eine Intensität.**

Die Vielzahl an ständigen, bewussten und unbewussten Erlebnissen, positiven und negativen, analogen und digitalen, selbst erlebten und Erfahrungen aus zweiter Hand, prägt unser Bild von Marken und damit unsere Präferenzen.

In der folgenden Grafik sind die unterschiedlichsten Markenkontaktpunkte, die das Erleben der Marke Lufthansa konstituieren, beispielhaft dargestellt.

Damit umfasst das Markenerleben natürlich auch sehr viel mehr als das Marketing, da das Markenerleben durch sehr viele Begegnungen geformt wird, auf die das Marketing wenig oder keinen Einfluss hat. Hierzu zählen Faktoren wie das Mitarbeiterverhalten, die Funktionalität der Online-Buchung bzw. des Eincheckens, das Auftreten des Managements in der Öffentlichkeit, Architektur, Ladengestaltung, Empfehlungen von Freunden oder Bekannten etc.

Der Markenerleben Ansatz unterscheidet sich fundamental von den herkömmlichen und bislang vorherrschenden Annahmen darüber, wie Marken wirken. Und diese unterschiedlichen Vorstellungen haben massive Auswirkungen auf die Art und Weise, wie Marken gemessen und gemanagt werden müssen.

Um die Genese des Denkens und Wissens zum Thema Markenerleben nachvollziehbar und die Unterschiede zu herkömmlichen Denk- und Wirkungsmodellen deutlich zu machen, skizzieren wir auf den folgenden Seiten zunächst die Meilensteine in der wachsenden Erkenntnis darüber, wie Menschen Marken wahrnehmen, mit Marken umgehen und wie Marken wirken.

## 3.1  Vom Homo oeconomicus zum ganzheitlichen Menschenbild

Das vorherrschende Bild vom Menschen bei Markenverantwortlichen war sehr lange Zeit (und ist bei vielen heute noch immer) das des Homo oeconomicus, eines kühl kalkulierenden Nutzenmaximierers, der durch eine sorgfältige, rationale Bewertung aller funktionalen Merkmale unterschiedlicher Alternativen auf Basis logischer Regeln seine Entscheidungen trifft. Dies ist vermeintlich besonders vor einer größeren Anschaffung, wie zum Beispiel dem Kauf eines Autos oder einer Wohnung, der Fall. Doch selbst hier sind viele Entscheidungen von eher emotionalen Eindrücken geprägt, die über einen langen Zeitraum bewusst oder meist unbewusst implizit erworben wurden und von subtilen sensorischen Wahrnehmungen (siehe Kap. 2).

Der Psychologe Gerd Gigerenzer, seit 1997 Direktor des Center for Adaptive Behavior and Cognition (ABC) am Max-Planck-Institut für Bildungsforschung in Berlin, findet es wie viele andere Forscher und die Autoren an der Zeit, den Homo oeconomicus als das zu sehen, was er ist: ein theoretisches, längst überholtes Denkmodell und kein Menschenbild. Er empfiehlt ausdrücklich, sich stärker auf Bauchentscheidungen zu verlassen. Denn beim Gros unserer alltäglichen Entscheidungen verlassen wir uns nicht auf logisches Abwägen unterschiedlicher Entscheidungsalternativen und auf eine akkurate Nutzenberechnung, sondern auf unsere Intuition und fahren damit sehr gut. Schließlich würden wir es sonst morgens vor lauter Entscheidungsstress nicht einmal bis ins Badezimmer schaffen (Gigerenzer 2007).

Wie wenig rational Menschen Marken wählen, illustriert ein Beispiel der britischen Planner-Legende Paul Feldwick (Feldwick 2011). Er berichtet von einem Experiment, das zwei Psychologen, Timothy Wilson und Richard Nisbett, in den späten 70er Jahren durchführten. Sie legten vier Paar Strumpfhosen in einer bestimmten Reihenfolge auf einen Tisch, markiert von A bis D. Sie baten Frauen, die Strumpfhosen zu begutachten und zu sagen, welche sie präferieren. Über die Zeit ergab sich eine klares statistisches Muster: Strumpfhose D wurde am meisten präferiert und Strumpfhose A am wenigsten. Dies bestätigte eine Hypothese der Psychologen, die annahmen, das es einen Reihenfolge-Effekt von links (A) nach rechts (D) geben würde. Die Forscher wussten, dass es sich um einen Reihenfolge-Effekt handeln musste, da die Strumpfhosen selbst total identisch waren. Umso interessanter waren die Antworten der Frauen, als sie gefragt wurden, warum sie eine bestimmte Strumpfhose präferierten. Sie argumentierten mit der Produktqualität, der überlegenen Beschaffenheit, der besseren Verarbeitung usw. – den üblichen Postrationalisierungen, wenn man zu Entscheidungen befragt wird.

Im Verlaufe des Experiments begannen Wilson und Nisbett die Frauen zu fragen, ob sie in ihrer Wahl nicht von der Reihenfolge beeinflusst worden sein könnten. Die Frauen schauten die Psychologen verständnislos an, so als ob sie nicht ganz bei Trost wären. Wilson schlussfolgerte aus diesem Experiment, dass die Rolle der bewussten Entscheidung stark überbewertet werde. Es zeige vielmehr die manchmal schockierende Differenz zwischen dem, was wir glauben, warum wir uns für etwas entscheiden, und den wirklichen Gründen. Dieses Experiment ist übrigens kein Einzelfall, sondern wurde in den unterschiedlichsten Kategorien wie Kaffee oder Marmelade mit identischen Ergebnissen durchgeführt.

Auch das scheinbar objektive Internet mit seiner ungeheuren Datenfülle ändert übrigens nichts an den grundlegenden menschlichen Prozessen der Wahrnehmung. Menschen verhalten sich durch die Verfügbarkeit von umfassender Information nicht zwangsläufig rationaler. Im Gegenteil: gerade bei Informationsfülle wenden wir unbewusste Heuristiken quasi als Abkürzungen für unsere Entscheidungen an. Auch im Internet, mit seiner schier unerschöpflichen Flut an Informationen gilt, dass Menschen solche Informationen (unbewusst) präferieren, die ihre bestehenden Einstellungen bestärken. Sie suchen sich quasi objektive Informationen, um ihre (Vor-)Urteile zu bestärken. Und diese, dem Menschen immanente Tendenz wird durch das Internet sogar noch bestärkt, denn im World Wide Web lassen sich Informationen und Bestätigungen für fast jeden (und noch so abstrusen) Standpunkt finden.

Somit fungiert das „objektive" Internet oft als sich selbst erfüllende Prophezeiung, indem die Art und Weise unserer Suche unsere Einstellungen gegenüber Marken und Unternehmen bestätigt und damit festigt. Wir beginnen unsere Suche nie absolut vorurteilsfrei, sondern haben meistens bestimmte Meinungen, Einstellungen und Präferenzen gegenüber Marken, wenn wir unsere Suche im Internet starten. Auch im weltweiten Netz mit seinen unzähligen Daten wird der Mensch nicht zum nutzenorientierten Homo oeconomicus.

Der Mensch entscheidet also auch im digitalen Zeitalter überwiegend nach seinem Bauchgefühl, und er fährt damit nicht schlecht. Hierzu noch einmal Gerd Gigerenzer: „Bauchgefühle sind das Produkt von einfachen Faustregeln. Diese Faustregeln sind uns meist gar nicht bewusst, und oft stützen sie sich auf einen einzigen Grund." „Trotzdem sind intuitive Entscheide nicht nur ökonomischer und schneller, sondern oftmals auch einfach besser." (Gigerenzer 2007).

Obwohl uns alle verfügbare Forschung seit Jahren bestätigt, dass der Homo oeconomicus in der reinen Form nicht existiert, sind fast alle Prozesse und Methoden in der Markenführung noch immer mehr oder weniger explizit am Bild eines rational handelnden Verbrauchers ausgerichtet. Diese Behauptung lässt sich sowohl an den Prozessen, wie Marken entwickelt werden, nachvollziehen als auch an der Praxis, wie Manifestationen von Marken (Werbung, Packungen, Webseiten etc.) überprüft werden. Wir alle kennen das Ergebnis aus der Werbung: links die technischen Features, rechts stimmungsvolle Bilder für das gute Gefühl: je nach Zielgruppe Menschen, die Hände schütteln, Mutter und Kind, kleine Tiere etc.

Mit streng logischer und stets bewusster Rationalität und künstlicher Unterscheidung in rational und emotional bzw. rechte und linke Gehirnhälfte lässt sich tatsächliches Verhalten jedoch nicht hinreichend erklären.

Wir haben in den letzten Jahren gelernt, wie Menschen mit Marken in Beziehung treten, wie Wahrnehmung und implizites Lernen funktionieren, wie Marken in Wirklichkeit Präferenzen auslösen, und dass Entscheidungsprozesse alles andere als linear ablaufen. Hierzu haben die unterschiedlichsten Disziplinen, wie Psychologie, Soziologie, Verhaltenswissenschaften, Kommunikationswissenschaften, die Forschung mit künstlicher Intelligenz oder auch die Neuroforschung beigetragen. Gerade die Neuroforschung ist ein in den letzten Jahren sehr populär gewordener Forschungsbereich, der kontrovers diskutiert wird und deshalb etwas ausführlicher gewürdigt werden soll.

## 3.2  Neuroforschung: Hype oder Hilfe?

Seit Beginn des Jahrtausends hat die Neuroökonomie verstärkt Einzug ins Marketing gehalten, genährt von der Hoffnung, die Prozesse, die Wahrnehmung und Präferenz von Marken steuern, besser zu verstehen und im Sinne der eigenen Marken beeinflussen zu können.

Die Annahmen darüber, wie Marken wirken, sind zu einem großen Teil abhängig von unserem Wissen und unseren Vorstellungen darüber, wie das Gehirn funktioniert. Denn letztendlich geht es bei Marken immer um Wahrnehmung, Verarbeitung, Aufbewahrung und Suche von Informationen – allesamt Prozesse, die in unserem Hirn stattfinden.

**Markenerleben-Management ist in der Konsequenz primär das Management von Wahrnehmungen.**

Neuroökonomie ist ein bis heute kontrovers diskutiertes Teilgebiet des Marketings, welches neurowissenschaftliche Technologien einsetzt, zum Beispiel die Positronen-Emissions-Tomographie (PET) oder die funktionelle Magnetresonanztomografie (fMRT). Das Ziel der Neuroökonomie ist es, die unsichtbaren Gründe und Motive, welche die Entscheidung eines potenziellen Kunden für oder gegen ein Produkt steuern, zu erforschen und sie in Beziehung zu sichtbarem Verhalten zu setzen. Denn die wahren Gründe, die Verhalten steuern, sind nicht sichtbar, und können, wie wir oben gesehen haben, auch durch Befragungen nicht valide bestimmt werden.

Wie stark geäußerte Meinungen und tatsächliches Verhalten auseinanderdriften, sieht man auch bei der Einführung von Google Street View. Dr. David R. Dean, Senior Partner & Managing Director der Unternehmensberatung BCG, berichtete auf der Konferenz „Wachstumstreiber Internet Chancen + Herausforderungen der Wirtschaft" des Wirtschaftsrates Deutschland am 21. März 2012 in Berlin, dass in Befragungen mehr als 50 % angaben, dass sie ihr Haus ausblenden lassen würden, tatsächlich taten dies aber weniger als 3 % (Dean 2012).

Von den Methoden der Neuroökonomie, die vor allem beobachten, welche Gehirnareale durch verschiedene Stimuli aktiviert werden, wird vor allem erhofft, ein besseres Verständnis der Zustände und Prozesse des Affekts und der Kognition im menschlichen Gehirn zu erhalten und dadurch Erkenntnisse über die wahren Bedürfnisse und Wünsche von Menschen.

**Die bisherigen Ergebnisse der Neuroökonomie sind für viele Praktiker insoweit enttäuschend, als es bislang nicht gelungen ist, einen „Kaufknopf" im Gehirn des Menschen zu lokalisieren.**

Wir sind uns sicher, dass dies auch nie passieren wird. Der Grund hierfür liegt in der ungeheuren Komplexität des Gehirns. Es ist vermutlich das komplexeste Objekt im ganzen Universum. Es nimmt zwar nur etwa 5 % des Körpervolumens ein, verbraucht für seine Arbeit aber rund 20 % des Sauerstoffs. Es besteht aus etwa 100 Mrd. Nervenzellen, die jeweils mit bis zu 10.000 anderen Nervenzellen verknüpft sind.

Was bedeutet das für die Wahrnehmung, Speicherung und Decodierung von Markensignalen?

Jede Marke hat ihre individuellen Verknüpfungen im Hirn. So gibt es keine spezifischen Neuronen für die Marke Apple (so wie die Buchstaben A, p, p, l, e nicht spezifisch für den Namen sind, sondern auch in vielen anderen Worten vorkommen), aber es gibt ein spezifisches Muster neuronaler Aktivität, das über viele Regionen des Hirns verteilt mit Apple assoziiert ist und selbst wiederum andere Assoziationen hervorruft, wie beispielsweise die Oberfläche eines iPad oder iPhone oder das Apple-Logo. Auch für die modernsten Hirnscanner ist es unmöglich, diese Komplexität der Verknüpfungen im Einzelfall abzubilden.

Der entscheidende Punkt aber ist: Wir können zwar grob nachvollziehen, durch welche Stimuli bestimmte Hirnareale aktiviert werden, diese Aktivierungen sind aber nicht mit Labels versehen, welche ihre jeweilige Bedeutung liefern könnten.

Anfang des Jahrtausends gab es um den australischen Hirnforschungs-Papst Richard Silberstein Bestrebungen, die unterschiedlichen Funktionsweisen des Gehirns (Bemerken, Verstehen, Bewerten, Entscheiden etc.) mittels Visualisierung durch einfache Verfahren messbar zu machen (Steady State Topography, kurz SST). Der Anspruch, unterschiedliche Hirnfunktionen messen und zum Beispiel dem Verlauf von TV-Spots sekundengenau zuordnen zu können, hielt empirischen Überprüfungen aber nicht stand. Denn im Grunde wurde mittels SST nichts anderes gemessen als eine allgemeine Aktivierung der Gehirnaktivitäten, ohne gewisse Funktionsbereiche spezifisch lokalisieren zu können. Nichtsdestotrotz werden diese Verfahren aber bis heute in der kommerziellen Forschung eingesetzt.

Gerade das Verständnis und die Interpretation spezifischer Aktivierungen wäre essenziell, um Vorgänge im Gehirn wirklich verstehen und nutzen zu können.

Dementsprechend ist es zwar möglich, mittels sogenannter bildgebender Verfahren wie funktioneller Magnetresonanztomografie oder Positronenemissionstomografie Einsichten in die grundsätzliche Funktionsweise des Hirns zu erhalten.

Für die tägliche Praxis der Markenführung sind diese Verfahren aber ungeeignet. Die Forschung mit bildgebenden Verfahren ist nach wie vor sehr zeitaufwendig und teuer. Der Fallpreis für die Untersuchung eines Probanden mittels fMRT liegt zwischen 500 und 1500 Euro. Für die meisten Unternehmen sind Untersuchungen mit größeren Stichproben schlichtweg nicht finanzierbar. Und auch durchaus innovative Unternehmen mit größeren Forschungsbudgets, wie sie z. B. in der Automobilindustrie zu finden sind, haben nach anfänglicher Euphorie ihre Aktivitäten im Bereich Neuroforschung deutlich heruntergefahren.

Der eigentliche Wert der Neuroökonomie liegt deshalb weniger in der Entscheidungshilfe für die tägliche Markenarbeit als in der Bereitstellung grundsätzlicher Erkenntnisse über die Funktionsweise des Hirns. Hier ist die Neurophysiologie allerdings wertvoll. Sie trägt vor allem dazu bei, mit anderen Methoden gewonnene Erkenntnisse besser zu verstehen und zu verifizieren. So lässt sich zum Beispiel mit Hilfe der Neuroforschung bildhaft belegen, dass beim ersten Sehen eines Werbefilmes andere Hirnareale aktiviert werden als beim zweiten Sehen. Erst- und Zweitkontakt haben dementsprechend unterschiedliche Funktionen, was für die Mediaplanung, aber auch für das Design und die Durchführung von Pretests von Bedeutung ist. Die unterschiedliche Wirkung von Erst- und Zweitkontakt ist seit langem in der Werbeforschung bekannt, kann nun aber auch bildhaft belegt werden.

Ebenso lässt sich heute neurophysiologisch erklären, dass Informationen und Emotionen besser und länger erinnert werden, wenn sie im Kontext einer Geschichte vermittelt werden (Admap 2011).

## 3.3   Markensoma und Markengedächtnis

Einen wesentlichen Beitrag zum Verständnis, wie Menschen Marken wahrnehmen und Markenkontakte verarbeiten, lieferte Robert Heath mit seiner 2001 veröffentlichten Monografie „The Hidden Power of Advertising: How low involvement processing influences the way we choose brands". Dieses Buch war zunächst darauf ausgerichtet zu erklären, wie Werbung wirkt, lieferte dabei aber auch wichtige Erkenntnisse darüber, wie Menschen generell alle möglichen Formen von Markeninformationen verarbeiten.

Heath entwickelte sein Modell im Wesentlichen auf Basis der Arbeiten von Krugman, neurophysiologischen Erkenntnissen (insbesondere von Damasio, Schacter, LeDoux) und der ikonografischen (ganzheitlichen, signalorientierten) Denkweise. Heath geht, ganz in der britischen Tradition von Andrew Ehrenberg, davon aus, dass Menschen keine großen Unterschiede zwischen etablierten Marken innerhalb einer Kategorie bezüglich ihrer Qualität sehen und deshalb Informationen über Marken als nicht sehr wichtig betrachten.

Markenentscheidungen werden vielmehr intuitiv als wohlüberlegt getroffen und sind oft determiniert von emotionalen Markern, auch Somatic Marker genannt. Somatic Marker sind markenspezifische, ganzheitliche Erinnerungen und Assoziationen, die tief in unserem Gedächtnis verankert sind, sozusagen die Summe früherer sinnlicher Erfahrungen (Wie habe ich mich gefühlt, als ich die Marke erlebt habe?). Als Beispiele nennt Heath den Marlboro-Cowboy (der den Somatic Marker Freiheit und Unabhängigkeit auslöst) oder die Benson-&-Hedges-Gold-Verpackung (die das angenehme Gefühl von Wohlstand suggeriert). Beispiele aus Deutschland für Somatic Marker wären der Jever-Mann (Freiheit und Selbstbestimmtheit) oder die lila Milka-Kuh (die mich an zarten Genuss erinnert).

Weil Informationen über etablierte Marken nicht als wichtig angesehen werden, wird Markeninformation selten aktiv gesucht, sondern passiv erworben. Markenbotschaften, wie beispielsweise Werbung, werden mit sehr geringer Aufmerksamkeit verarbeitet, und normalerweise strengen wir uns nicht sonderlich an, um etwas über eine Marke zu „lernen". Und in der Tat stehen die wenigsten Menschen morgens auf, um endlich etwas Neues über eine Zahncreme, ein Waschmittel oder einen Energieanbieter zu lernen.

Ausnahmen sind hoch involvierte Fans einer Marke oder Communities, wie etwa Harley Davidson-Fahrer oder Apple-Freaks, die jede Information über ihre Lieblingsmarke wie ein Schwamm aufsaugen, intensiv hinterfragen und manchmal begeistert weiterverbreiten.

Meistens jedoch verarbeiten wir Begegnungen mit Marken, egal ob analoge oder digitale, automatisch und mit sehr geringem Involvement; wir lernen implizit. Weil es unbewusst erfolgt, kann implizites Lernen nicht auf die analytischen Fähigkeiten im Arbeitsspeicher unseres Gehirns zugreifen. Es kann nur speichern, was wahrgenommen wurde, zusammen mit einfachen Bedeutungen, die mit diesen Wahrnehmungen verbunden sind. Es kann die Wahrnehmungen aber nicht interpretieren, decodieren oder Schlussfolgerungen ziehen.

Die Art und Weise, wie unser Langzeitgedächtnis funktioniert, legt nahe, dass etwas umso stärker mit einer Marke assoziiert wird, je öfter es zusammen mit dieser Marke verarbeitet wird. Deshalb sind es vor allem diese Wahrnehmungen und die damit verbundenen, einfachen Konzepte, die – immer wieder implizit gelernt – Marken in unserem Gedächtnis definieren. Und weil das implizite Gedächtnis dauerhafter ist als das explizite, werden diese Markensignale, sobald sie einmal gelernt sind, kaum mehr vergessen. Dies erklärt übrigens auch die Überlegenheit multisensorischer Erlebnisse, die über mehrere Sinne wirken, gegenüber eindimensionalen Aufforderungen. Markensignale können einen starken Einfluss auf die Markenwahl haben, wenn sie einen Somatic Marker auslösen. Damit dieser Mechanismus funktionieren kann, ist es natürlich unabdingbar, dass eine Marke bestimmte, implizit wirksame Kommunikationsmuster über einen langen Zeitraum und transmedial über viele Kontaktpunkte konsequent einsetzt. In der heutigen Zeit, in der hunderttausende von Signalen implizit gelernt werden wollen, haben kurzfristig und halbherzig eingesetzte Signale keine Chance, Teil des Markengedächtnisses zu werden.

Seit sich das Konzept des impliziten Lernens vermehrt durchgesetzt hat, wird intensiv diskutiert, ob es nicht der Königsweg sei, den vom archaischen limbischen System gesteuerten Autopiloten (der für das implizite Lernen verantwortlich ist) direkt anzusprechen, und den Piloten (der für das explizite Lernen zuständig ist) zu ignorieren. Ziel wäre es, unbewusste Motive, die Emotionen steuern, direkt anzusprechen, um den Weg der bewussten Aufmerksamkeit und Verarbeitung und damit rationale Kontrolle zu umgehen. Ohne die einzelnen Argumente vertiefen zu wollen – die meisten diesbezüglichen Studien kommen zu dem plausiblen Ergebnis, dass für eine Marke jede bewusste Verarbeitung mehr nützt als die schwächere implizite (Ohnemus 2011a, Sharp 2010).

**Letztendlich muss es im Interesse jedes Markenverantwortlichen liegen, das implizite und explizite Informationen und Signale einer Marke konform gehen, Pilot und Autopilot also synchronisiert sind, denn das Markenerleben speist sich aus beiden.**

## 3.4   Keine Entscheidung ohne Emotionen

Ein weiterer, wichtiger Aspekt für das Verständnis, wie Marken wirken, ist das Verhältnis von Emotionen und Ratio, vor allem vor dem Hintergrund der Erkenntnis, dass Markenbotschaften ja ganz überwiegend implizit, ohne gedankliche Kontrolle, verarbeitet werden.

Emotionen waren eines der vorherrschenden Themen in der Markenführung im neuen Jahrtausend. Meistens wurde das Thema Emotionen jedoch falsch oder oberflächlich eingesetzt. Bis heute werden Emotionen und Ratio ganz überwiegend als getrennte und zum Teil gegensätzliche Entitäten betrachtet. Marken-Botschaften werden in der Regel als rational **oder** emotional betrachtet, und Ziele und Prozesse entsprechend definiert und kommuniziert.

In „The advertised mind" (2005) entwickelte Erik du Plessis auf der Basis von Erkenntnissen der Neurologie, der Neurophysiologie, der Psychologie, der künstlichen Intelligenz, empirischer Befunde und der langjährigen, eigenen Praxis in der Kommunikations- und Markenforschung ein Modell zur Erklärung, wie Marken wirken, das den scheinbaren Widerspruch zwischen Emotion und Ratio auflöst und das Konzept der Somatic Marker für die Markenführung besser nutzbar macht.

Ausgangspunkt der Überlegungen von du Plessis ist ein von Damasio und Le Doux als dringend notwendig erachteter Paradigmenwechsel über die Rolle von Emotionen und ihr Verhältnis zur Ratio. Das bestehende Paradigma geht zurück auf den französischen Philosophen Descartes, der im 17. Jahrhundert postulierte, dass Menschen ausschließlich rationale Wesen sind (Cogito ergo sum – Ich denke, also bin ich). Emotionen und Affekt sind nach Descartes irrational und von rationalem Denken strikt zu trennen. Diese Sichtweise des Menschen als Homo oeconomicus, der rational denkt und handelt, hat das Marketing und die Forschung lange geprägt und ist, wie oben erwähnt, auch heute noch sehr weit verbreitet.

In den siebziger Jahren führte der Neurologe Roger Sperry Operationen an Epilepsiekranken durch, deren Corpus Callosum (die Verbindung zwischen den Hirnhemisphären) beschädigt war. Er beobachtete Verhaltensunterschiede und kam zu dem Schluss, dass die Hirnhälften für bestimmte Funktionen zuständig sind: Die linke Hemisphäre ist spezialisiert auf verbale, die rechte Hemisphäre auf visuelle Stimuli. Dies wurde weitergehend dahin interpretiert, dass die linke Hemisphäre mehr für logisches, rationales Denken zuständig ist, während die rechte mit emotionalen Aufgaben befasst ist. Auch Sperry folgte damit der Tradition von Descartes, da er zwischen emotionalen und rationalen Prozessen unterschied (DuPlessis 2005). Auf Basis dieser Erkenntnisse entstanden ganze Forschungs- und Denkrichtungen im Marketing, etwa die Imagery Theorie oder die Photosort Methode, in der die Trennung zwischen verbal rationalen Funktionen bzw. Regionen einerseits und bildhaft emotionalen andererseits weitergeführt und angewandt wurde. Die Hemisphärentheorie gilt seit Jahren als widerlegt, wird in der kommerziellen Forschung aber noch intensiv genutzt.

In seinem Buch „Descartes' Error" (1994) setzte Damasio der Sichtweise von Descartes eine neue entgegen. Es war seit längerem bekannt, dass Emotionen dem limbischen System (auch bekannt als Reptilienhirn) entspringen und sich als automatische Reaktion manifestieren (Reaktionen, über die das Bewusstsein wenig Kontrolle hat).

**Eine Beobachtung ist erst zum Teil interpretiert, wenn sie das limbische System erreicht, aber das emotionale Gedächtnis hat bereits Anteil an der Interpretation und kann das limbische System veranlassen zu reagieren – bevor irgendeine rationale Interpretation stattfindet.**

Demnach lenken Emotionen die Aufmerksamkeit auf den Reiz, der eine Emotion verursacht, als Ergebnis der autonomen Reaktion des limbischen Systems.

Emotionen kreieren ein Soma für die entstehende Wahrnehmung, welche die Basis bildet für die logische, rationale Interpretation der Wahrnehmung. Unter Soma versteht Damasio ähnlich wie Heaths unter „Somatic Markers" die Erinnerung daran, wie sich der Körper anfühlte, als er früher erfuhr, was er jetzt wahrnimmt.

In Damasios Augen beeinträchtigen Emotionen rationale Entscheidungen nicht, im Gegenteil: Ohne Emotionen und Gefühle würde die Ratio zusammenbrechen, und es wäre unmöglich, vernünftige Entscheidungen zu treffen.

**Emotionen und Ratio sind keine getrennten Systeme, vielmehr ist die Emotion ein essenzieller Teil der Ratio.**

Emotionen steuern Aufmerksamkeit, sodass der Organismus erkennt, welchen Dingen er sich zu- und von welchen er sich abwenden sollte. Gefahren lösen bei Menschen eine spontane Fluchtreaktion aus, attraktive Frauen bei den meisten Männern das Gegenteil. Emotionen bestimmen das Soma, vor dem Beobachtungen rational interpretiert werden.

Dasselbe Prinzip greift bei der Markenwahl. Menschen erkennen sehr schnell auf Basis ihrer Vorerfahrungen, ob ihnen eine Werbung, eine Packung, eine Webseite eine Belohnung verspricht (also nützlich oder interessant ist) oder ob es sich lohnt, einem Markensignal Aufmerksamkeit zu schenken oder nicht. Gerade im digitalen Bereich ist die Gewinnung von Aufmerksamkeit angesichts von Multitasking und einer enormen Informationskonkurrenz (alles ist immer und überall verfügbar!) ein hoch relevantes Thema mit wachsender Bedeutung.

Menschen erkennen sehr genau, ob eine Emotion auf einer Leistung basiert oder als leere Hülle daherkommt. Entsprechend reagiert das Soma. Egal, ob eine Begegnung mit einer Marke analog oder digital ist, es gilt immer das Prinzip:

**Emotion beruht auf Leistung!**

## 3.5    Ein neues Verständnis der Markenwirkung

### 3.5.1    Forschungsergebnisse zur Markenwirkung

Die oben beschriebenen Erkenntnisse wurden übrigens auch durch andere Forschungen bestätigt. Der Neurobiologe Libet veröffentlichte bereits 1983 Forschungsergebnisse zu seinen Bemühungen, die Existenz eines freien Willens nachzuweisen. Allerdings fand Libet das Gegenteil von dem, was er gesucht hatte: Bereits zwei Sekunden, bevor die Versuchspersonen den bewussten Entschluss zu einer einfachen Bewegung fassten, zeigten sich im Gehirn bestimmte Aktivitätsmuster, die eine Bewegung verlässlich vorhersagten. Es schien also so, als ob das Gehirn autonom entschieden hatte, was getan wird, und liefert den freien Willen hierzu nach. (Libet 2004)

In der Folge wurde immer wieder versucht, die Arbeiten von Libet zu widerlegen, mit dem Resultat, dass sie immer wieder bestätigt wurden: Was uns einfällt, und zu welchen Ergebnissen wir kommen, wird von Netzwerken in unseren Gehirnen determiniert.

Einer der bedeutendsten Hirnforscher Deutschlands, Professor Gerhard Roth, erklärt dazu, dass die Eigenschaften dieser Netzwerke festgelegt werden durch die Gene, die frühkindliche Prägung und die späteren Erfahrungen. Das Gefühl, bei meinen Handlungen frei zu sein, bedeutet, nach meinen individuellen Erfahrungen zu handeln. Wären meine Erfahrungen anders, als sie sind, würde ich auch anders handeln. Diese individuellen Erfahrungen sind im Kontext von Marken im Prinzip nichts anderes als das Markenerleben, gefüttert mit Inhalten und Signalen durch das Markengedächtnis und in seiner Qualität bewertet durch das Soma als die Summe aller Begegnungen zwischen Marke und Mensch. Die rationale Entscheidung (freier Wille) wird determiniert durch die individuellen Erfahrungen. Aber wie wird das Erleben im Kontext von Marken wirksam, wie wird es aktiviert?

Ein Markenname bzw. sensorische Markensignale dienen als Schlüssel zu den individuellen Markenerfahrungen. So sind die Markennamen Apple, BMW oder Vodafone der Schlüssel zu zahlreichen Assoziationen, wie beispielsweise Farben, bestimmte Produkte oder Services, Werbung, sowie eine allgemeine positive oder negative Erlebensqualität (Soma).

Jede Marke ist in unseren Gehirnen mit zahlreichen Assoziationen bzw. Signalen verknüpft. Diese Assoziationen kommen nicht in einer bestimmten Reihenfolge ins Bewusstsein, sondern mehr oder weniger gleichzeitig. Und je länger man über eine Marke nachdenkt, umso mehr Assoziationen werden aktiviert.

Das Bewusstsein interpretiert, was es bewusst oder unbewusst wahrnimmt, und verbindet das Markensignal mit anderem verknüpften Wissen im Gedächtnis. Diese Prozesse laufen sehr schnell und automatisch ab. Je länger man über etwas nachdenkt, umso mehr neuronale Netzwerke werden aktiviert und umso mehr fällt einem ein.

Das Markengedächtnis ist integriert, ein überaus komplexe Mischung, die Produkte als auch viele andere Elemente involviert.

Obwohl es keine klare Reihenfolge gibt, in der Markenassoziationen aktiviert werden, gibt es doch etwas, das diesen Prozess determiniert: das Soma, also die Gefühle, die die Qualität der Gedächtniserfahrung formen. Mit anderen Worten: unsere elementaren Überlebensinstinkte implizieren, dass wir eine instinktive, emotionale Reaktion zeigen, wenn das Markengedächtnis aktiviert wird. Wir sind in der Lage, diese Emotionen zu rationalisieren und zu beschreiben, aber unsere erste und tiefste instinktive Reaktion ist sehr viel einfacher: positiv oder negativ. Danach unternimmt unser Gehirn – wenn notwendig – automatische Aktionen. Die Geschwindigkeit der instinktiven emotionalen Reaktion kann in bestimmten Situationen lebensrettend sein – was der Grund ist, dass wir diese Fähigkeit zur schnellen und automatischen Reaktion überhaupt haben. Zwar ist die Entscheidung beim Kauf einer Zahncreme oder eines Joghurts kaum eine lebenswichtige, aber im Prinzip kommen hier dieselben Mechanismen zum Tragen: Als erste Erinnerung wird das Markensoma aktiviert – wie wir uns fühlen, wenn wir an die Marke denken, also Zu- oder Abwendung.

**In der Konsequenz ist es daher die Kernaufgabe der Markenverantwortlichen, sicherzustellen, dass ein Markenerlebnis kohärent und positiv ist.**

Alle analogen und digitalen Markenkontakte sollten darauf ausgerichtet sein, dass das Markenerleben so effektiv wie möglich aktiviert und „gefüllt" wird. Die instinktive Emotion ist der erste und meist auch entscheidende Faktor für unser Verhalten und die Entscheidung, welche Marke wir kaufen. Weil die erste Reaktion auf Markenwahrnehmungen emotional ist, müssen Markenverantwortliche unbedingt die emotionalen Reaktionen auf ihre Stimuli verstehen und bewerten können.

**Markenerleben ist im Kern nichts anderes als die Summe aus Markensoma und Markengedächtnis.**

Forscher aus völlig anderen Richtungen und mit ganz anderen Hintergründen kommen übrigens zu sehr ähnlichen Ergebnissen, auch wenn sie diese anders benennen. Byron Sharp, Direktor am Ehrenberg-Bass Institute for Marketing Science an der Universität von Süd-Australien, kommt auf der Basis von hunderten Analysen in den unterschiedlichsten

Kategorien, die in der forscherischen Tradition von Andrew Ehrenberg stehen, zu dem Ergebnis, das in der heutigen Welt insbesondere ein Faktor für den Erfolg von Marken erfolgreich ist: „mental and physical availabilty" (Sharp 2010). Andere Forscher sprechen hier von der „Brand Salience" und meinen die Chance einer Marke, in einer Kaufsituation erinnert und wahrgenommen zu werden. Beides ist im Grunde nichts anderes als eine Vorstufe zum Markenerleben, das ja durch Markengedächtnis und Markensoma determiniert ist.

Ein anderer Aspekt der Analysen von Sharp ist die Identifikation bzw. Verifikation von stabilen Zusammenhängen, die dabei helfen, das Ziel der mentalen Verfügbarkeit effizient und effektiv zu erreichen.

## 3.5.2   Die 11 Gesetze des Marketing

Sharp erläutert in seinem Buch elf empirisch sehr gut belegte Gesetze des Marketings, die leider bislang wenig Eingang in die Praxis des Marketing gefunden haben. Da diese Gesetze äußerst fundamental sind und hierzulande bislang ebenfalls kaum Beachtung gefunden haben, sind sie nachfolgend aufgeführt:

1. **Double jeopardy law:** Marken mit geringerem Marktanteil haben einen geringeren Markanteil, weil sie über weniger Käufer verfügen und ihre Käufer etwas weniger loyal sind (in ihren Einstellungen und ihrem Kaufverhalten).
2. **Retention double jeopardy:** Alle Marken verlieren Käufer; diese Verluste sind proportional zu ihrem Marktanteil (große Marken verlieren mehr Käufer, diese repräsentieren aber eine kleineren Anteil ihrer gesamten Käuferschaft).
3. **Pareto law: 60/20:** Ca. 60 % der Abverkäufe einer Marke stammen von 20 % der Käufer. Die verbleibenden Abverkäufe stammen von den übrigen 80 % (d. h. das Pareto-Gesetz ist 60/20, nicht 80/20, wie meistens fälschlicherweise postuliert wird).
4. **Law of buyer moderation:** In aufeinanderfolgenden Perioden kaufen Intensiv-Käufer weniger häufig als in der Periode, in der sie als Intensiv-Käufer klassifiziert wurden. Ebenso kaufen gelegentliche Käufer öfter und manche Nicht-Käufer manchmal. Dieses Phänomen, genannt „Regression zur Mitte", findet sogar statt, wenn sich keine echten Veränderungen im Kaufverhalten ergeben.
5. **Natural monopoly law:** Marken mit mehr Marktanteil ziehen einen größeren Anteil von Gelegenheitskäufern an.
6. **User bases seldom vary:** Konkurrierende Marken verkaufen an sehr ähnliche Kundengruppen.
7. **Attitudes and brand beliefs reflect behavioural loyalty:** Menschen wissen und sagen mehr über Marken, die sie nutzen, und denken und sagen sehr wenig über Marken, die sie nicht nutzen. Deswegen schneiden größere Marken in Umfragen bezüglich Einstellungen immer besser ab, weil sie mehr Verwender haben (die auch etwas loyaler sind).

8. **Usage drives attitudes:** Käufer unterschiedlicher Marken haben sehr ähnliche Einstellungen bezüglich ihrer bevorzugten Marken.
9. **Law of prototypicality:** Image Attribute, welche die Kategorie beschreiben, scoren in Umfragen höher als weniger prototypische Attribute.
10. **Duplication of purchase law:** Der Kundenstamm von rivalisierenden Marken überschneidet sich entsprechend ihren Marktanteilen (d. h. in einer Zeitperiode teilt eine Marke ihre Kunden mehr mit großen Marken als mit kleineren Marken). Wenn 30 % der Käufer einer Marke auch Marke A gekauft haben, dann haben auch jeweils 30 % jeder konkurrierenden Marke Marke A gekauft.
11. **NBD-Dirichlet:** Ein mathematisches Modell darüber, wie Käufer bezüglich ihrer Kaufwahrscheinlichkeiten variieren (d. h., wie oft sie innerhalb einer Kategorie kaufen und welche Marken sie kaufen). Das Modell beschreibt und erklärt akkurat die oben beschrieben Gesetze. Das Dirichlet-Modell ist eine der wenigen wirklich wissenschaftlichen Theorien im Marketing. Wer gerne auf vertiefende Informationen und begleitende Software zu diesem Modell zugreifen möchte, sei auf die Webseite des Ehrenberg-Bass Instituts verwiesen: www.MarketingScience.info.

Sharp beklagt zu Recht, dass die aufgeführten Gesetze bisher kaum Beachtung in der Marketing Praxis gefunden haben. Stattdessen wird seiner Meinung nach mit Mythen statt Fakten operiert. Er vergleicht die heutige Marketing-Praxis mit der unheilvollen Universaltherapie des Blutablassens in der Medizin über viele Jahrhunderte – in beiden Fällen mit fatalen Folgen. Sharp beklagt, dass sich das Marketing gegen Regeln und Berechenbarkeit wehre, weil Menschen in ihrem Verhalten angeblich viel zu individuell und unberechenbar seien (was auf Basis einzelner Individuen durchaus richtig sei, in der Summe der Individuen aber eben nicht).

Unternehmen verschwendeten dafür lieber Unsummen in erwiesenermaßen unwirksame Maßnahmen wie Loyalitätsprogramme (Marken wüchsen fast immer über die Erhöhung der Penetration, fast nie über die Erhöhung der Loyalität), esoterische Zielgruppenbestimmungen, abstruse Segmentierungen, sinnlose Trackings, Brand Equity Studien und ähnliches. Wie bereits erwähnt, postuliert Sharp hier nicht einfach seine Meinung (anders als viele Marketing-Gurus), sondern präsentiert Schlussfolgerungen auf Basis empirischen Materials, das in unterschiedlichsten Kategorien in vielen Kontinenten dieser Welt zum Teil über Jahrzehnte gesammelt wurde.

Die vorgestellten Gesetze sind extrem praxisrelevant, da sie konkrete Marketing-Strategien implizieren und es selten sinnvoll ist, gegen sie zu arbeiten. So funktionieren Strategien zur Erhöhung der Loyalität meistens nur marginal, wenn überhaupt. Zahl und Grad der Loyalität ergeben sich eben beinahe gesetzmäßig aus der Größe einer Marke. Ebenso ist es fast immer sinnvoller, alle Kunden einer Kategorie zu erreichen, als sich auf Heavy User einer Marke zu fokussieren.

Der Wert dieser zugegebenermaßen zunächst recht abstrakt klingenden „Gesetze" liegt vor allem auch darin, dass sie klar machen, in welche Aktivitäten es sich lohnt zu investieren, und in welche nicht.

So ist es oft wesentlich sinnvoller, Geld darin zu investieren, eine Marke interessant und damit salient zu machen, als eine Marke z. B. über ihre Kundengruppen differenzieren zu wollen.

Anders ausgedrückt:

**Einzigartigkeit ist wichtiger als Differenzierung!**

Einzigartigkeit bezieht sich dabei auf das gesamte Erleben einer Marke, nicht nur ihrer funktionalen Eigenschaften. Einzigartigkeit kann sich in den Signalen einer Marke begründen (z. B. die ikonische Form von Absolut Vodka oder Toblerone), in ihrer Kommunikation (z. B. Axe, Sixt oder Jägermeister) oder durch ihre Vertriebsform (z. B. Dell).

Neben der Tatsache, dass wir uns der Fundamentalkritik von Sharp vollumfänglich anschließen, ist für unsere Zwecke vor allem die Schlussfolgerung wichtig, dass heute vor allem die mentale und physische Verfügbarkeit wichtig ist. Diese Faktoren sind, wie bereits erwähnt, extrem eng mit unserem Konzept des Markenerlebens verknüpft.

Mentale Verfügbarkeit entspricht der Intensität des Markenerlebens, und physische Verfügbarkeit ist die Grundvoraussetzung, um eine Marke kaufen zu können. Physische und mentale Verfügbarkeit sind somit die Grundpfeiler des Markenerlebens. Hinzu kommt das Soma (wie weiter vorne erklärt) bzw. die Qualität des Erlebens, also die Richtung dessen, was mental verfügbar ist.

Als zentrale Aufgabe des Marketing sieht Sharp es an, markenspezifische Gedächtnisstrukturen aufzubauen und permanent hervorzuheben. Dies gelte insbesondere für klassische Kommunikation. Deren Aufgabe sei es vor allen Dingen, das im Kern selbe immer wieder neu und interessant zu erzählen wie es zum Beispiel Hornbach seit Jahren erfolgreich tut.

Diese Schlussfolgerungen sind mit unseren im Prinzip identisch und bestärken die Grundannahmen des Konzepts des Markenerlebens. Während die Erkenntnis Sharps jedoch vor allem aus dem Bereich FMCG stammen, lässt sich das Konzept des Markenerlebens auf alle Kategorien anwenden.

An den beschriebenen fundamentalen Erkenntnissen ändert auch die Digitalisierung von Marketing und Markenführung nichts. Sie gibt Markenverantwortlichen vielmehr neue Möglichkeiten an die Hand, Marken im Sinne dieser Gesetzmäßigkeiten erlebbar zu machen. Ganz im Gegenteil, Digitalisierung bedeutet auch immer Fragmentierung und Individualisierung und zwingt das Marketing, sich mit echten Menschen statt abstrakten Zielgruppen auseinanderzusetzen und sich damit der Realität zu stellen.

## 3.6   Wie ganzheitliches Markenerleben entsteht

Vollziehen wir nun auf Basis dieses Wissens einmal konkret nach, wie ganzheitliches Markenerleben in einer reizüberfluteten, multitasking-orientierten Welt überhaupt zustande kommt. Wir wissen aus der Neurophysiologie, dass die fünf Sinne unser Gehirn in jeder wachen Sekunde mit ca. elf Millionen Bits an Information versorgen – aber nur ein verschwindend geringer Teil davon, 40 bis 50 Bits, werden bewusst verarbeitet! Das bedeutet natürlich auch, dass all die unterschiedlichen, multisensorischen Markensignale und -inhalte, die tagtäglich aus den unterschiedlichsten Kanälen auf uns einprasseln, nicht bewusst verarbeitet werden können, wir denken nicht über sie nach.

Trotzdem sind all diese Kontakte mit Marken nicht wertlos oder verloren.

**Denn was zählt, ist das Erleben, nicht das Verstehen. Die Signale und die mit diesen verbundenen Assoziationen, die nicht bewusst verarbeitet werden, landen nicht im Nirwana unserer ca. 100 Mrd. Nervenzellen, sondern werden implizit verarbeitet und im Markengedächtnis aufbewahrt.**

Was heißt das konkret für die Art und Weise, wie sich Markenerleben manifestiert? Nehmen wir wieder das Beispiel Lufthansa. Auch wenn wir nicht oft mit Lufthansa fliegen, begegnen wir der Marke Lufthansa ständig im Alltag:

- Wir sehen Anzeigen, Werbespots, Banner im Internet oder Plakate
- Wir sehen Flugzeuge am Himmel
- Wir nutzen die Lufthansa-App
- Wir sehen Lufthansa-Kreditkarten im Einsatz
- Wir lesen Berichte in der Presse
- Wir hören, wie Freunde oder Bekannte von ihren Reisen erzählen
- Wir nehmen das Lufthansa-Gelb unbewusst wahr
- Wir denken an unsere letzte Urlaubsreise
- Wir checken Flugverbindungen auf der Lufthansa-Webseite
- Wir sehen unsere Miles&More-Auszüge an
- Etc.

Wohl kein Mensch, weder Wenigflieger, Vielflieger noch Analyst, denkt permanent bewusst über alle diese Signale von Lufthansa nach. Aber selbst wenn wir über diese Markensignale nicht nachdenken, ihnen vielleicht nicht einmal Aufmerksamkeit schenken, verarbeiten wir trotzdem ihre Informationen. Denn anstatt direkte, rationale Schlussfolgerungen zu ziehen (was nur in Ausnahmefällen geschieht), speichern und verarbeiten wir diese Markeninhalte in unserem Markengedächtnis unbewusst als eine Reihe von konkreten Assoziationen.

Diese Assoziationen prägen und modifizieren unhinterfragt unsere Einstellungen und Meinungen über Lufthansa. Sie definieren unser Markenerleben und steuern unsere Präferenzen.

All diese Assoziationen fallen immer auf einen „Boden" von bewussten und unbewussten Vorerfahrungen. Umso wichtiger ist es, dass alle Erlebnisse, die eine Marke schafft, im Sinne der Markenpositionierung wirken, ein positives Markensoma kreieren und die richtigen Leistungsfacetten vermitteln.

Bis Anfang 2012 war das zentrale Markenversprechen der Lufthansa: „There's no better way to fly". Wenn wir einen Flug bei Lufthansa buchen, wird dann das Markenversprechen vermittelt? Das Check-in-Prozedere, der Service an Bord, wenn der CEO bei Günther Jauch in der Talkshow auftritt – wird an den jeweiligen Kontaktpunkten die spezifische

Bedeutung von „There's no better way to fly"? für die jeweilige Bezugsgruppe in der entsprechenden Situation kommuniziert?

Denn wie für alle Marken gilt auch für die für Lufthansa: alle Markenerlebnisse, ob bewusst oder unbewusst, prägen unser Markenerleben und unsere Präferenz.

Diese Erkenntnisse haben erhebliche Auswirkungen auf die Art und Weise, wie das Markenerleben geplant und gesteuert werden kann. Denn die Planung und Steuerung medialer wie non-medialer Kanäle geht über traditionelle Media- und Marketingplanung weit hinaus. Hierfür ist vor allem ein Verständnis darüber notwendig, welche der zahlreichen Kontaktpunkte zwischen Mensch und Marke von besonders großer Bedeutung sind. Und darüber hinaus, welche Inhalte über welche Signale über diese Kontaktpunkte transportiert werden.

**Eine der zentralen Aufgaben der Markenführung ist es, dafür zu sorgen, dass explizite und implizite Markenerlebnisse gleichermaßen und widerspruchsfrei auf das Markengedächtnis und ein positives Markenerleben einzahlen.**

Explizite Markenerlebnisse sind grundsätzlich wirksamer und nachhaltiger als implizite, dafür sind implizite weitaus häufiger. Die mediale Digitalisierung bietet vielfältige Möglichkeiten, implizite Erlebnisse zu expliziten, bewussten Erlebnissen zu transformieren. Zum Beispiel, indem Berieselungsstrategien durch aktive Einbindung von Menschen bzw. der Ausweitung von Produkterlebnissen ergänzt bzw. ersetzt werden. Tesco, Progresso Soup, My Starbucks Idea, Fiat eco:Drive oder der Domino's Tracker sind nur einige der Beispiele, die diese Möglichkeiten anschaulich illustrieren. Dies ist aber natürlich nicht für jede Marke in jedem Fall möglich. Deshalb kommt auch in einer digitalisierten Welt dem impliziten Lernen und den Erlebnissen über Signale und Assoziationen große Bedeutung zu.

Gerade das Potenzial von konkreten Signalen zum Transport von Markeninhalten und -identität wird in der Marketingpraxis bislang nicht annähernd genutzt. Wie bereits in Kap. 1 ausführlich dargelegt, können konkrete Signale in den vielfältigsten Erscheinungsformen über alle Sinneskanäle genutzt werden. Dieses Wissen ist, gerade in einer zunehmend digitalisierten und virtualisierten Welt, essenziell, um ein konkretes Markenerleben und Markensoma im Sinne der Marke aufzubauen und zu lenken.

**Die wichtigsten Punkte dieses Kapitels im Überblick:**

- Menschen erachten das Lernen über Marken in den allermeisten Fällen nicht als wichtig.
- Der größte Teil der Markeninformationen wird unbewusst bzw. vorbewusst mit geringer Aufmerksamkeit verarbeitet.
- Was im Gedächtnis über Marken gespeichert wird, sind vor allem konkrete Assoziationen (Inhalte und Signale).

- Das Lernen über Marken erfolgt größtenteils implizit. Explizites Lernen ist zwar intensiver und damit wirkungsvoller, findet aber nur selten statt.
- Implizites Lernen kann nur dann im Sinne der Markenziele erfolgreich sein, wenn spezifische Kommunikationsmuster über längere Zeiträume transmedial genutzt werden.
- Implizite und explizite Inhalte und Signale müssen synchronisiert werden.
- Das Markenerleben konstituiert sich aus dem Markengedächtnis, seiner Intensität, seiner Größe und seiner Qualität.
- Das Markenerleben bildet die Basis für spontane emotionale Reaktionen für alle Wahrnehmungen im Kontext einer Marke.
- Es existieren zahlreiche gesicherte „Gesetze" des Marketings, die Markenverantwortliche zwingend kennen sollten.
- Vorrangige Aufgabe der Markenverantwortlichen sollte es sein, das Markenerleben zu verstehen, um es managen zu können.

Nach diesen eher theoretischen Ausführungen zum Thema Markenerleben werden wir im folgenden Kapitel diskutieren, was Markenerleben-Management konkret in der Praxis bedeutet.

# Markenerleben-Management in der Praxis

**4**

Few things break my heart like seeing a brilliant idea poorly executed. Always sweat the details.
  Lee Clow
Actions speak louder than words.
  Anonymer Verfasser

In Kap. 1 und 2 haben wir gezeigt, dass sich das Umfeld von Marken durch die Digitalisierung deutlich gewandelt hat. Gleichzeitig haben wir in Kap. 3 ein neues Markenverständnis basierend auf dem Konzept des Markenerlebens postuliert. In diesem Kapitel wollen wir nun genauer darauf eingehen, welche Implikationen die veränderten Rahmenbedingungen einerseits sowie die markenerlebenbasierte Markenführung andererseits auf die Praxis haben.

Wir sind davon überzeugt, dass Marken gerade heute in der komplexen, schnelllebigen Zeit wichtiger sind als je zuvor: durch ihre Grundtugenden als Orientierungshilfe und Qualitätsgarant in einem überbordenden Angebot sowie als sinnstiftender Leitstern für das Handeln von Personen in Unternehmen und Organisationen.

Marken nehmen darüber hinaus immer mehr Aufgaben wahr, die weit über das eigentliche Kernprodukt hinaus gehen (vgl. auch Kap. 2), oder wie Dirk Nitschke, Head of Brand Consulting von Metadesign, es formuliert, „entkoppelt sich die Marke heute immer mehr von ihrem eigentlichen Angebot und wird zur Plattform für Themen, Interaktionen, Services, Entertainment und Kommunikation" (Nitschke 2011). Und das nicht nur für traditionelle Käuferzielgruppen, sondern für ganz unterschiedliche Bezugsgruppen einer Marke.

**Die Marke ist für das Unternehmen selbst von ganz entscheidender Bedeutung, und das weit über das Marketing hinaus.**

Geradezu gefährlich für Unternehmen ist das Festklammern an imagelastigen Markendefinitionen. Marke wurde von Unternehmen und Agenturen lange vor allem als zu kreierendes Image verstanden: So wollen wir wahrgenommen werden. Genau diese oberflächliche Markendefinition greift zu kurz. Es war nie möglich, botschaftengesteuert ein

U. Munzinger und C. Wenhart, *Marken erleben im digitalen Zeitalter*,
DOI 10.1007/978-3-8349-3732-2_4,
© Springer Fachmedien Wiesbaden 2012

perfektes Wunschbild zu evozieren, ohne das Versprechen jemals zu erfüllen. Im digitalen Zeitalter ist es schlicht unmöglich, Botschaften über alle Kontaktpunkte zu steuern und zu kontrollieren. Divergenzen zwischen Innen und Außen, Versprechen und Erfüllung, Schein und Sein werden sofort publik.

Kein Kunde lässt sich von Hochglanz-TV-Spots oder Anzeigen dauerhaft blenden und – das ist neu – Menschen werden aktiv. Sie teilen ihre Meinung für andere auffindbar und immer wieder reproduzierbar auf Bewertungsportalen, Webseiten in Foren usw. mit. Eine Transparenz, die für Unternehmen nicht immer vorteilhaft ist.

Ein sehr schönes Beispiel ist der Blog „Wir sind Einzelfall" von Matthias Bauer. Er war die anhaltenden Probleme mit der Netzabdeckung bei seinem Mobilfunkanbieter $O_2$ leid und stellte am 11. November 2011 auf seinem Blog ein Formular online, mit dessen Hilfe andere $O_2$-Nutzer ihre Probleme melden konnten. Alleine am ersten Tag gingen dort nach Aussagen von Matthias Bauer 180 Meldungen ein. Nur neun Tage später hatten bereits 5000 $O_2$-Kunden ähnliche Probleme gemeldet. Entsprechend groß war die mediale Resonanz. $O_2$ reagierte sehr schnell mit ersten Stellungnahmen und nimmt sich des Themas seitdem sehr ernsthaft an. Nichtsdestotrotz stand zu Beginn bei vielen Kunden ein negatives Markenerlebnis, das durch die Bündelung hohe Reichweite erzielte. Dieses kollektive Markenerlebnis erschütterte das Vertrauen in das Unternehmen auch weit über den Kreis der tatsächlich Betroffenen hinaus. Es ist nun an $O_2$, das verlorene Vertrauen wieder herzustellen, dabei sind glaubwürdige Maßnahmen zur Lösung des Problems von oberster Priorität. Nicht das, was man klassischerweise unter Markenkommunikation versteht.

**Die Anforderungen an Marken sind heute um ein Vielfaches höher. Somit ist auch die Markenführung wesentlich komplexer: hinsichtlich der Prozesse und des Managements, aber auch inhaltlich. Hilfreich ist es, Marke als lebendes System zu verstehen und nicht als statisches Image.**

Es geht in der Markenführung heute und in Zukunft um Identität und Inhalte, Interaktion und Beziehungsaufbau, um Authentizität, Integrität, Glaubwürdigkeit und Transparenz, wie unterschiedliche Autoren und Experten die Herausforderungen der digitalen Markenführung (auch wenn dieser Begriff irreführend und falsch ist) immer wieder beschreiben. Der amerikanische Creative Strategist Paul Isakson integriert denn auch die Erlebnisse in seine Definition einer präferenzstiftenden Marke: „A strong brand = a collection of coherent ideas and experiences with a product or service over time. A great brand is a great story." (Isakson 2008)

Markenführung betrifft das gesamte Unternehmen. Es zeigt sich immer wieder, dass Marken und Unternehmen, die von einer sehr starken Identität geprägt sind, mit dem digitalen Wandel viel leichter und intuitiver umgehen.

Eine Marke kann Transformationen im ganzen Unternehmen vorantreiben und Menschen, egal ob Kunden, Mitarbeiter und solche, die es werden sollen, Vertriebspartner, ja selbst Finanzspezialisten begeistern und bewegen. Sie vermag es, unterschiedlichste Interessen unter einen gemeinsamen Nenner zu bringen und in eine gemeinsame Richtung zu dirigieren. Sie gibt vor allem den internen Bezugsgruppen Orientierung, sie gibt Ziel und Richtung vor, bietet Sinnstiftung und Daseinsberechtigung, so dass sie im Idealfall für jeden

Mitarbeiter im Unternehmen als Maßstab und Leitlinie seines Handelns dient – eine Voraussetzung dafür, dass Unternehmen im digitalen Zeitalter handlungs- und reaktionsfähig bleiben. Da lässt sich nicht jeder Tweet, jede Facebook-Interaktion, jede Echtzeitreaktion durch mehrfache Hierarchien kontrollieren und abstimmen. Mitarbeiter müssen befähigt sein, den Dialog zu führen, und das nicht nur offline, sondern auch online.

**Markenführung beginnt immer intern. Wird eine Marke intelligent gesteuert, trägt sie ganz wesentlich zum Unternehmenserfolg bei.**

Ist die Markenführung in der Unternehmensführung verankert, bildet die Marke das Gravitationszentrum eines Unternehmens. Sie kann Faszination und Leidenschaft erzeugen und Menschen, Produkte, ja ganze Unternehmen zum Leuchten bringen und so einen signifikanten Beitrag zum Unternehmenswert leisten.

## 4.1  Markendefinition als Leitstern

Häufig wird im digitalen Umfeld diskutiert, ob ein verbindlicher Markenkern noch zeitgemäß oder ein längst überholtes Dogma ist (beispielsweise Baezgen 2011). Spannend ist der Ansatz des englischen Planners und Autors John Grant, der Marken als „Brand Molecules" beschreibt, die kulturelle Ideen miteinander verbinden. Sein sehr richtiger Kritikpunkt an klassischen Markenmodellen ist das Gebot der totalen Konsistenz. Dieses führt zu einer integrierten, visuell gleich aussehenden Umsetzung: „Only liars need to be consistent. Coherent companies need not fear variety. Consistency should come from strategy and values, not executional similarity." (Grant 2006). Die Forderung nach Kohärenz darf jedoch nicht zu völliger Willkür in der Umsetzung führen. Vielmehr müssen, wie Kap. 3 ausführlich beschrieben, implizit spezifische Signale berücksichtigt werden.

Das Abschaffen eines Markenkerns ist ebenfalls keine Lösung. Gerade die Vielfalt und Dynamik digitaler Kanäle macht es erforderlich, an einem Markenkern festzuhalten, oder besser gesagt, nach einem Leitstern zu greifen, der die Richtung aufzeigt und die Marke zum Strahlen bringt.

Die Forderung nach einem Markenkern sowie markenspezifischen Signalen und Inhalten ist keineswegs gleichzusetzen mit Unbeweglichkeit, Kreativitätsverbot oder Rückwärtsgewandtheit. Auch sind damit kein zwanghaftes Durchdeklinieren, exakte Logovermaßungen oder zentralistische Adaptionsroutinen verbunden, wie Markenkernkritiker gerne überspitzt argumentieren. Es geht nicht um ein starres Regelkorsett. Im Gegenteil: Es geht darum, wie John Grant sagt, eine strategische Basis zu schaffen, um zielführende und markengerechte Umsetzungen überhaupt erst zu ermöglichen. Und dabei unterschiedlichsten Bezugsgruppen über einen langen Zeitraum hinweg immer wieder interessante und nützliche Erlebnisse zu ermöglichen, die geschichtsträchtig sind und der Marke schnell und einfach zugeordnet werden.

**Damit eine Marke ihre Kraft als Leitstern entfalten kann, muss diese verbindlich und verständlich definiert werden. Erst dann lässt sich eine Marke führen und steuern**

**und kann an unterschiedlichsten Kontaktpunkten für unterschiedliche Bezugsgruppen präferenzstiftende Markenerlebnisse schaffen, ohne an Kohärenz einzubüßen.**

Eine starke Markendefinition bietet sämtlichen internen und externen Bezugsgruppen sowie an der Markenführung Beteiligten (Agenturen, Beratungen und sonstige Dienstleister) Orientierung bei der Frage, welchen konkreten Beitrag sie zum Markenerfolg leisten können. Fehlt eine eindeutig definierte Grundlage oder bleiben komplexe Definitionen unverstanden, misslingt die Führung und die Umsetzung wird beliebig.

Gerade im Social-Media-Bereich lässt sich häufiger beobachten, dass Marken in ihrem Bemühen, sich den vermeintlich unorthodoxen, jugendlichen Kanälen anzupassen, ihre Markendefinition vergessen.

Auch kann Markenführung kein basisdemokratischer, kundengesteuerter Prozess sein. Crowdsourcing, Co-creation und andere partizipative Methoden sind zweifelsohne interessant und wertvoll, um Kunden zu beteiligen und ein tiefes Wissen und Verständnis ihrer Bedürfnisse und Wünsche zu erlangen, um so immer besser zu werden. Die eigentliche Markenarbeit kann jedoch nicht ausgelagert werden. Vielmehr ist darauf zu achten, dem freiwilligen Beitrag von Fans und Engagierten entsprechende Plattformen zu bieten und diese für die Marke zu nutzen – und diesen Beitrag gebührend wertzuschätzen!

Überhaupt sollten Markenverantwortliche konsequent daran arbeiten, Kundenorientierung wirklich ernst zu nehmen und umzusetzen, d. h. die Prozesse des Unternehmens an die Menschen anzupassen. Das betrifft die zeitliche (und örtliche) Verfügbarkeit unter der Prämisse 365 Tage 24/7, vor allem aber auch die enge Verzahnung unterschiedlichster Unternehmensbereiche, sei es Produktentwicklung, Innovationsabteilung, Vertrieb oder Personal.

**Hier ist ein fundamentales Umdenken auf Unternehmensseite nötig und das Bewusstsein, dass es gerade in post-digitalen Zeiten ganz entscheidend sein wird, die Prozesse tatsächlich auf die Menschen auszurichten und Kundenorientierung nicht nur als Bekenntnis zum guten Willen zu verstehen.**

In den folgenden Abschnitten werden wir darlegen, wie eine Marke definiert und implementiert wird und auf welche Aspekte Markenverantwortliche dabei achten sollten.

## 4.2 Markenerleben-Plattform als Grundlage des Markenmanagement

Für die Praxis der Markenführung ist es, wie bereits eingangs gesagt, unabdingbar, ein handlungsrelevantes Instrument zu definieren. Sonst bleibt Marke etwas Mysteriöses, Unfassbares und damit nicht messbar und – besonders für weniger marken- und marketingaffine Mitarbeitende – von geringerer Bedeutung als harte KPIs (Key Performance Indicators).

Im digitalen Zeitalter ist es essenziell, den Sinn, die Identität, den Kern oder wie Godin postuliert, die Inhalte bzw. Geschichte eines Unternehmens zu definieren und für alle Mitarbeitenden zugänglich zu machen (vgl. Kap. 2). Schließlich ist es hinsichtlich der An-

forderungen digitaler Kontaktpunkte in punkto Reaktionsgeschwindigkeit und Dialogfä-
higkeit äußerst wichtig, dass verantwortliche Mitarbeiter schnell und eigenverantwortlich
im Sinne der Marke agieren können.

Markenverantwortliche sollten größten Wert darauf legen, dass Modelle nicht weich ge-
spült und generisch befüllt werden. Auf der anderen Seite sollten Markendefinitionen aber
auch nicht überfrachtet werden oder aus dem Wunsch nach Einzigartigkeit verkompliziert
und zu stark abstrahiert werden, so dass es mühsam ist, den Kern zu verstehen.

Am wichtigsten ist es jedoch, dass Markenmodelle zum Leben erweckt werden und
nicht nur abstrakte, für das Alltagsgeschäft unwichtige oder gar überflüssige Worthülsen
bleiben. Auch dürfen, wie der Markenphilosoph Dominic Veken moniert, Formate und
Modelle nicht zu Schemadenken führen: „Jedes Schema, jedes Raster und jedes Standard-
vorgehen macht das Denken klein und unterminiert damit die Möglichkeit für den großen
Wurf." (Veken 2011).

Ganz im Gegenteil: Markendefinitionen und -modelle sind nur dann gut und sinnvoll, wenn sie diese „großen Gedanken" enthalten bzw. ermöglichen. Sicherlich ist auch
das Modell nicht kriegsentscheidend (s. Baezgen 2011). Legt man aber das Markenerleben
als theoretisches Konstrukt zugrunde und beherzigt die Implikationen, die sich aus den in
Kap. 1 und 3 vorgestellten Erkenntnissen aus Psychologie, Neuro- und Verhaltenswissenschaften ergeben, ist es zwingend erforderlich, bei der Gestaltung von Markenerlebnissen
die drei Konstituenten des Markenerlebens zu berücksichtigen. An jedem Kontaktpunkt
wirken Inhalte, Signale und Kanal. Wir sprechen daher von der „Markenerleben-Dreiheit".

**Über die Markenerleben-Dreiheit aus Inhalt, Signal und Kanal lässt sich das Mar-
kenerlebnis an einem spezifischen Kontaktpunkt und das gesamte Markenerleben über
alle Kontaktpunkte hinweg steuern** (s. Abb. 4.1).

Mit Inhalten sind die inhaltlichen Angebote gemeint (Wofür steht die Marke? Was bietet
sie?). Die Signale beziehen sich auf das (multisensorische) Auftreten einer Marke (Wie tritt
die Marke auf? Wodurch manifestiert sich die Marke?). Die wirksamen **Signale** an einem
Kontaktpunkt sind jedoch keinesfalls nur formaler Natur wie das Logo, Farbcodes und
sonstige Gestaltungselemente, vielmehr geht es dabei um Signale mit Wirksamkeit über
alle Sinne (vgl. Kap. 1).

Die **Inhalte** einer Marke können nach (harten) faktischen Markenleistungen und
(weichen) Markenwerten und Charaktereigenschaften unterschieden werden. Letztere
beschreiben, wie eine Marke sich anfühlt und wie sie den Menschen gegenübertritt.

Dritte Konstituente eines Markenerlebnisses ist der **Kanal**. Dieser bezeichnet das Über-
tragungsmedium (welches Medium benutzt die Marke?) und hat Einfluss darauf, wann, wo
und unter welchen Umständen das Markenerlebnis stattfindet. Inhalte, Signale und Kanal
bilden eine unzertrennbare Dreiheit und stehen in enger Wechselwirkung, was man daran
sieht, dass auch der Kanal selbst eine Botschaft transportiert – „The medium is the message"
(vgl. McLuhan und Fiore 1967): TV ist noch immer ein Prosperitätssignal für eine Marke,
der es gut geht und die es sich leisten kann. Das Sponsoring internationaler Events, bietet
einer Marke die Plattform, um sich als Global Player zu präsentieren. Und Promotions in
coolen Clubs und Bars sind ein Kanal, um sich als Trendsetter zu positionieren.

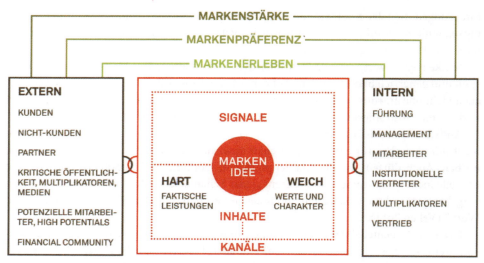

Quelle: Musiol Munzinger Sasserath, 2012

**Abb. 4.1**  Die Markenerleben-Dreiheit in ihrem Ökosystem

In der Markenerleben-Dreiheit geht es um diejenigen Inhalte, Signale und Kanäle, die konstituierend sind und das Markenkonzept determinieren bzw. über das Markengedächtnis das Markenerleben der Menschen speisen (vgl. Kap. 3).

Der zentrale Kern einer Marke wird in der **Markenidee** beschrieben. Dabei geht es um mehr als ein Positionierungsstatement. Es geht um die wirklich „große", zugrundeliegende Idee, die Sinnstiftung und Daseinsberechtigung enthält, den großen Wurf bzw. großen Gedanken, den Veken (s. o.) fordert, die Idee, die Burns als Basis erfolgreicher horizontaler Marken postuliert und die Godin als noch elementarer als das Produkt bewertet (vgl. Kap. 2).

Für eine bessere und nachhaltige Steuerung empfiehlt es sich, in die Markenerleben-Plattform auch **Markenvision** und **Markenmission** mit aufzunehmen. Diese stehen in enger Beziehung zur Business-Strategie und sorgen dafür, dass die Markendefinition eng mit der Unternehmensstrategie verzahnt ist.

Bei Marken und Unternehmen, die länger existieren oder deren Gründungshistorie eine wichtige Rolle für das Selbstverständnis spielt, ist auch die **Markenhistorie** ein wichtiger Baustein. Sehr sinnvoll kann es auch sein, die Markenerleben-Plattform mit einer **Markengeschichte** zu ergänzen, die die Markenphilosophie, ein Markenmanifest, besondere Glaubenssätze, Prinzipien oder auch Gründungslegenden erzählt.

Zudem empfiehlt es sich, die einzelnen Begriffe mit denen die Marke definiert wird, noch einmal ausführlicher zu erläutern und ggf. mit Geschichten und Bildern zu veranschaulichen. Gerade im internationalen Kontext, aber auch um vermeintlich generische

Begriffe zu spezifizieren. So viel Mühe und sprachliche Sorgfalt man auch bei der Definiti-on verwendet, einzelne für ein Unternehmen sehr wichtige Begriffe sind häufig nicht neu oder besonders originell. Auch sollten immer einfache, eindeutige und leicht verständliche Formulierungen bevorzugt werden.

Auf dieser Basis lassen sich nun konkrete Umsetzungen für einzelne **Bezugsgruppen** an unterschiedlichen Kontaktpunkten entwickeln. Jedes analoge wie digitale Markenerlebnis sollte dabei exakt definiert und die Markenerleben-Dreiheit bezugsgruppen- und kontakt-punktspezifisch ausgesteuert werden.

Bei der Gestaltung eines Kontaktpunkts bzw. bei der Kreation eines Markenerlebnis-ses (auch in Abhängigkeit von der Bezugsgruppe) entstehen selbstverständlich ergänzende Inhalte und Signale, die jedoch weniger zentral und dauerhaft sind.

Diese zusätzlichen Inhalte und Signale sollten die konstituierenden Markeninhalte und -signale sinnvoll ergänzen. Auf keinen Fall dürfen sie diese konterkarieren oder überlagern, ein Effekt, der häufig bei der Verwendung von Prominenten entsteht, die aufgrund ihrer Dominanz und Präsenz die Markenerleben-Dreiheit überstrahlen. Prägnantestes Beispiel dafür sind die TV-Spots mit Franz Beckenbauer vor einigen Jahren, bei denen es den Zu-schauern äußerst schwer fiel, die Marke überhaupt wahrzunehmen bzw. über die Kategorie hinaus (Telekommunikation, Bank, Bier etc.) richtig zuzuordnen.

Die Markenerlebnisse an den Kontaktpunkten sind so zu gestalten, dass die Marke als **nützlich**, **interessant**, **einzigartig** und **widerspruchsfrei** erlebt wird. Dabei spielen die ex-pliziten und impliziten Ziele der jeweiligen Bezugsgruppen eine wichtige Rolle. Wie bereits in Kap. 2 ausgeführt, ist gerade an digitalen Kontaktpunkten der markenerlebnisspezifische Nutzen besonders wichtig. Ein konkret erlebter Nutzen ist die unabdingbare Voraussetzung für ein positives Markenerlebnis.

Besonderes Augenmerk sollte bei der Umsetzung und Ausgestaltung auf die **Quali-tät** der Markenerlebnisse gelegt werden. So kann es sinnvoll sein, an Kontaktpunkten, die potenziell neutrale oder gar negative Markenerlebnisse hervorrufen, entsprechende „prä-ventive" oder gegensteuernde Maßnahmen zu ergreifen. Jeder von uns kennt diese ver-blüffenden Erlebnisse, wenn zunächst negativ konnotierte Ereignisse wie beispielsweise Beschwerden durch besondere Freundlichkeit, Kulanz oder andere überraschende Reak-tionen in positive Markenerlebnisse gedreht werden.

Des Weiteren muss die **Intensität** der jeweiligen Markenerlebnisse gezielt gesteuert wer-den. Grundsätzlich gilt, je höher die Intensität, desto besser (vgl. Kap. 3), allerdings ist dabei der situationsspezifische Kontext zu berücksichtigen. Besondere Sorgfalt sollte bei der Ge-staltung auf die per se intensiven Kontaktpunkte wie z. B. das Produkterleben, den Besuch in Shops, Kontakten mit Mitarbeitenden gelegt werden. Eine Herausforderung für kreative Strategien ist es, an flüchtigen Kontaktpunkten überhaupt über die Wahrnehmungsschwel-le der Menschen zu gelangen.

Hinsichtlich digitaler Kontaktpunkte kommt den kontaktpunkt- bzw. markenerlebnis-spezifischen Inhalten eine besondere Rolle zu. Natürlich reicht es nicht (wie Markenmo-dellkritiker argumentieren), sich hierbei auf eine Hand voll zum Teil sehr abstrakter Werte zu beschränken. Auf Basis der zentralen Markenerleben-Plattform müssen Themen und

Geschichten abgeleitet und entwickelt werden, die an dialogintensiven Kontaktpunkten interessante, nützliche und einzigartige Markenerlebnisse schaffen.

## 4.3    Positives Markenerleben schafft Markenpräferenz

### 4.3.1    Die vier zentralen Kriterien der Markenpräferenz

Alle Begegnungen zwischen Marke und Mensch prägen das Markenerleben, haben Einfluss auf die Markenpräferenz und damit langfristig auf die **Markenstärke**. Diese drückt sich in Sympathie, Vertrauen und Verbundenheit aus. Menschen wertschätzen keine Strategien, sondern konkrete Erlebnisse: in der Filiale, im Verkaufsgespräch, beim Gebrauch des Produkts etc. entscheidet sich, ob es der Marke gelingt, Präferenz zu erzeugen (s. Abb. 4.2).

Markenpräferenzen bilden sich, wenn die Marke im Moment des Erlebnisses als **nützlich, interessant** und **einzigartig** erlebt wird und sich dieses Erlebnis **widerspruchsfrei** in die Gesamtwahrnehmung der Marke fügt. Langfristig entwickelt sich daraus Markenstärke.

Diese vier im Folgenden genauer beschriebenen Bewertungskriterien lassen sich auf sämtliche Kontaktpunkte anwenden. Besonders wichtig sind dabei die konkreten Produkt- bzw. Dienstleistungserlebnisse, da diese die Wahrnehmung am nachhaltigsten prägen.

1. Die Marke muss als **nützlich** erlebt werden.
   Menschen nutzen Marken, um Ziele zu erreichen. Jede Marke muss deshalb zunächst einen kategoriespezifischen Basisnutzen erfüllen, d. h. ein Bedürfnis oder einen Wunsch erfüllen oder ein Problem lösen (telefonieren, Hunger stillen, sich absichern, Babies – und ihre Eltern – ruhig schlafen lassen, Sprit sparen, für jemand anderen attraktiv sein etc.). Da die Menschen in der Regel die Wahl zwischen mehreren Marken haben, muss eine Marke darüber hinaus immer auch ein implizites Ziel bzw. einen impliziten Nutzen erfüllen (viele Snacks stillen meinen Hunger, aber es ist ein großer Unterschied, ob ich schnelle Energie und Kraft erwarte oder eher eine träumerische Auszeit wünsche). Kurz: bietet die Marke etwas, das für mich wichtig oder wünschenswert ist?

**Abb. 4.2**  Vom Markenerlebnis über Markenpräferenz zur Markenstärke

Sicherlich ist der originäre Produktnutzen (in der Marketingsprache auch als Benefit bekannt) noch immer wichtig. Die Chancen für Einzigartigkeit (s. 3. Kriterium) liegen heute jedoch vor allem im kontaktpunkt- oder situationsspezifischen Nutzen, den eine Marke bietet (vgl. auch Kap. 2). Dies gilt insbesondere für digitale Kontaktpunkte. Eine App, eine Buchungsmaschine, ein Film-Tutorial, eine Webseite werden nur genutzt, wenn sie sehr schnell Nutzen stiften: hilfreich, informativ, intuitiv bedienbar, schnell sind. Was nur dann funktioniert, wenn die Technologie in den Hintergrund rückt und primär die Menschen und ihr situationsspezifisches Bedürfnis adäquat befriedigt (wie es beispielsweise der Domino Pizza Tracker tut, vgl. Kap. 1). Gleichzeitig sollte es den Menschen implizit möglich sein, die erlebte Nützlichkeit in Verbindung mit der Marke zu bringen. Nützlichkeit ist eine Grundvoraussetzung für ein langfristig positives Markenerleben.

2. Die Marke muss als **interessant** erlebt werden.

Interessant zu sein beschreibt die Kraft der Marke, Menschen zu begeistern, sie zu fesseln, sie zu erfreuen, so dass diese sich gerne mit ihr beschäftigen, sie gerne benutzen und ihre Markenerfahrungen und -erlebnisse mit anderen teilen (sharen). Dieses Kriterium ist in saturierten Märkten und hochkompetitiven Umfeldern entscheidend, um überhaupt die Aufmerksamkeit der Menschen zu gewinnen und zu halten. Interessant ist ein Markenerlebnis dann, wenn es die richtige Balance aus Neuem und Bekanntem reflektiert, d. h. die Marke weder überaktiviert, noch langweilt – und es versteht, immer wieder neue, interessante Impulse zu geben.

Dies gelingt einer Marke, indem sie eindrückliche Erlebnisse ermöglicht und Geschichten erzählt und stimuliert. Gerade hier bieten digitale Kontaktpunkte und Medien völlig neue Möglichkeiten, Marken interessant zu inszenieren.

Die Fülle an potenziellen Kontaktpunkten ist aber auch eine Herausforderung für deren Gestaltung und Inszenierung. Uli Wiesendanger, Gründer („das W") der Werbeagentur TBWA, formulierte in einem Interview mit uns diese Herausforderung des digitalen Zeitalters aus der Sicht eines Kreativen: „Je öfter man Gelegenheit hat mit jemandem zu reden, jemanden anzusprechen, jemandem zu schreiben, jemandem etwas zu zeigen, desto wichtiger ist, dass sich die Qualität der Form, der Sprache, des Bildes usw. auf dem höchsten Niveau hält. Sonst wird es dem anderen sehr schnell langweilig." (Musiol et al. 2012).

Ein Beispiel, wie vermeintlich dröge und langweilige Low-Interest-Produkte über einen digitalen Kontaktpunkt interessant werden können, zeigt das Beispiel Tipp-Ex.

Auf YouTube wurde ein Video mit den Namen „NSFW. A hunter shoots a bear" gepostet. Man sah, wie ein Jäger im Wald zeltet und von einem Bären überrascht wird. Der Begleiter des Jägers filmt die Szene und fordert ihn auf, den Bären zu erschießen. Plötzlich war der Zuschauer gefragt: Per Mausklick musste dieser entscheiden, ob der Jäger den Bären erschießen soll oder nicht.

Dann kam die Überraschung: Nach dem Mausklick wurde der Betrachter zu einem weiteren Video weitergeleitet, in dem der Jäger zu dem Tipp-Ex im rechten Werbefeld griff und das Wörtchen „shoots" tipp-exte. Eben genau so, wie man es im richtigen Leben auch macht, wenn einem ein bestimmtes Wort nicht gefällt. Nun wurde der Betrachter aufgefordert, aktiv zu werden und durch Eintippen eines Wortes zu bestimmen, was der Jäger mit dem Bären machen soll.

Gab man das Wort „tanzt" ein, sah man Jäger und Bär tanzen, und bei „heiratet" wurde es romantisch. Die französische Agentur Buzzman hatte Dutzende von Szenen vorbereitet, die je nach Eingabe erschienen. Umso toller war es, einen Begriff zu finden, der von den Machern nicht antizipiert worden war.

Die Aktion verbreitete sich rasant und sorgte für wahre Begeisterungsstürme. Der Film wurde mehr als 50 Mio. Mal aufgerufen und erntete tausende begeisterte Kommentare – zum Teil mit Hinweisen, wie man besonders witzige Episoden findet. Diese kreative, interaktive Nutzung von YouTube bescherte Tipp-Ex ein extrem hohes Involvement, wie es über klassische analoge Kanäle kaum zu erreichen gewesen wäre – sicherlich ein Grund dafür, dass die Aktion 2012 fortgeführt wurde.

Dieses Beispiel zeigt jedoch auch, dass Interessantheit alleine nicht ausreichend ist. Natürlich ist es toll, dass es die eher altmodische Marke Tipp-Ex derart gut versteht, viele Menschen digital zu unterhalten und ein Markenerlebnis schafft, das Spaß macht und hervorragend die Zeit vertreibt.

Kritisch zu bewerten ist jedoch der Transfer der Nützlichkeit. Die Attraktivität entsteht daraus, dass der analoge Nutzen des Produkts, eben das „Tipp-Exen" und damit Ungeschehenmachen, ins Digitale übertragen wird. Ob es allerdings auch umgekehrt gelingt, bleibt fraglich. Denn was um Himmels Willen sollen Digital Natives heutzutage mit analogem Tipp-Ex anfangen? Dieser Transfer gelingt bei der sehr ähnlich konzipierten Edding Wall of Fame leichter, schließlich ist das Sich-verewigen-Wollen, das die Wall of Fame online ermöglichte, als wasserfestes Beschriften von Dingen und Untergründen (Taggen) weiterhin im Verhaltensrepertoire von Digital Natives – trotz digitaler Technologien.

**Zu empfehlen ist die Verbindung eines interessanten Erlebnisses mit einem relevanten markenspezifischen Nutzen.**

Wie dies gelingt, zeigte Range Rover mit dem interaktiven Film „Being Henry" für das Modell Evoque. Hier entschied der Zuschauer über das Schicksal von Henry, einem normalen jungen Mann, der einen äußerst ungewöhnlichen Tag durchlebt. Der Zuschauer trifft nach und nach Entscheidungen für Henry und erlebt mit diesem eine Welt mit tanzenden Kerlen, russischem Donut-Roulette, echter und nicht ganz so echter Liebe. Während der Zuschauer Henry durch die Vielzahl unerwarteter Begebenheiten navigiert, personalisiert er quasi nebenbei seinen eigenen Range Rover. Insgesamt sind neun Handlungsverläufe und 32 unterschiedliche Enden möglich. Am Ende steht allerdings immer der – nach spielerisch erfragten Vorlieben – individuell konfigurierte Range Rover Evoque.

▸  http://rangeroverevoquebeinghenry.com/ – Auf der Webseite kann man den interaktiven Film über den abenteuerlichen Tag von Henry erleben.

3. Die Marke muss als **einzigartig** erlebt werden.

   Eine Marke muss etwas Unverwechselbares bieten. Die Marke muss erreichen, dass ihr Angebot besonders und damit klar unterscheidbar von dem anderer Marktteilnehmer ist. Im Idealfall sollte nur sie – oder zumindest sie am besten – zur Zielerreichung geeignet sein. Gleichzeitig ist Einzigartigkeit sehr wichtig, um einen Menschen in seiner Entscheidung zu bestätigen und ihm das sichere Gefühl zu geben, die richtige Wahl getroffen zu haben. Dies ist vor allem bei Entscheidungen mit einer hohen Investition für den Kunden wichtig.

   Wie in Kap. 3 bereits diskutiert, ist Einzigartigkeit heute wichtiger als produktfaktische Differenzierung. Nachhaltige Differenzierung ist in den meisten Kategorien kaum mehr möglich, da produktfaktische oder prozessbasierte Nutzen häufig kaum wahrnehmbar sind bzw. schnell kopiert werden. Jedes Produkt, jeder Service bietet dennoch Möglichkeiten, als einzigartig wahrgenommen zu werden. Das kann über zusätzlichen Nutzen geschehen, z. B. durch die Erweiterung des Produktnutzens (die bessere Verpackung, die überlegene Erhältlichkeit, das freundlichere Service-Personal, die interessanteren und relevanteren Zusatznutzen). Ein Fix von Maggi oder Knorr lässt sich anhand von Geschmack, Anwendung, Rezeptur nicht unterscheiden, wohl aber kann ein cleveres und nutzenstiftendes digitales Maggi Kochstudio für mehr Einzigartigkeit sorgen.

   Einzigartigkeit speist sich primär jedoch aus Geschichten und Inhalten. So spricht die Baloise-Versicherung (s. ausführliches Fallbeispiel am Ende des Kapitels) zu allererst von intelligenter Prävention und eben nicht wie andere Versicherungen vom Schadensfall oder einem unspezifischen Gut-versichert-sein-Gefühl. Das Thema Sicherheit in Verbindung mit Prävention in Form physischer Sicherheitsprodukte bietet den Vertriebsmitarbeitern eine reiche Quelle einzigartiger Geschichten.

   Viele Marken erreichen und pflegen ihre Einzigartigkeit durch die aufwändige und besondere Inszenierung der Markenerlebnisse (wie z. B. Abercrombie & Fitch) oder durch die Nutzung einzigartiger Signale (wie z. B. Absolut Vodka).

4. Die Marke muss als **widerspruchsfrei** erlebt werden.

   Widerspruchsfreiheit bedeutet, dass alle Wesensäußerungen und Angebote einer Marke an den unterschiedlichsten Kontaktpunkten untereinander stimmig und über die Zeit kohärent sind.

Dabei geht es nicht um eine konsistente und formale Gleichschaltung von Botschaften, Aussehen und Auftreten, sondern darum, dass das gesamt Erleben passt – alles andere ist auch nicht interessant, sondern langweilig. Das heißt, dass Markenerlebnisse – je nach Bezugsgruppe, Kontaktpunkt, -situation oder Tageszeit – durchaus variieren können und auch müssen. Sie sollten jedoch von den Menschen problemlos zu einem ganzheitlichen Markenerleben zusammengeführt werden können. Etwas, was bei der aktuell sehr verbreiteten Fokussierung auf Storytelling teilweise vergessen wird, so dass zwar spannende Geschichten erzählt oder toll kuratierte Inhalte geboten werden, die Menschen diese aber mangels klarer Anbindung an die Marke (z. B. durch implizite Signale) weder mit der Marke noch miteinander in Verbindung bringen können.

Widerspruchsfreiheit kommt heute eine herausragende Rolle zu: Erstens schafft sie den Sprung vom tradierten Konsistenzdenken hin zu einem variableren Verständnis des Markenerlebens. Zweitens sind Widersprüchlichkeiten im Markenerleben ein Hauptgrund des Scheiterns von Marken, da sie Irritation hervorrufen und zu negativer Rückkopplung führen können. Widerspruchsfreiheit ist eine besondere Herausforderung für komplexe Dachmarken und Dienstleistungsunternehmen (s. auch das Fallbeispiel Telekom am Ende des Kapitels). Sie ist nur erreichbar, wenn alle Aktivitäten widerspruchsfrei an einer zentralen Idee ausgerichtet sind.

## 4.3.2  Bezugsgruppen statt Zielgruppen

Markenerlebenbasierte Markenführung setzt ein bidirektionales Kommunikationsverständnis voraus. Schließlich geht es für Marken darum, mit unterschiedlichsten Menschen in Beziehung zu treten. Unternehmen können Menschen positive Markenerlebnisse nur ermöglichen, wenn sie diese ernst nimmt, wertschätzt und in ihrer Ganzheit sieht. Die Zeiten der bedingungslosen Treue sind endgültig vorbei. Auch Kunden, Käufer, Verwender möchten als Menschen behandelt werden und ernst genommen werden! Die Menschen haben die Macht und suchen ganz gezielt, mit wem sie (langfristig) in Beziehung treten möchten, ob als Mitarbeiter, Geschäftspartner oder Kunde.

Lange vorherrschend war die sehr limitierte Transaktionsperspektive: Ich biete an, du nimmst ab; ich produziere, du verbrauchst; ich sende, du empfängst. Seit einigen Jahren setzt sich glücklicherweise immer stärker die Beziehungsperspektive durch. Entsprechend bietet es sich an, auch überkommene Begrifflichkeiten zu überdenken.

Verbraucher ist ein Ausdruck, der im politischen Umfeld im Sinne von Verbrauchersouveränität positiv wertschätzend verwendet wird. Das sollte aber nicht darüber hinweg täuschen, dass Menschen als Verbraucher im wortwörtlichen Sinne auf eine sehr limitierte Funktion und Rolle reduziert werden: oben rein, unten raus. Sehr plakativ ist das im Energiebereich, wo als Verbraucher zuallererst die stromverbrauchenden Geräte bezeichnet werden.

Nicht zutreffende Begriffe (z. B. Konsumenten einer Dienstleistung oder von Gebrauchsgütern) tragen dazu bei, Menschen nicht als Ganzes zu sehen und auf ggf. völlig

**Die Implementierung kann nur gelingen, wenn der Transfer auf das alltägliche Handeln und Tun geleistet wird, auf das eigene unmittelbare Markenerleben, aber auch der Einfluss des eigenen Handelns auf das Markenerleben Dritter.**

Es ist deshalb sinnvoll, bereichs- und abteilungsspezifische Umsetzungspläne gemeinsam zu erarbeiten. Hierbei sollte wie folgt vorgegangen werden:

1. Identifikation von Projekten, Abläufen, Tätigkeiten, die bereits optimale Umsetzungen sind und als Leuchtturmprojekte dienen können.
2. Identifikation der größten Baustellen, d. h. Definition der dringlichsten Handlungsfelder, die die Umsetzung ggf. verzögern oder gar verhindern könnten.
3. Ableitung spezifischer Regeln für den Arbeitsalltag und das Tagesgeschäft, ggf. auch für den Umgang mit anderen Bereichen, Schnittstellen, Bezugsgruppen etc.
4. Gemeinsame Ideenfindung

Ein solcher Implementierungsprozess sollte einen selbstverständlichen Umgang mit der Markenstrategie initiieren und den Wissenstransfer fördern, d. h. alle Mitarbeiter des Unternehmens wissen und verstehen die Marke und ihre Bedeutung für den Unternehmenserfolg und richten ihr Handeln eigenverantwortlich daran aus, setzen sich mit ihr auseinander, entwickeln Ideen und leben in der Konsequenz die Marke. Wie wichtig die interne Implementierung für den Marken- und letztlich Unternehmenserfolg ist, zeigt das Fallbeispiel der Telekom am Ende des Kapitels.

## 4.4.2  Kreativität und Dialogbereitschaft bei der Gestaltung von Markenerlebnissen

Kontaktpunkte müssen markenadäquat ausgestaltet werden, d. h. es müssen die richtigen Inhalte und Signale für den jeweiligen Kontaktpunkt bestimmt werden. Zugespitzt formuliert reicht es nicht, einfach nur das Logo aufzukleben und dieses um die Botschaft „Lieb' mich! Kauf' mich! Ich bin toll!" zu ergänzen und zu erwarten, dass tatsächlich eine Handlung erfolgt.

Es ist nicht exakt steuer- und planbar, wann, wo und zu welchem Zeitpunkt die potenzielle Bezugsperson überhaupt bereit ist, sich auf ein Markenerlebnis einzulassen. Und je digitaler und interaktiver die Medien werden, umso weniger vorab kontrollierbar wird das Ganze – dafür aber umso besser messbar, wenn es dann passiert.

Marken müssen sich wo immer es geht erleben lassen und deutlich zeigen oder gar beweisen, wofür sie stehen, dass sie halten, was sie versprechen.

Die im Anschluss folgenden Fallbeispiele der Deutschen Telekom und der Baloise-Versicherung zeigen, dass insbesondere Dienstleistungsunternehmen konsequent daran arbeiten müssen, ihre zentrale Idee ganz konkret an den unterschiedlichsten Kontaktpunkten erlebbar zu machen: in der Interaktion mit dem Unternehmen, im Produkterleben, in der Kommunikation.

**Es geht nicht um irgendwelche Botschaften, die eine Marke gerne in den Köpfen der Menschen verankern möchte, sondern um ganz konkrete, möglichst explizite und intensive, weil multisensorische, Markenerlebnisse, die den Nutzen der Marke interessant, einzigartig und widerspruchsfrei erleben lassen.**

TBWA spricht seit einiger Zeit von der zentralen Rolle des Brand Behavior, also dem Verhalten der Marke, das sich aus einem Brand Belief, der die Kultur eines Unternehmens prägt, entspringt. Genau hier liegt der Unterschied (und das gilt keineswegs nur für Dienstleistungsmarken): besitzt ein Unternehmen bzw. eine Marke eine starke und große Idee, die die Identität prägt, so äußert sich diese im Verhalten der Mitarbeiter, in den Produkten, in der Art wie mit Kunden kommuniziert wird, wie die Architektur gestaltet ist etc. Die Marke wird quasi ganz selbstverständlich erlebbar. Natürlich enthält jedes erlebte Markenverhalten auch Botschaften, diese sind jedoch ohne große Anstrengungen oder Kontrollinstanzen kohärent und widerspruchsfrei.

Schaut man sich die Marke Axe (bzw. international Lynx) über die letzten Jahre an, so ist dies der perfekte Beweis, dass eine verbindliche, langfristige und darüber hinaus globale Markenidee „Lynx gives guys the edge in the mating game" sehr wohl als Basis großartiger und immer wieder überraschender Kreation in den unterschiedlichsten digitalen wie nichtdigitalen Kanälen dienen kann. So wird der Axe-Effekt bzw. „Lynx Effect" bereits seit 2002 immer wieder neu und interessant erzählt. Lynx wurde damit nicht nur zu einer der Top-Marken bei Jugendlichen weltweit, sondern entwickelt sich auch sonst äußerst positiv.

Auch das Beispiel Dove (s. Kap. 2) zeigt, wie eine große thematische Idee (wahre Schönheit) die Quelle für vielfältige interessante und nützliche Aktivitäten ist und dabei immer wieder einzigartig und widerspruchsfrei erzählt werden kann. Beiden sehr erfolgreichen Marken gelingt es, ein hohes Markenerleben zu generieren, das sich in Markenpräferenz und einem dementsprechend hohem Markanteil reflektiert.

### 4.4.3   Herausforderung Unternehmenskultur

Markenführung in digitalen bzw. post-digitalen Zeiten ist eine Herausforderung für die Organisationsstrukturen (vgl. Kap. 2). Es sind wesentlich mehr Abteilungen als das Marketing allein daran beteiligt. Das bedeutet, dass markenbildende und kommunikative Aktivitäten vor allem auch Schnittstellenmanagement mit sich bringen. Bezugsgruppen überlappen sich und sind kaum getrennt adressierbar. Vielmehr muss es die Marke schaffen, mit all ihren Bezugsgruppen in Beziehung zu stehen und diese Beziehung konsequent zu pflegen.

Dazu braucht es echte Personen hinter der Marke. Und gerade das Web 2.0 bietet die Bühne für unterschiedlichste Meinungen, Interessen, Persönlichkeiten eines Unternehmens – die sich widerspruchsfrei zueinander verhalten sollten. Nur durch Menschen hinter der Marke lässt sich Integrität, Authentizität, Glaubwürdigkeit vermitteln. Gerade wenn es um Probleme, Kritik u. Ä. geht, zeigt sich immer wieder, dass ein ganz menschliches Reagieren – sich entschuldigen, Fehler eingestehen, diese aktiv angehen und schnell und kompetent reagieren – das probate Mittel im Umgang mit Shitstorms und Bashing sind. Und eben nicht eine anonyme Marke, die Konzernmacht spüren lässt und formell und bürokratisch agiert.

**Markenverantwortliche müssen die Grundzüge vieler digitalen Medien, allen voran der sozialen Medien, ernst nehmen. Dazu gehört die Bereitschaft zu Kritik und die Bereitschaft und das Eingehen auf Dialoge und Diskussionen – auch wenn es ggf. nur mit einer sehr spezifischen Personengruppe ist.**

Ein ganz entscheidender Punkt ist auch die Bereitschaft zu Transparenz und Offenheit! Unternehmen müssen klar definieren, wo sie sich öffnen können und dies auch zulassen wollen und wo dies nicht der Fall ist. Häufig wird bei diesem Thema vergessen, dass es auch in Zeiten von Co-opetition und Transparenz bestimmte Unternehmensbereiche gibt, die weder völlig öffentlich diskutiert noch basisdemokratisch geführt werden können. Eine klare Haltung, die immer wieder neu diskutiert und definiert wird, ist sehr entscheidend.

Es gehört Experimentierfreude und Lust am Beta dazu. Es geht um Prozesse und Entwicklungen, nicht um perfekte Endergebnisse. Auch lässt sich einmal Angefangenes häufig nicht einfach wieder stoppen, sondern muss ebenfalls clever geplant werden (s. Tchibo Ideas in Kap. 2). Und auch Kreative in Agenturen stellt dies vor neue Herausforderungen. David Droga, internationaler Kreativstar und Gründer von Droga5, erklärt gerade die ständige Weiterentwicklung als die spannende Herausforderung des digitalen Zeitalters: „But what's best about digital is that the story doesn't necessary ever finish. We instigate a story and it can evolve, so we are as much creatives as we are curators. (…) Digital allows you to create something that can evolve. This can be through the contribution of the people you're aiming at or we can add other elements and you can bury things in it. That's why it's so fascinating when it's done well. It's less control but more exciting." (Wegelin 2010)

Im Folgenden werden zwei konkrete Fallbeispiele ausführlich beschrieben, die viele der diskutierten Prinzipien anschaulich illustrieren.

## 4.5 Wie man Marken erlebbar macht: Deutsche Telekom AG – die Rolle der Marke für die Transformation vom Technik- zum Erlebnisanbieter

Die Deutsche Telekom AG ist eines der weltweit führenden Dienstleistungsunternehmen für Telekommunikation und Informationstechnologie. Gegründet Anfang der 90er Jahre im Zuge der Postreform in Deutschland, ist die Telekom heute in mehr als 65 Ländern aktiv. Mehr als 250.000 Mitarbeiter betreuen weltweit 180 Mio. Kunden, davon ca. ein Drittel in Deutschland. Pro Tag hat die Telekom allein in Deutschland mit mehr als 500.000 Kunden Kontakt.

Das Jahr 2006 markierte einen wichtigen Wendepunkt in der Ausrichtung der Deutschen Telekom. Im November 2006 wurde René Obermann zum CEO der Deutschen Telekom ernannt. Zu diesem Zeitpunkt war die Performance im Markt erschreckend schwach. Die Telekom verlor in allen Bereichen: im Festnetz, im DSL-Markt und beim Mobilfunk. Die Innovationskraft war gering, die Servicequalität schlecht. Die Wahr-

**Abb. 4.3** Die Marken- und Produktvielfalt der Telekom 2006

scheinlichkeit, beim Anruf einer Servicenummer in den ersten 20 Sekunden eine Person zu erreichen, lag gerade einmal bei 15 %.

Da halfen auch enorme Ausgaben für Marketing und Kommunikation nicht. Im Jahr 2006 investierte die Telekom rund 800 Mio. Euro und verlor im selben Zeitraum 2 Mio. Kunden.

### 4.5.1　Probleme erkennen

Obermann sah sich mit einer ganzen Reihe von Problemen konfrontiert: die Kunden liefen in Scharen weg, Preise und Margen gerieten immer mehr unter Druck, die Innovationskraft war gering, die Markenarchitektur überkomplex und für Kunden verwirrend (s. Abb. 4.3).

Die Situation war vor allem darauf zurückzuführen, dass die Telekom bis dahin eine 4-Säulen-Strategie verfolgte. Das heißt, das Unternehmen war nach technischen Einheiten aufgestellt: T-Online, T-Mobile, T-Com und T-Systems. In den Säulen gab es zahlreiche redundante Verantwortungsbereiche und Prozesse. Es existierte kein roter Faden und das Unternehmen war schwierig zu steuern. Für Kunden war die Produktvielfalt verwirrend und eine Zuordnung nach Unternehmensbereichen beinahe unmöglich.

### 4.5.2　Marke als Leitstern und Chefsache

Die Telekom brauchte einen radikalen Wandel. René Obermann erkannte, dass in einer Branche mit sich rasch und weitreichend verändernder Technologie, immer neuen Wettbewerbern und neuen Kundenbedürfnissen und -ansprüchen nach außen, aber auch nach innen, die Marke ein entscheidender Faktor für Wandel ist: „Die Attraktivität unserer Marke bei unseren Kunden gewinnt in diesem Umfeld nochmals an Bedeutung. Und die Anforderungen an die Entwicklung und Führung unserer Marke nehmen zu. Vor allem nach innen übernimmt die Marke eine Orientierungsfunktion. Als Fixstern weist sie den Weg bei den notwendigen Transformationen. Allen Mitarbeiterinnen und Mitarbeitern, in allen Funktionen und Bereichen des Konzerns. Und bei der Gestaltung aller Kundenkontaktpunkte." (Deutsche Telekom AG 2011).

Obermann war so konsequent, die Verantwortung für das Thema Marke direkt bei sich anzubinden. Er ist seitdem der einzige CEO eines DAX-Unternehmens, bei dem das Thema Marke direkt als Ressort angesiedelt ist.

### 4.5.3   Probleme lösen – Markenarchitektur, Markendefinition, Innovationskraft

Der angestrebte Wandel betraf vor allem drei Arbeitsfelder:

1. Die Vereinfachung der Markenarchitektur: Nur unter einer einheitlichen Marke lässt sich der Wettbewerbsvorteil „Komplettanbieter" auch glaubwürdig vermitteln.
2. Die Definition der Marke: Die Marke muss den Kunden ein eindeutiges Angebot machen, das über einen guten Preis hinausgeht.
3. Die Verstärkung der Innovationskraft: Die Marke muss den Nutzen von Innovationen, vor allem IP-TV und mobiles Internet, klar kommunizieren.

Die Markenarchitektur wurde in mehreren Schritten radikal vereinfacht. Die Vielzahl der Marken, Submarken und Produktmarken wurde 2007 zunächst unter dem Dach „T" auf T-Home und T-Mobile reduziert. Diese Unterteilung machte jedoch keinen Sinn in Zeiten, in denen Technologien zusammenwachsen. Schließlich kann man Kunden nicht vorschreiben, dass sie ein Produkt zu Hause oder unterwegs anzuwenden haben.

Generell hatten Kunden nie verstanden, wieso die Telekom so kompliziert war und es zum Beispiel nicht möglich war, nur eine Rechnung über unterschiedliche Dienstleistungen zu bekommen. Oder warum der Mitarbeiter, mit dem man gerade über Mobilfunk gesprochen hatte, nicht auch über Festnetz Bescheid wusste. Denn in den Köpfen der Menschen war es trotz der vielen Marken weiterhin ein Unternehmen, die Telekom.

2010 erfolgte dann der nächste konsequente Schritt, indem alle Privatkundenangebote unter der Marke „T" zusammengefasst wurden.

Im Zuge der Vereinfachung der Markenarchitektur wurde auch die Produktvielfalt deutlich reduziert. 2009 waren 63 % weniger Produkte im Angebot als noch 2007, d. h. es wurden mehr als 6000 Produkte aus dem Angebot eliminiert.

Auch das Thema Vereinfachung der Markendefinition wurde konsequent angegangen – mit der Zielsetzung, diese so einfach zu halten, dass sie auf eine Scheckkarte oder ein Lesezeichen passt. Sie sollte Orientierung stiften – und zwar nicht nur nach außen, sondern auch nach innen. Ziel war es, sich als One Brand und One Company zu fühlen und ebenso am Markt wahrgenommen zu werden.

Das erklärte Unternehmensziel, einer der internationalen Marktführer für vernetztes Leben und Arbeiten zu werden, bildete die Basis für die resultierende Markenidee „Erleben, was verbindet".

Ebenfalls wurde das wichtige Thema Innovationen mit dem exklusiven Vertrieb des iPhones in Deutschland und der Einführung von Entertain, einem neuartigen Angebot im Bereich Fernsehen angegangen.

## 4.5.4  Implementierung nach innen

Für ein Dienstleistungsunternehmen wie die Telekom war für den Prozess des Wandels die interne Implementierung von oberster Priorität, um Führungskräfte und Mitarbeiter für die neue Struktur und die Markenidee zu begeistern. Denn nur, wenn die eigenen Mitarbeiter die Idee der Marke verstanden und verinnerlicht haben, können sie diese glaubwürdig und kompetent nach außen tragen.

Es wurden umfangreiche Maßnahmen ergriffen, um Mitarbeiter aller Ebenen und Funktionsbereiche mit dem neuen Markenanspruch vertraut zu machen: von zahlreichen Workshops und Veranstaltungen, Informationen über das Intranet und Broschüren bis hin zu einer neuen Corporate Fashion und der Anwerbung freiwilliger Brand Scouts, die halfen, alte Markensignale gegen neue auszutauschen.

Nach dieser intensiven internen Vorbereitung ging es im nächsten Schritt darum, die neue Ausrichtung auch für externe Bezugsgruppen an allen Kontaktpunkte erlebbar zu machen.

## 4.5.5  Implementierung nach außen

Einer der wichtigsten Bereiche für das Erleben der Deutschen Telekom als Dienstleistungsunternehmen ist der Service. Die Servicequalität musste dringend verbessert werden. Hierzu etablierte das Unternehmen den Service „Telekom hilft" auf Twitter und Facebook, um Probleme der Kunden nicht nur schnell, sondern auch auf sehr persönliche und individuelle Weise zu lösen. Etwas, was unter der bis 2007 herrschenden Zersplitterung der Marken niemals hätte angeboten werden können.

Auch die Telekom Shops (bis 2007 T-Punkte) sind wichtige Kontaktpunkte, an denen Kunden die Marke erleben. Die neue Markenidee „Erleben, was verbindet" wurde am POS nach dem Motto „Bitte anfassen!" umgesetzt. Die Kernelemente: Neue Kundenführung, übersichtliches Shop-Layout, Beratung auf Augenhöhe, Einfachheit in der Produktpräsentation – Ausprobieren und Anfassen sind ausdrücklich erwünscht (s. Abb. 4.4).

Mit dem Concept Store 4010 in Berlin Mitte (4010 = RAL Farbe der Deutschen Telekom), seit 2011 auch in Köln, wurde ein neuartiges Shop-Konzept für junge, urbane

schönsten Momente mit dem Handy oder mit der Kamera aufnehmen und auf der Tele-
kom-Webseite einstellen. Alle Beiträge wurden in einer Videogalerie präsentiert und
konnten bewertet werden. Die besten Grüße, Küsse, Helden und Lieblingsplätze wurden
Teil eines TV-Spots – und zwar fast in Echtzeit. Ausgewählte Videos wurden noch am
selben Tag des Uploads in den Spot eingebaut und konnte so am Abend im Fernsehen
bestaunt werden.

### 4.5.6   Das Ergebnis:
### vom problembeladenen Technik- zum Erlebnisanbieter

Die Entwicklung der Wahrnehmung der Marke Telekom wurde von Beginn an forscherisch
begleitet. Die neue Markenarchitektur zahlte sich aus und die Relevanz als Komplettanbieter stieg. Auch die neue Markendefinition setzte sich erfolgreich durch, so verbesserten
sich die zentralen Imagewerte über die Zeit deutlich. Auch die Servicequalität verzeichne-
te Zuwächse. Gleichzeitig entwickelte sich die Performance im Markt entsprechend: Der
Kundenverlust konnte reduziert werden und in den Bereichen DSL und mobile Telefonie
gewann die Telekom an Marktanteilen.

Die Fokussierung auf nur eine Marke – „T" – ermöglichte auch Einsparungen. So wurde
das Mediabudget 2010 im Vergleich zu 2007 um 37 % reduziert!

In der Summe hat es die Telekom geschafft, mit Hilfe der Marke das gesamte Unternehmen zu transformieren. Eine Transformation, die die Marke nach innen und außen neu
erlebbar machte. Im Mittelpunkt aller Aktivitäten stehen stets zum Teil sehr emotionale
Erlebnisse des unmittelbaren Nutzens der Leistungen der Telekom: Erleben, was verbindet.

Für die herausragenden Ergebnisse wurde die Telekom mit dem Deutschen Marketing-
preis 2010 und einem silbernen Effie 2011 ausgezeichnet.

Das Beispiel der Telekom zeigt sehr anschaulich, welche Kraft eine gute Markenidee
entfalten kann, wenn sie als Leitstern aller Maßnahmen und Aktivitäten fungiert und das
Top-Management, in diesem Fall der CEO höchstpersönlich, als oberste Markenbotschaf-
ter auftreten.

Gleichzeitig zeigt es aber auch, dass eine intelligente Markenstrategie und CEO-Com-
mitment alleine nicht ausreichen. Markenführung ist konsequente Arbeit an und mit der
Marke. Gerade in einem so großen und komplexen Konzern wie der Telekom war es ganz
entscheidend, die interne Implementierung sorgfältig zu vollziehen. Ein Erfolgsfaktor war
dabei nicht nur, die abstrakte Markendefinition zum Inhalt zu machen, sondern ganz konkrete Probleme anzugehen und zu lösen. Ein weiterer wichtiger Grundstein für das Gelingen war die Einbindung wirklich aller Mitarbeiter bis hin zum freiwilligen Engagement der
Brand Scouts.

Diese Transformation konnte nur gelingen, weil durch ein ganzes Bündel von Maßnahmen und Aktivitäten die neue Markenstrategie konsequent und kontinuierlich in allen
Bereichen des Unternehmens eingeführt und bereits an den wichtigsten Kontaktpunk-

ten umgesetzt wurde, bevor sie dann auch extern reichweiten- und aufmerksamkeitsstark kommuniziert wurde. Die Einführungskampagne illustrierte die neue Markenidee nicht nur klar und anschaulich, sie berührte auch die Menschen. Gleichzeitig demonstrierte die Telekom ihre Leistungsfähigkeit als Telekommunikationsunternehmen quasi ganz selbstverständlich über die intelligente Einbindung mobiler und digitaler Medien und die transmediale Verknüpfung unterschiedlicher Kontaktpunkte.

## 4.6   Baloise Group – Wie man ein intangibles Produkt erlebbar macht und damit ein Unternehmen transformieren kann

Die Baloise Group ist eine Schweizer Versicherungsgruppe, der u. a. die Basler Versicherungen in Österreich angehören.

### 4.6.1   Ein Experiment mit weitreichenden Folgen

Im Jahr 2006 startete die Basler Österreich ein völlig neues Vertriebsprogramm. Zunächst als Experiment angelegt, trägt es heute maßgeblich zum Wachstum bei. Der Clou des Programms: Die Basler machte ihre intangible Versicherungsleistung greifbar, indem sie Vertriebsmitarbeiter mit einer Sicherheitsbox ausstattete (s. Abb. 4.6).

Der Vertrieb konnte so z. B. anschaulich demonstrieren, wo im Alltag Gefahren lauern und wie man Vorsorge treffen kann, damit erst gar nichts passiert. Das lästige Thema Versicherung wurde so für Kunden über das wichtige Thema Prävention positiv erlebbar – für Vertriebsmitarbeiter eine wunderbare Gelegenheit, aktiv auf Bestands- und Neukunden zuzugehen.

**Abb. 4.6**   Die Baloise Sicherheitsbox

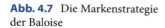

**Abb. 4.7**  Die Markenstrategie
der Baloise

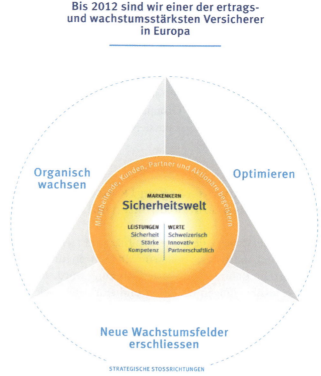

## 4.6.2   Eine einzigartige Markendefinition

Das Programm bildete den Ausgangspunkt für eine Neupositionierung der gesamten Versicherungsgruppe in der Schweiz, Deutschland, Österreich, Luxemburg, Kroatien und Belgien. In einer umfassenden Analyse wurden alle relevanten internen und externen Bezugsgruppen einbezogen, z. B. Mitarbeiter, Kunden, Nicht-Kunden, Vertriebspartner und Journalisten.

Das Resultat ist eine gemeinsame Sicherheitspositionierung, die Baloise Sicherheitswelt. Diese stellt das Thema Sicherheit konsequent ins Zentrum der Unternehmensleistung und geht damit weiter als herkömmliche Versicherungen: Die Baloise will, dass sich die Menschen sicher fühlen. Sicherheit ist ein Grundbedürfnis jedes Individuums und der Allgemeinheit. Mit der Baloise Sicherheitswelt, die klassische Versicherung mit intelligenter Prävention verbindet, leistet die Baloise somit einen wichtigen Beitrag zum Lebensglück der Menschen und stiftet Sinn und Nutzen in der Gemeinschaft.

Basierend auf der zentralen Idee der Sicherheitswelt und den strategischen Business-Zielen wurde die Marke erstmals einheitlich definiert (s. Abb. 4.7).

Damit veränderte die Baloise ihr Selbstverständnis grundsätzlich und verließ das traditionelle Rollenbild der Versicherung, die bezahlt, wenn der Schaden eingetreten ist (und vorher möglichst nicht in Erscheinung tritt).

Stattdessen setzt die Baloise in der Versicherungsbranche neue Maßstäbe und differenziert sich dadurch klar vom Wettbewerb: Alles, was wir tun, ist auf Sicherheit ausgerichtet. Hinter jedem Produkt, hinter jedem Service steht Sicherheit.

Diese Haltung verdichtet sich im Markenclaim „Wir machen Sie sicherer". Martin Strobel, CEO der Baloise Group, erläutert: „Wir helfen, dass Schaden gar nicht erst entsteht. Sollte dennoch etwas passieren, regeln wir den Schaden wie bisher kompetent und schnell."

### 4.6.3  Implementierung und konsequente Umsetzung der Strategie an allen Kontaktpunkten mit allen relevanten Bezugsgruppen

Die Sicherheitswelt, die heute Identität und Herz der Marke und des Unternehmens ist, wurde anschaulich beschrieben und ihr Nutzen für die unterschiedlichsten Bezugsgruppen definiert. Im Rahmen der Implementierung wurde mit den Mitarbeitenden in allen Bereichen und Abteilungen diskutiert und erarbeitet, welche Bedeutung es für den konkreten Arbeitsalltag hat, wenn die Baloise ihr Handeln konsequent auf Sicherheit ausrichtet. Dabei entstanden vielfältige Ideen für die weitere Erlebbarmachung von Sicherheit an allen Kontaktpunkten nach innen und außen.

Um ihr Versprechen einzulösen, bildete die Baloise ein Team von Spezialisten aus, das innovative Angebote entwickelt, die das Leben der Menschen noch sicherer machen. Regelmäßige Studien helfen, die Sicherheitskompetenz weiter auszubauen.

Insgesamt wurde bei der Umsetzung und Implementierung der Markenstrategie großer Wert darauf gelegt, dass die Sicherheitswelt mit allen Sinnen intensiv erlebbar wird und sich in konkreten Signalen wie dem gelb-schwarzen Sicherheitsband manifestiert.

Die Sicherheitswelt ist heute fester Programmpunkt bei den jährlichen Vertriebsauftaktveranstaltungen. Direkt und hautnah erlebbar wird Sicherheit auch bei den bei Kunden, Vertriebspartnern und Mitarbeitern extrem beliebten Sicherheits-Events, die regelmäßig in Kooperation mit lokalen Partnern wie Feuerwehr, Automobilclubs etc. veranstaltet werden.

Für die Einführung der neuen Markenstrategie wurde die Sicherheitswelt im Rahmen eines Sicherheitslabors in TV-Spots unterhaltsam und für eine Versicherung sehr ungewöhnlich inszeniert. Der Hirsch in reflektierender Sicherheitsweste, ein Motiv dieser Kampagne, besitzt heute bei Mitarbeitern und Vertrieb Kultstatus und steht z. B. lebensgroß im Eingang der Basler Versicherung in Bad Homburg.

Auch beim Hochschulmarketing nutzt die Baloise die Sicherheitswelt sehr erfolgreich, um das Interesse potenzieller zukünftiger Mitarbeiter für sich als eher langwilig geltendes Versicherungsunternehmen zu wecken. Auf Bewerbermessen nutzt die Baloise die für eine Versicherung extrem auffällige und humorvolle Standgestaltung mit dem gelb-schwarzen

Sicherheitsband und bietet konkrete Sicherheitserlebnisse wie bspw. Fahrsimulatorentraining.

Die Sicherheitswelt dient nicht nur als zentrale Markenidee und kommunikative Plattform, sondern bündelt sämtliche Sicherheitsleistungen. Im Internetauftritt nimmt der Menüpunkt Sicherheitswelt einen prominenten Platz ein.

Zum Sicherheitsangebot gehört die Sicherheitsbox, eine intelligente Zusammenstellung hochwertiger Schutzmittel, die Menschen z. B. in ihrem Wohnbereich oder beim Autofahren vor den häufigsten Gefahren bewahren und ihnen im Extremfall sogar das Leben retten können.

Im Sicherheitsclub der Sicherheitswelt profitieren Kunden von vielfältigen Angeboten und Vergünstigungen. Dabei kooperiert die Baloise mit renommierten Firmen, die im Bereich Prävention tätig sind. In dem eigens dem Thema Sicherheit gewidmeten Kundenmagazin NummerSicher finden Kunden zahlreiche Sicherheitstipps und werden zum lustvollen Erleben von Sicherheit ermuntert. Denn Sicherheit gibt die Freiheit, Neues zu wagen. Vielfältige Sicherheitstipps finden sich auch zusammengefasst in einer Sicherheitsfibel, die die Baloise App in digitaler Form für das Smartphone bündelt.

Eingeläutet wurde die Neupositionierung mit dem ersten, konzernweiten Baloise-Sicherheitstag, der seitdem an jedem Freitag den 13. stattfindet. Zu diesem Anlass können sich Mitarbeiter intensiv mit der Sicherheit ihrer Kunden auseinandersetzen und durch konkrete Aktionen für die Öffentlichkeit zum Erlebnis werden lassen. Die Basler Versicherung Kroatien nutze einen solchen Freitag, den 13., um sich mit Einbindung der eigenen Mitarbeiter öffentlichkeitswirksam für Kindersitze einzusetzen, die in Kroatien noch wenig verbreitet sind. Eine äußerst sinnvolle Aktion, die von den Medien extrem positiv aufgenommen und entsprechend verbreitet wurde.

Auch für die Corporate-Bezugsgruppen wird die Sicherheitswelt erlebbar. Die Geschäftsberichte der Baloise sind ganz dem Thema Sicherheit gewidmet und erzählen Sicherheitsgeschichten aus immer wieder besonderen Perspektiven.

Im ersten Geschäftsbericht nach der Einführung der neuen Markenstrategie wurden die Leser mit dem Sicherheitsversprechen vertraut gemacht, und es wurde erklärt, was Sicherheit bei den Menschen bewirkt. Im Folgejahr wurden mit dem „Tagebuch der Sicherheit" Mitarbeitende der Baloise vorgestellt. Sie erzählten von persönlichen Erlebnissen, in denen Sicherheit eine besondere Rolle gespielt hat – Erlebnisse, die ihr Leben nachhaltig geprägt und sie zu Sicherheitsexperten gemacht haben.

Der letzte Geschäftsbericht thematisiert „Sicherheit 24/7", denn Sicherheit kennt keine Uhrzeit. Sicherheitsexperten berichten, dass an ungewöhnlichen Orten und zu jeder Tages- und Nachtzeit Sicherheit gewährleistet sein muss. Sie erzählen von Elektroautos und Lawinensicherung, von Computernetzwerken und Brückenträgern. Gemeinsam ist ihnen, dass sie – oft unbemerkt – Verantwortung übernehmen für die Sicherheit von Menschen und Maschinen. Professionell, kompromisslos und rund um die Uhr. So ist es auch bei der Baloise Versicherung, denn für sie ist Sicherheit die Kernleistung. Als starker und kompetenter Partner arbeitet sie 365 Tage pro Jahr daran, dass weniger Schäden passieren. Auf dass sich die Menschen sicher fühlen.

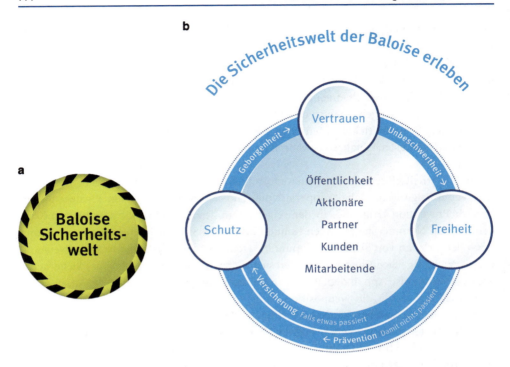

**Abb. 4.8   a, b** Die gelb-schwarze Manifestation der Sicherheitswelt und die inhaltliche Definition

Die Sicherheitswelt ist damit nicht länger ein reines Vertriebsprogramm, sondern der Kern einer neuen und einzigartigen, vom gesamten Unternehmen gelebten Unternehmensidentität (s. Abb. 4.8a und b). Auch in allen internen Ausbildungs- und Entwicklungsaktivitäten bekommt die Sicherheitswelt einen zentralen Platz. Mittlerweile bietet die Baloise in den meisten Geschäftsfeldern innovative Sicherheitsleistungen an, die über das klassische Versicherungsgeschäft hinausgehen und im Rahmen der Sicherheitswelt sukzessive ausgebaut werden.

Im Ergebnis wirkt die Sicherheitswelt nicht nur imagefördernd, auch andere Kennzahlen entwickeln sich positiv. Kunden der Baloise Sicherheitswelt beurteilen die Baloise deutlich positiver, das Cross-Selling konnte deutlich verbessert und der durchschnittliche Prämienwert erhöht werden.

Es geht bei der Baloise nicht länger darum, etwas zu verkaufen, was man eigentlich nicht braucht, weil man hofft, dass der Versicherungsfall nie eintritt. Menschen sicherer machen ist Sinnstiftung für Mitarbeitende, aber auch Quelle unendlich vieler, spannender Geschichten und Ideen mit größter Relevanz für Kunden und daher im Vertrieb unschätzbar. Nur bei der Baloise erleben Kunden durch intelligente Prävention positiv besetzte Sicherheit. Darüber hinaus wird das intangible Gut durch die Sicherheitsbox und viele weitere ganz konkrete Sicherheitsangebote physisch erlebbar manifestiert.

Die Baloise macht Intangibles erlebbar: Sicherheit durch Prävention. Statt Versicherung für den Fall, von dem man hofft, dass er nie eintritt.

Wie auch schon das Fallbeispiel der Telekom zeigt, liegt der Erfolg einer Marke ganz klar in der Umsetzung. Die tollste Markenidee, die schönsten Werte, die besten Strategien taugen nichts, wenn sie nicht von der gesamten Organisation gelebt und tagtäglich erlebbar gemacht werden. Gerade bei einem Dienstleistungsunternehmen wie der Baloise Versicherung wird die Marke vor allem durch die Mitarbeiter erlebbar. Und diesen hilft es enorm, wenn sie die Nützlichkeit, aber auch die Einzigartigkeit ihrer Produkte und Angebote interessant und spannend erzählen und darüber ganz konkret erlebbar machen können.

Das Beispiel Baloise zeigt auch sehr schön, dass die Markenidee immer schon im Unternehmen steckt und vielleicht sogar schon entdeckt wurde. Um als Markenleitstern zu dienen, muss diese jedoch häufig erst sorgfältig poliert und zum Glänzen gebracht werden. Dabei kann eine externe Perspektive sehr hilfreich sein. Marke ist eben kein neues Outfit, das man sich fix überstreift. Als Gravitationszentrum eines Unternehmens steht sie in enger Beziehung zur Unternehmensstrategie und trägt maßgeblich zum Unternehmenserfolg bei.

Um das Markenerleben zu optimieren, kommt neben der Definition der Markenerleben-Plattform und ihrer Implementierung nach innen wie außen der Frequenz und Reichweite und somit der Auswahl der Kontaktpunkte eine entscheidende Rolle zu. Diesen Aspekt sowie die Frage wie sich das Markenerleben konkret messen und managen lässt, werden wir im nächsten Kapitel ausführlich beleuchten.

**Die wichtigsten Punkte dieses Kapitels im Überblick:**

- Marke ist für das gesamte Unternehmen wichtig und betrifft nicht nur das Marketing.
- Marke ist als ein lebendes System zu verstehen und nicht als statisches Image.
- Markenführung beginnt immer intern. Wird eine Marke intelligent gesteuert, trägt sie ganz wesentlich zum Unternehmenserfolg bei.
- Eine verbindliche und verständliche Markendefinition ist die Grundlage der Markenführung.
- Markenerlebnisse lassen sich über die Markenerleben-Dreiheit aus Inhalt, Signal und Kanal steuern.
- Ein positives Markenerlebnis ist nützlich, interessant, einzigartig und widerspruchsfrei.
- Ziel der Markenführung ist es, Präferenz für das eigene Angebot zu schaffen und alle relevanten Bezugsgruppen an die eigene Marke zu binden.

- Markenverantwortliche sollten verstehen:
  - Welche Inhalte, Signale, Kanäle bestimmen das Markenerleben?
  - Welche spezifischen Inhalte sind die richtigen, um für die Marke Präferenz auszulösen?
  - Welche konkreten Signale sind am besten geeignet, Inhalte explizit und implizit zu transportieren?
  - Welches ist die emotionale Reaktion auf ein Markenerlebnis?
  - Welche somatischen Erinnerungen beeinflussen Präferenz?
- Eine Strategie ist nur so gut, wie sie nach innen und außen erlebbar wird.
- Das wichtigste Ziel der Implementierung ist der Transfer auf das alltägliche Handeln und Tun.

Ein zentraler Aspekt des Markenerleben-Managements in der Praxis ist die Messbarkeit des Markenerlebens. Deshalb werden wir uns im folgenden Kapitel ausführlich dieser Thematik widmen.

# Markenerleben messen, managen, maximieren     **5**

You can't manage what you can't measure.
   Harold Geneen

Die gesamte Diskussion um das Markenerleben ist müßig, wenn es nicht gelingt, das Markenerleben zu operationalisieren und zu messen und damit zu verstehen. Denn dies ist die Voraussetzung dafür, Markenerleben als Leitwährung im digitalen Zeitalter zu managen und damit für die Praxis nutzbar zu machen.

Was die Messung des Markenerlebens so schwer macht, ist die ungeheure Komplexität. Zur Erinnerung: das Markenerleben ist die Summe **aller** Begegnungen zwischen Mensch und Marke. Wir werden tagtäglich mit einer Fülle von Markenerlebnissen konfrontiert. Die Anzahl und Art der Kontaktpunkte, über die Inhalte und Botschaften vermittelt werden, ist in der jüngeren Vergangenheit im Zuge der medialen Digitalisierung enorm gestiegen: interaktive Plakatwerbung, Webseiten, soziale Netzwerke, Online-Werbung, Apps auf Smartphones oder Tablets und Augmented-Reality-Anwendungen prägen neben all den traditionellen Kontaktpunkten unsere Einstellungen und Vorstellungen von Marken.

Tradierte Verfahren der Markenplanung und -kontrolle wie etwa Werbetrackings, die mehr oder weniger isoliert die medialen Kanäle im Fokus haben, sind angesichts der neuen kommunikativen Realitäten nicht mehr zeitgemäß, da sie nur einen Bruchteil der tatsächlichen Markenkontakte erfassen, die das Markenerleben determinieren.

Ziel jedes Markenverantwortlichen sollte es sein, das Markenerleben ganzheitlich zu verstehen und zu steuern, um die Markenpräferenz zu erhöhen. Dennoch spielt das Markenerleben derzeit in der Markenführung noch eine untergeordnete Rolle, gemessen wird es bislang kaum. Vielmehr werden die Auswirkungen von Markenerlebnissen erfasst, wie zum Beispiel die Erinnerung an Werbung aller Art, die Zahl der Liker auf Facebook, Klickraten auf Webseiten, Kaufabsichten als Reaktion auf einen TV-Spot, Verständnis, Akzeptanz, Empfehlungsbereitschaft, Abverkäufe etc. Selbstverständlich haben alle diese Wirkungsmaße ihre Daseinsberechtigung, um die Performance einzelner Kanäle zu evalu-

U. Munzinger und C. Wenhart, *Marken erleben im digitalen Zeitalter*,
DOI 10.1007/978-3-8349-3732-2_5,
© Springer Fachmedien Wiesbaden 2012

ieren. Aber sie geben keinen Aufschluss über Wirkungszusammenhänge und lassen keine Vergleiche zwischen Kanälen zu.

Denn allen diesen Messkriterien ist gemein, dass sie sich an einer spezifischen Wirkung des jeweiligen Kanals orientieren, anstatt das ganzheitliche Erleben einer Marke durch den Menschen als Basis zugrundezulegen. Maßgeblich für die Evaluation des Markenerlebens ist jedoch die Erfassung **aller** positiven und negativen, analogen und digitalen, selbst erlebten Begegnungen und Erfahrungen aus zweiter Hand, denn diese Vielzahl an ständigen, bewussten und unbewussten Begegnungen prägt unser Bild von Marken und damit unsere Präferenzen.

Die Messung von unterschiedlichsten Touchpoints gehört momentan zu den „angesagten" Methoden in der Markt- und Marketingforschung. Dabei wird allerdings oft durch einen einseitigen Fokus auf die Kanäle die entscheidende strategische Perspektive vernachlässigt. Denn die für die Markenführung entscheidende Größe, das Markenerleben, manifestiert sich zwar über Kanäle, wird aber auch maßgeblich über Inhalte und Signale geprägt, die über diese Kanäle erlebt werden.

**Nur wenn es gelingt, das Erleben einer Marke ganzheitlich zu erfassen und zu steuern, ist es möglich, die Markenpräferenz und letztendlich den Abverkauf nachhaltig zu steigern.**

Bisher war es nicht möglich, die Markenerlebnisse an unterschiedlichen Kontaktpunkten zu vergleichen und den Beitrag eines Kontaktpunktes am Markenerleben zu erfassen. Was genau bringt zum Beispiel die TV-Kampagne im Vergleich zum Facebook-Auftritt, welchen Beitrag leistet Online-Shop im Vergleich zur Empfehlung von Freunden oder Bekannten? Oder im Vergleich zu einem Bericht von Stiftung Warentest oder dem Sponsoring von Events? Und welchen Anteil hat meine Marke am Markenerleben der gesamten Kategorie? Welchen Beitrag haben einzelne Aktivitäten am gesamten Markenerleben, und wie effizient arbeiten die einzelnen Kontaktpunkte, also wie hoch ist der Return on Investment meiner Aktivitäten und deren Einfluss auf die Markenpräferenz?

Genau diese Fragen werden mit der Messung des Markenerlebens auf Basis der Wahrnehmung von Menschen und dem Beitrag jeder einzelnen Art von Markenerlebnissen zum Markenerleben beantwortet.

**Mit der Messung des Markenerlebens steht erstmals eine Währung zur Verfügung, die es erlaubt, Markenerlebnisse völlig unterschiedlicher Natur miteinander zu vergleichen und ihren individuellen Beitrag zum Markenerleben zu bestimmen.**

Hierfür nutzen wir das Markenerleben-Steuerungssystem (MES).

Das Markenerleben-Steuerungssystem ist ein modulares Input-/Output- (Markenerleben)-System mit Evaluations- und Steuerungsmodulen. Ausgangspunkt sind die Investitionen in die Marke. Diese manifestieren sich in Markenerlebnissen an Kontaktpunkten zwischen Mensch und Marke, d. h. in Inhalten und Signalen, die über bestimmte Kanäle zu den Menschen gelangen (s. Abb. 5.1).

Durch die Relationen von Input (Investment) und Output (Markenerleben) lassen sich klare Return on Brand Investment (ROBI)-Berechnungen durchführen. Zusätzlich wird die (längerfristig stabile) Markenstärke erhoben und in Beziehung zu den Steuerungsgrößen

# MARKENERLEBEN-STEUERUNGSSYSTEM (MES)

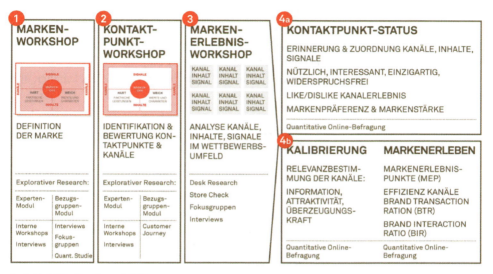

Quelle: Musiol Munzinger Sasserath, 2012

**Abb. 5.1**  Empirischer Prozess des Markenerleben-Steuerungssystems

Quelle: Musiol Munzinger Sasserath, 2012

**Abb. 5.2**  Kanäle, Inhalte, Signale der Markenerleben-Dreiheit

gesetzt. Das Markenerleben-Steuerungssystem versteht sich dabei nicht als ein statisches, sondern iteratives und interaktives Steuerungssystem.

Die zentrale Messgröße in diesem System ist das Markenerleben. Und das Markenerleben wird, wie bereits mehrfach erwähnt, über die Markenerleben-Dreiheit determiniert, die an den Kontaktpunkten mit der Marke entstehen: über ausgewählte Kanäle werden Inhalte und Signale implizit oder explizit transportiert (s. Abb. 5.2).

Im Folgenden werden die Bedeutung sowie die Anwendung von Kanälen, Inhalten und Signalen näher erläutert.

## 5.1   Kanäle – die Kraft liegt in der richtigen Kombination

Ein praxistaugliches Steuerungsinstrument muss heute in der Lage sein, alle Möglichkeiten, mit denen Menschen mit Marken in Kontakt treten können, zu erfassen und zu bewerten, mediale wie nicht-mediale, steuerbare wie nicht-steuerbare.

Wir nutzen hierfür als Basismodul den MCA-Ansatz. MCA (Market Contact Audit) ist ein weltweit erprobtes und vielfach von unabhängigen Institutionen (ARF und INSEAD) validiertes Verfahren zur ganzheitlichen Messung des Markenerlebens (Cook 2007, Chattopadhyay 2001). MCA liefert dabei nicht nur eine detaillierte Analyse des Beitrags einzelner Kontaktpunkte zwischen Menschen und Marken in einem bestimmten Markt, sondern auch einen Indikator für die Stärke des Markenerlebens im Wettbewerbsumfeld, quasi einen psychologischen Marktanteil. Die Korrelation zwischen dem vom MCA-Verfahren ermittelten relativen Markenerleben und dem Marktanteil liegt üblicherweise zwischen 0.8 und 0.9, was als extrem hoch anzusehen ist (s. Abb. 5.3).

**Abb. 5.3** Korrelation zwischen Markenerleben und Marktanteil

| KATEGORIE | KORRELATION VON MARKENERLEBEN (Relevanz X Wahrnehmung) UND REALEM MARKTANTEIL (Wert) |
|---|---|
| Technologie | .90 |
| Mode und Bekleidung | .89 |
| PKW | .81 |
| Lebensmittel-einzelhandel | .92 |

Quelle: MMS Markenerleben-Steuerungssystem

## 5.2 Identifikation relevanter Kanäle und Bestimmung der Kanalrelevanz

Jeder Kanal verfügt über drei Wirkdimensionen: Information, Attraktivität und Überzeugungskraft. Diese drei Dimensionen bestimmen die Relevanz eines Kanals und tragen auf unterschiedliche Art und Weise zum Markenerleben bei. Dabei kann die individuelle Leistungsfähigkeit der verschiedenen Kanäle bezüglich der kognitiven, affektiven und konativen Wirkweise durchaus stark variieren. Das Maß für die individuelle Relevanz eines Kanals ist der sogenannte Kanal-Relevanz-Faktor, der die Vergleichbarkeit medialer und non-medialer Kanäle in einer einheitlichen „Währung" ermöglicht.

Die Relevanz der Kanäle wird in einem zweistufigen Prozess ermittelt. Die Vorauswahl von Kanälen durch Unternehmensvertreter wird in einem ersten Schritt mittels einer qualitativen Untersuchung bei Bezugsgruppen bezüglich ihrer Relevanz bewertet und ggf. um weitere Kanäle ergänzt. Im nächsten Schritt wird die Relevanz aller identifizierten Kanäle in einer quantitativen Erhebung (meist als Online-Studie) anhand der drei Wirkdimensionen quantifiziert bzw. kalibriert.

Dabei benutzen wir eine Fragetechnik, die nicht auf post-rationalen Einschätzungen beruht, sondern in einer für Befragte einfachen, aber ausgeklügelten Systematik (Bauchgefühl) die explizite und implizite Dimensionen berücksichtigt und das Erleben über die drei zentralen Dimensionen erfasst. Ergebnis dieser Analyse ist ein Ranking aller Kanäle nach Wichtigkeit.

Diese Wichtigkeit von Kanälen gilt dabei natürlich nicht für alle Bezugsgruppen einer Marke gleichermaßen, sondern können für Kunden, Nicht-Kunden, Corporate Bezugsgruppen etc. höchst unterschiedlich sein. Ebenso unterscheidet sich die Bedeutung von Kanälen zwischen Kategorien erheblich.

## 5.3 Jede Kategorie hat ihre eigenen Markenerleben-Gesetze

Für jede Kategorie, ob Impulsartikel, Dienstleistung oder hochwertiges Gebrauchsgut, ist das Markenerleben die entscheidende Größe für Präferenz. Diese Aussage gilt übrigens unserer Erfahrung nach sowohl für Business-to-Consumer- wie Business-to-Business-Märkte. Allerdings sind für jede Branche zum Teil völlig unterschiedliche Arten von Markenerlebnissen besonders bedeutsam. Dies wird sehr deutlich, wenn man sich die folgende Übersicht anschaut, welche die jeweils zehn wichtigsten Kanäle in einer Kategorie darstellt (s. Abb. 5.4).

Es wird offensichtlich, dass die spezifischen Kanäle mit dem größten Impact in verschiedenen Kategorien sehr unterschiedliche Muster mit nur wenigen Überschneidungen zeigen.

Bei Impulsartikeln wie Schokoriegeln ist TV-Werbung der wichtigste Kanal, gefolgt von Plakatwerbung und Sonderangeboten. In dieser Kategorie geht es darum, gezielt kurzfristige Impulse zu setzen, um Abverkauf zu stimulieren. Der Kauf eines Produktes ist mit

| IMPULSARTIKEL | BABYPFLEGE | TECHNOLOGIE | TANKSTELLE | AUTOMOBIL |
|---|---|---|---|---|
| TV-Werbung | Empfehlung anderer Mütter | Produkttests und -vergleiche | Mitarbeiter | Probefahrt |
| Plakate | Proben nach Hause | Empfehlung von Freunden/Bekannten | Preistafeln am Eingang | Händler-Showroom |
| Sonderangebote | Professionelle Empfehlung | Ausprobieren im Handel | Gepflegter Sanitärbereich | Modell im Straßenverkehr |
| Hänger im Laden | Professionelle Proben | Messen und Ausstellungen | Waschanlage | Testberichte |
| Handzettel | Starter Kit | Homepage des Herstellers | Tankkarte zum Sammeln | Prospekte |
| Verkäufe auf öffentlichen Plätzen | Presseartikel | Presseberichte | Empfehlung von Freunden/Bekannten | TV-Werbung |
| Gutscheine in Anzeigen | Verpackung | Suchmaschinen | Empfehlung der Autowerkstatt | Empfehlung von Freunden/Bekannten |
| Coupons im Supermarkt | Website der Marke | Homepage des Händlers | Kooperationen | Anzeigen |
| Hänger an der Kasse | Info über E-Mails | Empfehlungen des Händlers | Plakate mit monatlichen Sonderangeboten | Kundenmagazine |
| Beschriftung an der Truhe | TV-Werbung | Online-Diskussionen | Fahnen mit Angeboten | Anzeigen in Tageszeitungen |

Quelle: Musiol Munzinger Sasserath, 2012

**Abb. 5.4** Die zehn wichtigsten Kanäle in ausgewählten Kategorien

wenig Risiko verbunden, deshalb spielen Empfehlungen von unabhängigen Dritten oder Testberichte so gut wie keine Rolle.

Bei Babypflege, einer Kategorie mit sehr hohem wahrgenommenen Risiko, ist die Empfehlung anderer Mütter besonders bedeutsam, gefolgt von Proben nach Hause, die ohne eigene Ausgaben mit geringem Risiko ausprobiert werden können sowie professionelle Empfehlungen. Diese können sowohl von Profis wie Hebammen oder Kinderärzten erfolgen, aber auch z. B. von einem besonders vertrauenswürdigen Unternehmer wie Klaus Hipp über TV-Werbung.

Im Bereich Technologie, einer Kategorie mit relativ hohem wahrgenommenen Risiko, wirken primär Empfehlungen von unabhängigen Quellen wie Produkttests und -vergleiche oder Empfehlungen von Freunden oder Bekannten sowie das unmittelbare Erleben der Leistung des Produktes über das Ausprobieren im Handel.

Bei Tankstellen wiederum ist das Markenerleben völlig anders determiniert. Mitarbeiter der Tankstelle sind der wichtigste Kontaktpunkt, gefolgt von Preistafeln am Eingang und einem gepflegten Sanitärbereich. Der letzte Punkt mag zunächst überraschen, macht aber bei näherer Betrachtung Sinn. Tankstellen differenzieren sich über Preise nur marginal und über die Shop-Angebote unwesentlich. Wenn man wie der Autor Vater von zwei Töchtern ist und unterwegs öfter einmal den Satz „Ich muss mal" hört, kann man sehr gut nachvollziehen, warum ein gepflegter Sanitärbereich ein durchaus entscheidender Zusatznutzen sein kann, der das Erleben von bestimmten Tankstellen-Marken prägt.

Als Muster fällt auf, dass viele Kategorien maßgeblich durch direkte, unmittelbare Erlebnisse geprägt sind, wie eben die Probefahrt beim PKW, oder das Ausprobieren im Handel bei Technologieprodukten. Diese unmittelbaren Erlebnisse sind meistens einflussreich, haben aber oft auch eine eher geringe Reichweite bzw. Frequenz.

Bei der Analyse der Bedeutung der Kanäle geht es deshalb auch nicht ausschließlich um die Betrachtung und Bewertung einzelner Kanäle, sondern um die Identifikation von Möglichkeiten für geeignete Verknüpfungsstrategien, die impactstarke, aber reichweitenschwache mit solchen mit schwächerem Impact, aber hoher Reichweite verknüpft.

Eine besonders gelungene Verknüpfung von (analogem) Impact und (digitaler) Reichweite ist der Launch des Mini Countryman in Stockholm.

Mini führte seinen neuen Mini „Countryman" mit der Aktion „Getaway" ein. In Stockholm hatte jeder die Möglichkeit, via iPhone und einer App den neuen Mini Countryman zu „jagen". Quasi eine reale Jagd auf einen virtuellen Mini, um einen echten zu gewinnen. So funktionierte das Ganze: Mit Hilfe der App, welche die eigene Position mittels GPS ermittelte, musste man sich auf mindestens 50 Meter dem virtuellen Mini nähern und diesen dann „schnappen". Dann hieß es wegzukommen und keinen anderen Teilnehmer an sich heranzulassen. Denn jeder, der nun bis auf 50 Meter nahe kam, konnte den Mini wieder wegnehmen. Der am Ende erfolgreiche Jäger gewann schließlich einen echten Mini Countryman.

Die Mechanik funktionierte folgendermaßen. Zunächst wurde ein Film auf YouTube gepostet, der die App erklärte. Dieser Film wurde schnell mehr als 100.000 Mal gesehen. Im Radio wurde in der Woche vor der Kampagne und während der Aktionswoche jeden Tag über die Aktion berichtet. Zusätzlich gab es eine Kooperation mit einem der erfolgreichsten und bekanntesten Gamer Tejbz mit hunderttausenden Followern, Likern und Abonnenten auf seinen Social-Media-Präsenzen. Außerdem wurde traditionelle Radio- und Anzeigenwerbung geschaltet, um auf die Aktion aufmerksam zu machen.

Die Resultate sprechen für sich. Während der Aktionswoche nahmen 11.413 Menschen vor Ort in Stockholm teil. Die durchschnittliche Spieldauer betrug über fünf Stunden pro Person. Hunderttausende Menschen aus mehr als 90 Ländern verfolgten die Aktion über die Webseite minigetawaystockholm.com. Die Verkäufe des Mini stiegen nach Unternehmensangaben dem ersten Quartal nach der Aktion um 108 % (Rekord in Schweden).

▶ http://youtu.be/dt9OlGq3gWU – Der Film dokumentiert ausführlich den Launch des Mini Countryman in Schweden im Rahmen der Aktion Getaway.

Der Mini Countryman-Launch ist ein schönes Beispiel, wie sich ein extrem intensives, analoges Erlebnis für eine begrenzte Zahl von Menschen mit reichweitenstarken digitalen Kanälen verknüpfen lässt und so globale Aufmerksamkeit erfährt.

Was ebenfalls für fast alle Kategorien in gleichem Maße gilt ist die folgende Formel:

**10 > 50, d. h. die 10 wichtigsten Kanäle von oft 70 oder mehr, sind in der Regel für über 50 % des Markenerlebens verantwortlich.**

Es ist also für Markenverantwortliche von extrem großer Bedeutung zu verstehen, wie das Markenerleben in einer bestimmten Kategorie zustande kommt, und die einflussreichsten Kanäle/Kontaktarten zu identifizieren! Dies hat auch große budgetäre Implikationen, da es sich kaum ein Unternehmen mehr leisten kann, alle zur Verfügung stehenden Kontaktpunkte gleichermaßen 360 Grad und 24/7 zu bespielen. Hier hilft ein klares Verständnis darüber, welches Wirkungspotenzial spezifische Kontaktpunkte bei relevanten Bezugsgruppen tatsächlich besitzen, um sie mit den richtigen Budgets zu versehen.

Die Webseite bzw. Homepage des Herstellers taucht als einziger digitaler Kontaktpunkt in den Top 10 Kontakten dieser Kategorien mehrfach auf. Dies ist kein Zufall.

**Die eigene Webseite ist, über alle Kategorien gesehen, der digitale Kontaktpunkt mit der höchsten Durchschlagskraft.**

Digitale Kanäle spielen seit ca. 1998 eine relevante Rolle in der Markenführung. Ihre Bedeutung ist mit zunehmender Penetration des Internet rapide gestiegen. Dies macht sich auch bei den Ergebnissen von Kontaktpunktanalysen bemerkbar. Der globale Führer in diesem Bereich, die Firma Integration, hat einen deutlichen Bedeutungszuwachs für digitale Kontaktpunkte registriert, mit besonders hohem Anstieg seit 2009.

Betrachtet man die Entwicklung der Bedeutung digitaler Kontaktpunkte nach Regionen, so sind diese in den USA am wichtigsten, gefolgt von Asien, Lateinamerika und Europa.

Differenziert nach Altersgruppen zeigt sich eine kleine, aber stetige größer werdende Bedeutung von digitalen Kontaktpunkten bei den Digital Natives, definiert als Altersgruppe von 16 bis 31 Jahren im Vergleich zur Gesamtbevölkerung.

Ebenso gibt es deutliche Unterschiede zwischen Kategorien. In Branchen, die mit einem höheren Risiko und mehr Involvement erlebt werden, wie zum Beispiel höherwertige Gebrauchsgüter und Dienstleistungen, sind digitale Kontaktpunkte deutlich relevanter für das Markenerleben als bei Konsumgütern wie Bier, Zahnpasta oder Waschmitteln.

Unternehmenswebseiten haben innerhalb der Gruppe der digitalen Kontaktpunkte den größten Impact, gefolgt von Suchergebnissen und Webseiten von Händlern. Am unteren Ende der Wirkungsskala stehen mobiles Marketing und soziale Netzwerke (s. Abb. 5.5).

**Der impactstärkste digitale Kanal, Unternehmenswebseiten, ist in seiner Durchschlagskraft mittlerweile mit TV-Spots vergleichbar.**

Ein weiterer wichtiger Aspekt ist die extrem hohe Effizienz von digitalen Kontaktpunkten. So ist es um ein Vielfaches kostengünstiger, Markenerleben über digitale Kontaktpunkte zu generieren als über Massenmedien.

Es ist ca. fünf Mal teurer, das gleiche Markenerleben mit klassischen Medien zu kreieren als über digitale Kontaktpunkte (s. Abb. 5.6). Gerade auch dieser wirtschaftliche Aspekt

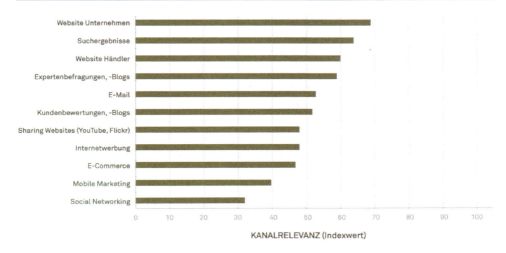

Quelle: Integration, 2012

**Abb. 5.5**  Die Relevanz digitaler Kanäle

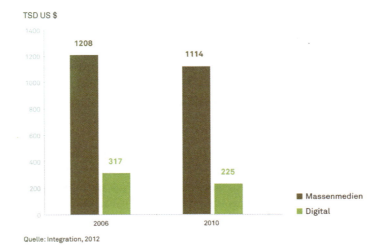

Quelle: Integration, 2012

**Abb. 5.6**  Die Kosten pro Markenerlebnispunkt digitale vs. Massenmedien

ist für Markenverantwortliche von großer Bedeutung, denn die Zahl und Bedeutung digitaler Kontaktpunkte wird mit zunehmender Verbreitung mobiler Endgeräte weiter zunehmen.

Neben diesen allgemeinen Erkenntnissen zum Thema Effizienz von Kontaktarten ist es für Markenverantwortliche enorm wichtig zu verstehen, wie die spezifischen Kanäle für die eigene Marke funktionieren.

Die Identifikation der relevanten Kanäle ist der erste Schritt zum Aufbau eines starken Markenerlebens. Allerdings ist die Auswahl der Kontaktpunkte eine zwar notwendige, aber für sich alleine noch nicht ausreichende Bedingung. Denn wenn wir Kontaktpunkte messen, messen wir nicht nur Kanäle, sondern auch, was über diese Kanäle transportiert wird und welche konkreten Markenerlebnisse sie evozieren.

**Das Markenerleben ist immer ganzheitlich determiniert. Bei der Messung der Markenassoziationen werden über die Kanäle hinaus Inhalte und Signale (implizit) miteinbezogen.**

Deshalb ist es unumgänglich, sich mit Inhalten und Signalen ebenso dezidiert auseinander zu setzen.

## 5.4  Die richtigen Inhalte bilden eine solide Grundlage

Jede erfolgreiche Markenerleben-Strategie basiert darauf, dass die Marke die „richtigen" Inhalte vermittelt und erlebbar macht.

Was macht einen Inhalt aber zum richtigen Inhalt? Anders als bei Kanälen gibt es hier keine definierten Inventare oder Wirkungsmuster.

**Den** universell idealen Inhalt wird es nicht geben, er muss für jedes Markenerlebnis individuell aufgabenspezifisch erarbeitet werden.

Letztendlich geht es in der Markenführung darum, Menschen zu motivieren, eine Marke haben zu wollen oder – anders ausgedrückt – Präferenz für eine Marke über das beste Markenerleben zu schaffen.

Für eine ausführliche Darstellung eines Prozesses, der Inhalte identifiziert, die für eine Marke Präferenz schaffen, sei auf das Buch „Im Zeitalter der Supermarken – neue Paradigmen in der Markenführung" verwiesen (Munzinger et al. 2010).

Im Rahmen des Markenerleben-Steuerungssystem inventarisieren wir zunächst die in einer Kategorie benutzen Inhalte. In der eigentlichen Befragung werden die identifizierten Inhalte dann von den relevanten Bezugsgruppen den Marken zugeordnet. Im Telekommunikationsmarkt lassen sich z. B. „harte" Inhalte wie z. B. Netzabdeckung, Servicequalität, Transparenz der Preisstruktur etc. sowie weiche Inhalte wie z. B. innovativ, menschlich, leidenschaftlich finden.Durch diesen simplen Prozess wird deutlich, welche Inhalte in einer Kategorie überhaupt spezifisch sind, ob und welchen Marken sie „gehören", über welche Kanäle sie zu den Bezugsgruppen gelangen und durch welche Signale sie vermittelt werden.

## 5.5  Die Macht der Signale

Eine besondere Rolle für das Markenerleben spielen Markensignale, die über analoge und digitale Kanäle Informationen und Emotionen transportieren. Signale sind sozusagen das Bindeglied zwischen Strategie und Umsetzung. Hier klafft oft die vielfach beschworene Implementierungslücke bzw. die „Brand Gap" zwischen Strategie und Umsetzung (Neumeier 2006). Menschen erleben keine abstrakten Strategien, sondern konkrete Umsetzungen wie Verpackungsdesign, Inszenierungen am POS, Webseiten etc. Und hier kommen die Signale ins Spiel.

Wir wissen: Die schiere Menge an Markenerlebnisangeboten macht es unmöglich, dass wir alle bewusst wahrnehmen oder gar über den Sinn dieser einzelnen Erlebnisse nachdenken. Unsere Wahrnehmung von Markenerlebnissen ist zwangsläufig oft flüchtig – und dennoch hinterlässt jedes noch so beiläufig wahrgenommene Markenerlebnis seine Spuren. Denn anstatt direkte, rationale Schlussfolgerungen zu ziehen (was nur in Ausnahmefällen geschieht, siehe Kap. 3), speichern und verarbeiten wir diese Markenerlebnisse in unserem Langzeitgedächtnis unbewusst als eine Reihe konkreter Assoziationen.

Diese konkreten Signale wirken implizit und sind der Schlüssel zu erfolgreichen Marken – aber was genau sind konkrete Signale, und was macht sie so wertvoll?

Informationen, die über die fünf Sinne wahrgenommen werden können (Sehen, Hören, Riechen, Schmecken, Fühlen), sind konkret (siehe Kap. 1). Und konkrete Signale sind besonders zum impliziten Transport von Informationen und Emotionen geeignet. Gegenüber abstrakter Information wie gedruckten Worten oder Sprache, die nur explizit und mit willentlicher Anstrengung bewusst verarbeitet werden kann, besitzen konkrete Signale zahlreiche Vorteile (zur vertiefenden Information über die Wirkungsweise konkreter Signale sei auf das Buch „Markenkommunikation – Wie Marken Zielgruppen erreichen und Begehren auslösen" verwiesen (Munzinger und Musiol 2008)):

1. Konkrete Signale wirken implizit
   Sie sind im neurophysiologischen Sinne „gehirngerecht", um gering involvierten Menschen in einer reizüberfluteten Umgebung implizit Bedeutung zu vermitteln und damit Verhalten zu steuern. Denn sie werden automatisch verarbeitet, ohne rationale Kontrolle.
2. Konkrete Signale erzeugen Aufmerksamkeit
   Das Markengedächtnis wird vor allem durch konkrete Signale aktiviert. Sie werden spontan und schneller wahrgenommen. Das Bild einer bekannten Persönlichkeit oder eine prägnante Farbe (wie z. B. orange in Kombination mit schwarz bei Sixt) lenken unsere Aufmerksamkeit unmittelbar und ohne bewusste Steuerung auf die Reizauslöser.
3. Konkrete Signale kommunizieren schneller
   Die ganzheitliche und weitgehend automatische Verarbeitung im Gehirn ermöglicht eine sehr schnelle Aufnahme von konkreten Signalen. Diese werden in größeren Sinneinheiten aufgenommen und ganzheitlich-analog verarbeitet. Ein Bild mittlerer Komplexität wird in 1,5 bis 2,5 Sekunden so intensiv verarbeitet, dass es später erinnert werden kann. Ein abstrakter Text, der dieselbe Menge an Information vermittelt, braucht ein Vielfaches an Verarbeitungszeit und führt trotzdem zu geringerer Erinnerung.
4. Konkrete Signale werden intensiver gespeichert und länger erinnert
   Der Speicher für konkrete Signale im Gehirn ist beinahe unendlich und dem abstrakten Sprachgedächtnis weit überlegen. Fast jeder Mensch kann sich an bestimmte Bilder,

Gerüche oder Geräusche aus seiner frühesten Kindheit erinnern. Bereits wenige Takte eines Musikstückes können eine emotionale Stimmung herbeiführen und Kaskaden von Bildern und Assoziationen abrufen. Vodafone z. B. nutzt Musik sehr gezielt und erfolgreich, um bestimmte Markenerlebnisse zu evozieren.

5. Konkrete Signale umgehen die rationale Kontrolle

   Konkrete Signale werden gedanklich weniger hinterfragt als Sprache, man kann mit Ihnen auch Widersprüche, Übertreibungen oder Verdrehungen kommunizieren. Diesen Umstand hat die Zigarettenindustrie jahrelang in der Werbung genutzt. Viele Anzeigen und Plakate haben im wesentlichen signalisiert, dass Rauchen attraktiv und reich macht, schöne Partner, coole Freunde und Wohlstand praktisch automatisch anzieht, Aussagen, die in einer rationalen Argumentation nie akzeptiert würden.

6. Konkrete Signale haben eine lange Lebensdauer

   Interessante konkrete Signale haben eine unbegrenzte Lebensdauer. Manche Musikstücke hören wir seit vielen Jahren immer wieder … und werden ihrer nicht überdrüssig. Den Duft unseres Lieblingsessens riechen wir ein Leben lang gern.

   In der Markenführung denke man an Axe oder auch Sixt, die im Prinzip über viele Jahre mit unveränderten konkreten Signalen geführt werden, nach dem Prinzip: Gelerntes immer wieder in neuen, überraschenden Zusammenhängen präsentieren.

7. Konkrete Signale transportieren Emotionen

   Das Gehirn reagiert auf Reize mit einer spontanen emotionalen Reaktion. Konkrete Signale und emotionale Reaktionen sind grundsätzlich eng aneinander gekoppelt. Das Bild eines Babys erzeugt automatisch das Gefühl von Fürsorge.

8. Konkrete Signale haben einen direkten Einfluss auf unsere Einstellungen

   Konkrete Signale sind entscheidend dafür, ob wir spontan eine positive Einstellung zu einer Marke entwickeln oder nicht. Aus den Signalen schließen wir sehr schnell und implizit auf die inneren Werte einer Marke. Das ist nicht anders als bei Menschen. Wenn wir Fremden zum ersten Mal begegnen, schließen wir automatisch von den äußeren auf die inneren Werte. Die Kleidung, das Parfum, Accessoires wie Uhren oder Schmuck, die Frisur, Körpergesten und -haltungen sorgen dafür, dass wir uns in Bruchteilen von Sekunden eine Meinung über unser Gegenüber bilden, die wir nur selten revidieren.

Zusammenfassend lässt sich festhalten:

**Konkrete Signale sind der Schlüssel zu erfolgreichen Marken!**

Sie definieren Marken in unserem Markengedächtnis. Sie funktionieren als Anker und Schlüssel für die Emotionen, die letztendlich unsere Einstellungen und unser Verhalten steuern. Damit werden sie zu Besitzständen der Marke, die zu unschlagbaren Waffen im Kampf um die Gunst der Menschen werden.

Damit konkrete Signale im Sinne der Marke wirken können, müssen die Signale einfach, eindeutig, differenzierend und markenspezifisch sein.

Gute Signale müssen eine Bedeutung vermitteln, die motivierend, belohnend und relevant ist – das klingt zunächst trivial, ist es aber nicht! Denken Sie nur an die Flut austauschbarer und kategoriegenerischer Bilder und Signale in den allermeisten Branchen.

Versuchen Sie nur einmal französischen Akzent, ein Picknick im Grünen, Baguette, Großaufnahme eines Stücks Käse beim Abschneiden und genussvoll verzückte Gesichter beim Verzehr einer bestimmten Marke zuzuordnen. In Frage kommen dabei so gut wie alle französischen Käsemarken.

Somit spielen konkrete, bedeutungsvolle Signale eine wesentliche Rolle bei der Entwicklung eines Markengedächtnisses. Sie vermitteln – im Idealfall – schnell die wesentliche Intention einer Marke und können darüber hinaus eine zentrale Rolle bei der Inszenierung des Auftritts einer Marke übernehmen.

Dies ist, wie weiter oben bereits erwähnt, natürlich nur möglich, wenn eine Marke beim Einsatz konkreter Signale Ausdauer beweist und implizit wirksame Signale über einen langen Zeitraum transmedial einsetzt.

## 5.6   Vom Markenerlebnis zum Markenergebnis

Letztendlich ist die Maximierung des Markenerlebens kein Selbstzweck, sondern eine wirtschaftliche Notwendigkeit. Ein starkes Markenerleben ist ein wichtiger Hebel in der Wertschöpfungskette, der dazu beiträgt, mehr Markenpräferenz und folglich auch mehr Marktanteil zu erzielen (s. Abb. 5.7).

Neben der Beantwortung der Frage, welche Kanäle, Inhalte und Signale am besten geeignet sind, um das Markenerleben in der erwünschten Art und Weise aufzubauen, ist es deshalb auch notwendig zu verstehen, wo Investitionen in die Marke am effizientesten sind. Gerade in Zeiten, in denen Budgets unter Druck geraten, hat das Wissen über Effizienz eine hohe Priorität. Letztendlich geht es hier um den Nachweis des Return on Brand Investment (ROBI), der in vielen Unternehmen auf Grund von begrenzten Budgets und schwierigen Rahmenbedingungen immer häufiger und immer drängender gefordert wird.

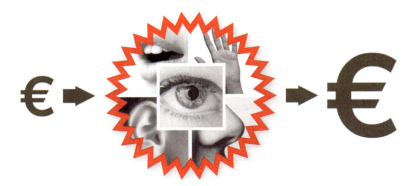

Quelle: Musiol Munzinger Sasserath, 2012

**Abb. 5.7**   Das Markenerleben ist die Leitwährung der Markenführung

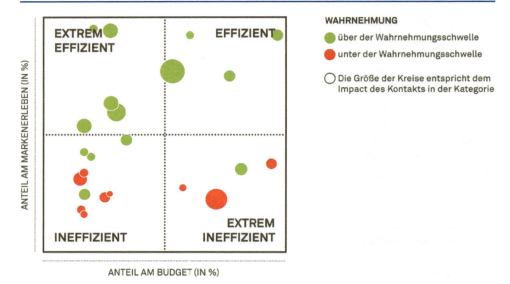

Quelle: Eigene Darstellung, Musiol Munzinger Sasserath, 2012

**Abb. 5.8**  Die Effizienz unterschiedlicher Kanäle variiert erheblich

Bei dieser Diskussion ist natürlich auch zu berücksichtigen, dass die Zeiten, in denen sich Budgets bequem auf Monate im Voraus auf Basis von TKPs sicher planen ließen, lange vorbei sind. Planungs- und Reaktionszyklen werden immer kürzer und erfordern eine Mentalität des Ausprobierens. Gerade die Effekte neuer digitaler Kanäle sind ad hoc schwer definierbar und erfordern bewusstes Trial-and-Error-Verhalten als adäquate Strategie. Solch eine Strategie macht vor allem Sinn, wenn man über ein Feedbacksystem verfügt, das es erlaubt, schnell die Wirkung alternativer Strategien auf das Markenerleben zu erfassen.

Hat ein Unternehmen die Informationen zu Aufwendungen pro Markenkontakt verfügbar, lassen sich präzise Return on Brand Investments (ROBI-)Berechnungen durchführen, die Aufschluss über die Effizienz einzelner Kanäle geben.

Unsere Erfahrung zeigen, dass der Beitrag einzelner Kanäle für eine Marke zum Teil dramatisch variiert. Das anonymisierte, aber reale Beispiel (Abb. 5.8) zeigt die Performance einzelner Kanäle für eine bekannte Marke aus dem Technologie-Bereich.

Dargestellt sind hier die Kanäle, die vom Unternehmen direkt beeinflusst werden können und hinter denen ein Budget steckt.

Die Größe der Punkte symbolisiert die Wichtigkeit der Kanäle in der Kategorie für die Zielgruppe.

Die horizontale Achse zeigt den Anteil eines Kanals am Markenerleben der Marke und die vertikale Achse den Anteil am Budget.

Einige Kanäle arbeiten extrem effizient, kreieren mit relativ geringem Budget viel Markenerleben. Andere hingegen tragen trotz erheblicher Investitionen kaum nennenswert zum Markenerleben bei!

Bei den rot markierten Punkten handelt es sich um Kanäle, die trotz zum Teil massiver Spendings nicht über die Wahrnehmungsschwelle kommen, also überhaupt nicht ins Bewusstsein der Zielgruppen vordringen.

Kein anderes Verfahren kann derzeit ein solches Ergebnis liefern, da kein anderes Verfahren in der Lage ist, das Markenerleben als Ganzes und den Beitrag jedes einzelnen Kanals in einer einheitlichen Währung darzustellen!

## 5.7  Optimierung des Markenerlebens am Fallbeispiel Takko Fashion

Im Folgenden möchten wir an einem konkreten Fallbeispiel zeigen, wie das analysebasierte Verständnis und die darauf gezielt durchgeführte Optimierung des Markenerlebens mit Hilfe des Markenerleben-Steuerungssystem zur Erreichung der Business-Ziele beiträgt. Wir haben mit Takko Fashion bewusst keine der glamourösen Marken gewählt, die durch prämierte oder aufmerksamkeitsstarke Kampagnen glänzen. Takko Fashion setzt sich wie Tausende anderer Unternehmen mit ganz normalen Herausforderungen zur Erreichung seiner Ziele auseinander.

**Die Ausgangssituation:** Takko Fashion ist einer der größten Textilhändler mit mehr als 1500 Filialen an 950 Standorten in 15 europäischen Ländern und bietet ein Sortiment aus Mode, Wäsche und Accessoires für Frauen, Männer und Kinder an. Begleitend zur ständigen Expansion und der kontinuierlichen Verbesserung aller Leistungsdimensionen widmete sich Takko Fashion Ende 2008 der Neuausrichtung der Marke mit dem Ziel, in einem hochkompetitiven Markt nachhaltiges Wachstum zu generieren. War Takko Fashion ursprünglich ein Standard-Textil-Discounter im unteren Preissegment, vergleichbar mit Kik oder NKD, sollte im Rahmen der Neuausrichtung der Fokus neben den günstigen Preisen auf Wertigkeit sowie Mode- und Trendkompetenz gelegt werden.

Inhaltlich wurde die Markenidee auf Basis eines ausführlichen Analyse- und Strategieprozesses als „Best Fashion Deal" definiert, ein Versprechen, das für interne und externe Zielgruppen relevant ist und sowohl funktionale wie emotionale Leistungsdimensionen anspricht. Entsprechend wurden die harten und weichen Inhalte der Marke sowie eine neue Markenerleben-Plattform definiert.

Neben dem etablierten Signal der Farbe Gelb wurden als weitere Signale das Logo überarbeitet und der Claim „Alle wollen gut aussehen" eingeführt. Weitere konkrete Manifestationen wurden im Laufe des Prozesses ergänzt. Es wurde der gelbe Torbogen eingeführt, der als integratives Signal das Tor zu einer attraktiven Modewelt mit Fashion zum Top-Preis symbolisiert – eben dem Best Fashion-Deal aus Kundensicht. Dieser markiert heute nicht nur jeden Eingang einer Takko-Filiale, sondern wurde über TV-Werbung und Prospekt transmedial visuell verknüpft.

Neben der inhaltlichen Arbeit an einer zukunftsfähigen Markendefinition wurde eine Kanalrelevanz-Bestimmung durchgeführt und das Erleben der Marke bei Kunden und Nicht-Kunden eingehend analysiert. Ziel des Prozesses war es, die Verknüpfung an den Kontaktpunkten zukünftig so zu gestalten, dass das Markenerleben verbessert und die Effizienz der Investments optimiert werden konnte.

**Relevanz der Kanäle:** Was in der Automobilindustrie die Probefahrt ist, ist in der Kategorie Mode und Bekleidung die Warenpräsentation. Daneben gehören die Point-of-Sale-Kanäle Schaufenster und Schilder zu Preissenkungen sowie massenmediale Kanäle wie die Prospekte des Händlers, Anzeigen in der Tageszeitung und TV-Werbung zu den wichtigsten Kanälen. Unter den Top 10 der relevantesten Kanäle waren darüber hinaus auch jeweils ein Kanal aus dem Direkt-, Indirekt- und Online-Marketing zu finden.

**Das Markenerleben in der Kategorie:** Zusätzlich zur Bedeutung der Kanäle wird das Markenerleben einer Kategorie durch die Häufigkeit des Erlebens über diese Kanäle bestimmt.

Auch in der Kategorie Mode und Bekleidung konnte die Regel „10 > 50" bestätigt werden. Das Markenerleben bei Mode und Bekleidung wird zu 54 % von den Kanälen der Kategorie Point of Sale gebildet. Die Erkenntnis, dass über 50 % des Markenerlebens der Kategorie durch den Point of Sale erzielt werden, überrascht wenig, ist aber alles andere als trivial. Unter anderem am Versäumnis, das Erleben am Point of Sale zu optimieren, ist Best Buy trotz innovativer sozialmedialer Strategie gescheitert (vgl. Kap. 2).

Den nächstgrößeren Anteil am Markenerleben in der Kategorie haben die massenmedialen Kanäle mit über 23 %. Das übrige Drittel des Markenerlebens verteilt sich über die restlichen Kategorien Indirekt und Direkt mit je 7 % und Sponsoring, Digital (Homepage bzw. Onlineshop) und Produkterfahrung mit je 3 %.

**Das markenspezifische Markenerleben:** Die markenspezifische Analyse des Markenerlebens und die Beleuchtung des Beitrags jedes einzelnen Kanals am Erleben der Marke Takko Fashion ermöglichten eine detaillierte Betrachtung der Wirkweise und Schlussfolgerungen für gezielte Investitionen.

So erreichen die POS-Kanäle bei allen Wettbewerbern den größten Anteil des Markenerlebens, darüber hinaus allerdings verteilt sich das Markenerleben unterschiedlich. Der Wettbewerber Kik erzielte z. B. unter den massenmedialen Kanälen das größte Markenerleben, H&M dominierte die Außenwerbung. Die digitalen Kanäle Homepage und Onlineshop waren vor allem bei H&M, C&A und Ernsting's Family von hoher Bedeutung für das Markenerleben. Takko Fashion hingegen konnte bei den Kanälen des Direktmarketings punkten und sich damit klar vom Wettbewerb differenzieren.

**Die Umsetzung:** Aufbauend auf dem Verständnis, dass der Point of Sale das zentrale Element zur Gestaltung des Markenerlebens ist, und basierend auf der präzisen Identifikation relevanter Kanäle am Point of Sale erfolgte zunächst eine umfangreiche Filialrenovierung. Dabei stand vor allem die Warenpräsentation als wichtigster Kanal im Fokus. Durch den Einsatz von zeitgemäßen Warenträgern wurde die Ware, kombiniert mit passenden Accessoires, attraktiv inszeniert (s. Abb. 5.9).

**Abb. 5.9**  Eine Takko-Filiale vor und nach der umfassenden Umgestaltung

Nachdem das Markenerleben in den Filialen so optimiert war, wurde der Umbau der Filialen über eine TV-Kampagne kommuniziert (nach Maßgabe der Analyse ein äußerst wichtiger Kanal in der Kategorie, zudem notwendig zur Erzielung von Reichweite über die Stammkunden hinaus), um Kunden und vor allem potenzielle Kunden zu erreichen, die aufgrund ihres bestehenden Wahrnehmungsbildes von Takko ansonsten nicht in eine Filiale gekommen wären. Inhaltlich wurde der Ort der größten Veränderung zur Bühne für die TV-Spots der ersten Kampagne gemacht. Die Filiale bzw. die Renovierung der Filialen stand gepaart mit der Mode und der attraktiven Preise von Takko Fashion konsequent im

Vordergrund. Auch der gelbe Torbogen als integratives Element wurde prominent eingesetzt.

**Erfolg bemisst sich am Ergebnis.**

Die Investitionen zeigten Wirkung – sowohl das Markenerleben in der Filiale als auch im massenmedialen Kontaktpunkt TV konnte signifikant gesteigert werden.

Die Intensität und Qualität des Markenerlebens sowie die Effizienz der einzelnen Kanäle von Takko Fashion wurden in einem kontinuierlichen Markenerleben-Tracking überprüft. Die Längsschnitt-Analyse konnte die Steigerung des Anteils von Takko Fashion am gesamten Markenerleben der Kategorie nachweisen. Diese Steigerung des Markenerlebens manifestiert sich auch in der Erhöhung des tatsächlichen Marktanteils von Takko Fashion. So konnte Takko Fashion laut GfK Fast Track seinen Marktanteil in Deutschland in 2010 im Vergleich zum Vorjahr von 1,9 auf 2,3 % ausbauen.

Für die erfolgreiche Neuausrichtung platzierte sich Takko Fashion beim Marken-Award 2012 als einziger Fashion Retailer unter den letzten drei Top-Unternehmen in der Kategorie Marken-Relaunch.

Das Praxis Beispiel Takko Fashion macht deutlich:

**Das Markenerleben lässt sich messen, managen und maximieren. Das Markenerleben ist über die Dreiheit von Inhalt, Signal und Kanal ein wirkungsvoller Hebel zum Unternehmenserfolg.**

## 5.8   Der Markenerleben-Index

Das in den vorigen Abschnitten vorgestellte Markenerleben-Steuerungssystem ist ein relativ komplexes, strategisches System zur langfristigen Optimierung des Markenerlebens.

Der nachfolgend vorgestellte Markenerleben-Index ist dagegen ein neuartiger Indikator für Markenperformance, der schnell und kompakt Aufschluss gibt über das Erleben einer Marke aus Bezugsgruppensicht im Wettbewerbsvergleich.

Dem Markenerleben-Indikator liegen zwei für das Markenerleben zentrale Dimensionen zu Grunde, die Intensität und die Qualität des Markenerlebens (siehe auch Kap. 3).

Kombiniert man Intensität und Qualität, zeigt sich, dass beide Dimensionen durchaus unabhängig voneinander sind. Während die Telekom eine überdurchschnittliche Intensität des Markenerlebens erzielt, ist die Qualität klar unterdurchschnittlich. Intel hingegen erzielt eine überdurchschnittliche Qualität, aber nur eine unterdurchschnittliche Intensität. Intel sollte seine Erleben-Qualität besser kapitalisieren und die Marke klarer und stärker erlebbar machen (s. Abb. 5.10).

Interessant ist auch der Vergleich des Markenerlebens mit dem Vertrauen, das die Menschen einer Marke entgegenbringen. Eine hohe Intensität des Markenerlebens schafft noch kein Vertrauen, wie das Beispiel Facebook belegt (s. Abb. 5.11).

Erst wenn die Qualität des Markenerlebens in den Indikator einfließt, ergibt sich ein deutlicher Zusammenhang zum Markenvertrauen. Dieser Zusammenhang lässt sich sinn-

Quelle: MMS-Studie Markenerleben-Index, April 2012, n=600; Durchschnitte basieren auf Gesamtstudienwerten.

**Abb. 5.10**  Intensität und Qualität des Markenerlebens ausgewählter Marken

voll so interpretieren, dass ein starkes Markenerleben Voraussetzung ist für Markenver-trauen (s. Abb. 5.12).

Interessant sind vor allem die Ausreißer aus diesem Zusammenhang. Während Merce-des-Benz überproportional Vertrauen genießt, haben Marken wie Schlecker, Bild, oder Facebook deutlich Vertrauensdefizite relativ zu ihrem Markenerleben.

Dass Marken aus der digitalen Welt durchaus ein hohes Vertrauen bei den Menschen genießen können, zeigt das Beispiel Amazon. Amazon liegt bereits zum zweiten Mal in der jährlichen Studie zum Markenvertrauen von über 100 überprüften Marken auf Platz eins der Vertrauensskala (Musiol et al. 2012). Amazon macht offenbar vieles rich-tig, um das Vertrauen der Menschen zu erlangen und zu erhalten. Hierzu zählen enorme Transparenz, höchste Qualität bei allen Prozessen des Suchens, des Bestellens und der Abwicklung inklusive Rückgabe und eine ständige Erweiterung und Verbesserung des Angebots.

**In der Summe lässt sich festhalten, dass mit dem Markenerleben-Index ein einfach zu erhebender, aussagekräftiger Indikator zur Verfügung steht, der eine schnelle Eva-luation der Markenerleben-Performance einer Marke erlaubt.**

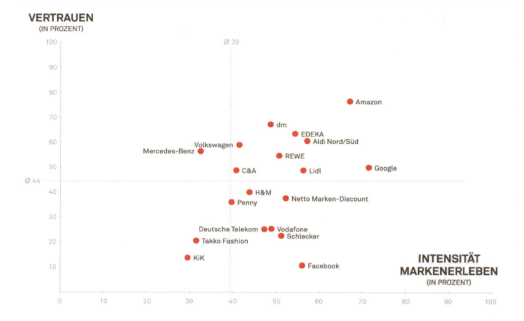

Quelle: MMS-Studie Markenerleben-Index, April 2012, n=600; Durchschnitte basieren auf Gesamtstudienwerten.

**Abb. 5.11** Vertrauen in die Marke und Intensität der Markenerlebens ausgewählter Marken

**Die wichtigsten Punkte dieses Kapitels im Überblick:**

- Das Erleben einer Marke durch den Menschen entsteht nicht allein kanalspezifisch, sondern ganzheitlich.
- Maßgeblich ist hierbei das Wirkgefüge der Markenerleben-Dreiheit aus Inhalten, Signalen und Kanälen.
- Basis für die erfolgreiche Steuerung des Markenerlebens ist die Markenerleben-Plattform.
- Jede Produktkategorie verfügt über unterschiedliche Relevanzhierarchien. Gemein ist allen, dass die 10 wichtigsten Kontaktarten bereits über 50 % des gesamten Markenerlebens ausmachen.
- Das Markenerleben als psychologischer Marktanteil steht in einem sehr engen Zusammenhang mit dem tatsächlichen Marktanteil.
- Das Markenerleben ist über die Dreiheit von Inhalt, Signal und Kanal ein wirkungsvoller Hebel zum Unternehmenserfolg.

Quelle: MMS-Studie Markenerleben-Index, April 2012, n=600; Durchschnitte basieren auf Gesamtstudienwerten.

**Abb. 5.12**   Vertrauen in die Marke und Qualität des Markenerlebens

Das Thema Markenerleben wird für lange Zeit ein zentrales Thema in der Markenführung bleiben. Wie sieht die Zukunft des Markenerlebens aus? Was wird Markenerleben im post-digitalen Zeitalter bedeuten? Natürlich können auch wir nicht in die Glaskugel schauen und die Zukunft sehen. Aber es erschien uns reizvoll und sinnvoll, sich Gedanken über Implikationen für die Zukunft zu machen, die im folgenden kurzen Kapitel dargestellt sind.

# Post-digital – die Zukunft des Markenerlebens! 6

Die Zukunft ist auch nicht mehr das, was sie einmal war.
   Karl Valentin

Nach dem Hype wird Digitalisierung allmählich zum Alltag für Menschen und Marken-verantwortliche. Digitale Anwendungen wie Apps, Cloud Computing, digitale Schauräu-me, Augmented Reality und NFC werden schon bald so alltäglich sein und zum Standard-repertoire der Markenführung gehören, dass wir sie kaum noch als etwas Besonderes wahrnehmen. Dutzende neue Technologien, die wir uns heute noch gar nicht vorstellen können, werden in den nächsten Jahren dazu kommen. Wer will ausschließen, dass nicht in wenigen Jahren ganz andere, bislang wenig diskutierte Möglichkeiten der Kommunika-tion anwendbar werden, wie zum Beispiel morphogenetische Felder, die eine völlig neue Dimension der Informationsübermittlung bedeuten?

Nur wenige Branchen werden von den umfassenden technologischen Veränderungen unberührt bleiben. Einer Studie der Economist Intelligence Unit (EIU) zu Folge glauben sechs von zehn Führungskräften weltweit, dass sich ihre Branche bis 2020 fast vollständig verändern wird (EIU 2011).

Für Digital Natives sind die Prozesse und Möglichkeiten der Digitalisierung völlig selbstverständlich in Arbeit und Freizeit integriert. Die nach 1980 geborenen Altersko-horten, die keine Welt ohne Laptop, Mobiltelefon und Internet kennen, sind die erste post-digitale Generation.

Post-digital heißt dabei nicht, dass digitale Technologien und digitale Medien keine Rol-le mehr spielen. Genau das Gegenteil ist der Fall: Post-Digitalismus beschreibt den Zustand der Gesellschaft nach der erfolgreichen Digitalisierung wesentlicher Lebensbereiche von der Wirtschaft über die Bildung und Kultur bis zur Politik. Das Digitale ist so normal ge-worden, dass wir nicht mehr darüber nachdenken.

Es stellt sich nicht die Frage, ob digital oder nicht, sondern welche der vielfältigen Mög-lichkeiten die richtigen sind für meine Bedürfnisse – ob als Privatperson oder Unterneh-

U. Munzinger und C. Wenhart, *Marken erleben im digitalen Zeitalter*,
DOI 10.1007/978-3-8349-3732-2_6,
© Springer Fachmedien Wiesbaden 2012

men. Was bleiben wird, ist der konstante Wandel. Willkommen in der Welt des fortwäh-
renden Beta-Tests!

Was wir heute Tag für Tag erleben, hätte für viele Menschen vor 20 Jahren wie Science
Fiction geklungen – und die Geschwindigkeit der technologischen Entwicklungen wird
sich in den nächsten Jahren nicht verlangsamen, sonder eher beschleunigen. Was das letztendlich für die Markenführung und das Markenerleben bedeutet, können wir heute nur
erahnen. Aber schon jetzt ist absehbar, dass sich der Kampf um Aufmerksamkeit weiter
verstärken wird. Immer mehr Prozesse und Entscheidungen werden in Echtzeit stattfinden und damit neue Anforderungen an Flexibilität und Globalität definieren.

Dabei dürfen wir aber auch nicht die dunklen Seiten vergessen. Die radikale Digitalisierung macht totale Überwachung ebenso möglich wie globale Cyber Wars mit fatalen
Folgen für alle Menschen. Die Geschichte lehrt, dass der Mensch bislang früher oder später
alle verfügbaren Technologien nutzt, um sie gegen sich selbst einzusetzen.

In einer Welt, die permanent digitaler und virtueller wird, gewinnen aber auch die physischen, sensorischen Begegnungen zwischen Menschen und Marken weiter an Bedeutung.
Die Möglichkeiten der Multisensorik für das Markenerleben sind heute noch nicht ansatzweise ausgeschöpft. In den nächsten Jahren werden daher immer mehr Unternehmen die
fünf Körpersinne gezielt einsetzen, um Markenerlebnisse zu schaffen, Marken so zu positionieren und einzigartig zu machen.

Das Markenerleben, verstanden als die Summe aller analogen und digitalen Begegnungen zwischen Menschen und Marken, wird deshalb auch im post-digitalen Zeitalter die
Leitwährung in der Markenführung bleiben. Unabhängig von den technologischen Möglichkeiten ist die Begegnung zwischen Menschen und Marken und das daraus resultierende
Markenerleben die entscheidende Größe für Begehrlichkeit und Präferenz.

Markenerleben ist durch Unternehmen und die Instrumente des Marketings zukünftig
immer weniger steuerbar, da es durch viele Kontakte entscheidend geprägt wird, die vom
Unternehmen nicht geplant oder kontrolliert werden können. Deshalb werden die Unternehmen gewinnen, die das Markenerleben in das Zentrum des Unternehmens rücken und
ihre Mitarbeiter befähigen, als Markenerleben-Botschafter zu agieren.

Der wirkliche Erfolgstreiber wird die Organisation. Das Thema Marke darf nicht im Silo
von Marketingabteilungen verwaltet werden, sondern muss auf der C-Ebene, d. h. im Top-
Management, verankert sein, damit eine Marke wirkungsvoll im Sinne der strategischen
Zielsetzung über alle steuerbaren Kontaktpunkte erlebt werden kann.

Die Marke bzw. das Markenerleben wird damit zum Gravitationszentrum, zum zentral
organisierenden Unternehmensgedanken mit Verantwortung für Schnittstellensteuerung.
Unternehmen, in denen Markenführung kein isoliertes Silo ist, sondern deren ganze Organisation Marke lebt, werden die Gewinner sein.

Nie hat Markenerleben mehr Zukunft gehabt als heute. Die Herausforderungen sind
groß, aber die Perspektiven für Unternehmen und Verantwortliche, die es verstehen, die
neuen Rahmenbedingungen für sich zu nutzen, sind großartig – eine spannende Zukunft
für Markenführung und Markenerleben.

# 11 goldene Regeln zum Markenerleben im digitalen Zeitalter

Die Grundsätze der Markenführung gelten auch im digitalen Zeitalter, müssen jedoch um zentrale Aspekte erweitert werden. Auch wenn sich weder heute noch im digitalen Zeitalter keine Marke durch das einfache Befolgen einiger Regeln führen lässt, möchten wir unsere Thesen und Erkenntnisse in Form von elf goldenen Regeln zusammenfassen:

1. Das Markenerleben ist die neue Leitwährung im digitalen Zeitalter. Je größer das Markenerleben einer Marke, desto größer der Markenerfolg.
2. Markenerleben entsteht über Markenerlebnisse an Kontaktpunkten über die Dreiheit von Inhalt, Signal und Kanal.
3. Das Markenerleben ist die Summe aller Begegnungen zwischen Mensch und Marke. Für Menschen gibt es nur eine Erlebenswirklichkeit, und die trennt nicht zwischen analog und digital, medial und non-medial, bewusst oder unbewusst.
4. Ziel der Markenführung ist es, dafür zu sorgen, dass das Markenerleben der Menschen intensiv und positiv ist. Nur dann werden Marken präferiert und können einen hohen Marktanteil erzielen.
5. Die passgenaue Auswahl der Kanäle und deren intelligente transmediale Verknüpfung verstärken den Effekt und die Effizienz und ermöglichen die optimale Investitionssteuerung in die Marke.
6. Signale sind die am stärksten unterschätzte Waffe im Kampf um die Gunst der Menschen. Idealerweise werden sie von einer Marke exklusiv benutzt und kommunizieren implizit und/oder explizit die Markenidee.
7. In einer zunehmend digitalen und virtuellen Welt kommt den physischen, multisensorischen Erlebnissen von Marken eine immer größere Bedeutung zu.
8. Jede Marke braucht eine zentrale Idee und Inhalte. Hieraus speisen sich Geschichten, die an unterschiedlichsten Kontaktpunkten von den unterschiedlichsten Bezugsgruppen erlebt und weitergetragen werden.
9. Nur was man messen kann, kann man auch managen. Deshalb muss das Markenerleben kontinuierlich gemessen werden, damit es gemanagt und maximiert werden kann.

U. Munzinger und C. Wenhart, *Marken erleben im digitalen Zeitalter*, DOI 10.1007/978-3-8349-3732-2_7, © Springer Fachmedien Wiesbaden 2012

10. Die größte Herausforderung liegt darin, Marken nützlich, interessant, einzigartig und widerspruchsfrei erlebbar zu machen.
11. Marke ist mehr als Marketing und betrifft das gesamte Unternehmen. Intelligent gesteuert trägt die Marke wesentlich zum Unternehmenserfolg bei.

# Nützliche und inspirierende Webseiten

brandchannel.com – reichhaltige Plattform rund um das Thema Branding von Interbrand, mit vielen interessanten Artikeln, Diskussionen und Kommentaren.

brandinfection.com – News zu allem, was die Werbewelt macht und was hip ist. Ein Anekdotenfundus.

brandrepublic.com – gutes Portal rund um die Themen Marken, Kommunikation, Werbung, Design, Research etc.

buzzmachine.com – Blog von Jeff Jarvis, Journalist und Blogger-Ikone der ersten Stunde.

cluetrain.com – immer wieder schön, die 95 Thesen; und mittlerweile auch das Buch kostenlos.

designmind.frogdesign.com – spannender Blog rund um Design und Innovation von Frogdesign.

dld-conference.com – Website der Konferenz (Digital Life Design) in München zu den Themen Innovation, digitale Medien, Kultur mit hochkarätigen globalen Rednern. Viele der spannenden Vorträge oder Interviews mit den Vortragenden online als Filmaufnahmen.

fastcompany.com – Online-Version der hochspannenden amerikanischen Zeitschrift rund um Technologie, Business und Design.

Forbes.com – Online-Version des amerikanischen Wirtschaftsmagazins. Vor allem die Gastkommentatoren und Autoren beleuchten immer wieder spannende Themen.

gruenderszene.de – News und Informationen aus der Welt der Gründer, Unternehmer und Start-ups.

U. Munzinger und C. Wenhart, *Marken erleben im digitalen Zeitalter*,
DOI 10.1007/978-3-8349-3732-2,
© Springer Fachmedien Wiesbaden 2012

hassenzahl.wordpress.com – toller und ausführlicher Blog zum Thema Experience Design mit viel wissenschaftlichem Background.

marketingscience.info – die Webseite des Ehrenberg-Bass-Institutes mit vertiefenden Informationen und Software zu den Gesetzen des Marketings.

markenlexikon.com – sehr gut gemachte Website zum Thema Marke und Markenkommunikation.

markpollard.net – toller Blog „Life. Then Strategy" des australischen Planners und Journalisten Mark Pollard inklusive vieler seiner Präsentationen auf Kongressen und Konferenzen oder Universitäten.

mashable.com – „The Social Media Guide"-Blog der Superlative (größter, bester, einflussreichster) von Pete Cashmore, der sich ursprünglich vorrangig auf Social Media fokussierte, inzwischen jedoch sämtliche digitale Themen abdeckt.

musiolmunzingersasserth.com/blog – hier widmen sich Markenberater unterschiedlichsten Phänomenen und Themen des Markenerlebens.

propagationplanning.com – Blog des amerikanischen Planners Griffin Farley rund um das Thema Engagement und Propagation Planning mit zahlreichen Artikeln, Links und Cases.

psfk.com – gute Quelle für Trends, Innovationen, neue Geschäftsmodelle in Europa, Asien und den USA.

http://russelldavies.typepad.com/– sehr inspirierender, manchmal auch kryptischer Blog der englischen Planning-Ikone Russel Davies.

sethgodin.typepad.com – Blog des populären Autors und Erfinders des Permission Marketing.

simon-law.com – Blog des englischen Planners Simon Law mit „sporadischen Gedanken zu Marken, Kommunikation, etc."

socialmediatoday.com – Online Community zum Thema Social Media mit vielen News, aber auch persönlichen Einschätzungen und Diskussionen zum Einsatz von Social Media für Marketing, PR, Werbung, etc.

ted.com – das Who is Who einflussreicher Redner und Vordenker. Ursprünglich von Richard Saul Wurman als elitäre Konferenz mit dem Schwerpunkt Technologie, Entertainment und Design gegründet, lassen sich auf der Website alle Vorträge seit 2006 als maximal 18-minütige Filmsequenzen betrachten. Das Motto der Vorträge: „Ideas worth spreading".

thecoolhunter.net – zeigt schön aufbereitet die neusten Styles und Trends in Mode, Musik, Urban Livin, Design und Kultur.

thewilderness.com – eine der ersten HTML5 Webseiten von Uwes Lieblingsband Band Arcade Fire, läuft besonders gut auf Chrome.

t3n.de – Online Magazin mit starkem technologischen Fokus mit News und Artikeln zu den Themen Open Source, Web 2.0, E-Commerce, TYPO3, CMS, PHP und Linux.

warc.com – Sehr reiche, allerdings kostenpflichtige Datenbank zum Thema Marke und Kommunikation. Zahlreiche Fallstudien zu fast allen Fragestellungen.

wired.com – Online-Version der legendären, begriff- und meinungsprägenden amerikanischen Zeitschrift. Pflichtlektüre der Nerds der ersten Stunde und aller, die früher als alle anderen wissen wollen, wie Technologie, Kultur, Wirtschaft und Politik beeinflussen wird. Legendär auch der Chefredakteur Chris Anderson.

# Inspirierende Veranstaltungen

Battle of big thinking – jährlich von der APG in London (mittlerweile auch in Sydney) stattfindender Wettstreit, bei dem 15 Referenten (über 15 Kategorien) mit ihren neuen Ideen, inspirierenden Gedanken rund um das Thema Marken und Kommunikation gegeneinander antreten, um vom Publikum als „Biggest Thinker" gewählt zu werden.

DLD und DLD Women – Hochkarätig und international besetzte Konferenzen in München zu den Themen Innovation, digitale Medien, Kultur (Digital Life Design).

Viele der spannenden Vorträge oder Interviews mit den Vortragenden online.

dmexco („Digital Marketing Exposition & Conference") – seit 2009 einmal im Jahr stattfindende Fachmesse für digitales Marketing und Werbung in Köln.

2011 fand unter dem Motto „Ubercloud – the visible mass of digital creativity" ein Konferenztag vorab statt, an dem spannende Referenten die Herausforderungen für Kreative diskutierten. Einige der Vorträge lassen sich unter http://www.youtube.com/user/dmexcovideo online anschauen.

Next Berlin – von der Digitalagentur SinnerSchrader seit 2006 veranstaltete Konferenz rund um digitale Zukunftsthemen. Viele Vorträge auch online unter http://nextberlin.eu/.

Republica – seit 2007 jährlich im Frühling stattfindende Konferenz in Berlin rund um das Web 2.0, speziell Weblogs, soziale Medien und die Digitale Gesellschaft. An drei Tagen werden in Vorträgen und Workshops verschiedenste Themenfelder behandelt, von Medien und Kultur über Politik und Technik bis zu Entertainment. Alle Vorträge und Diskussionsrunden werden als Videostream live auf http://re-publica.de übertragen. Viele Vorträge auch in Online-Archiv.

TEDx conferences – lokale, nach dem Vorbild der amerikanischen TED conferences konzipierte Veranstaltungen. In Deutschland beispielsweise in Berlin http://tedxberlin.de/ und Hamburg http://tedxberlin.de/

# Glossar

**Bezugsgruppen** Die relevanten internen und externen Stakeholder bzw. Zielgruppen, mit denen Unternehmen und Marken in Beziehung treten und kommunizieren. Die Markenerleben-Dreiheit gilt für alle Bezugsgruppen einer Marke, und im Rahmen der Implementierung werden die bezugsgruppenspezifischen Nutzen und Implikationen abgeleitet und definiert. Es lassen sich 12 prototypische Bezugsgruppen unterscheiden. Intern: Führung, Management, Mitarbeiter, Vertrieb, institutionelle Vertreter, Multiplikatoren, Vertrieb; Extern: Kunden, Nicht-Kunden, Partner, kritische Öffentlichkeit/Multiplikatoren/Medien, potenzielle Mitarbeiter/High Potentials, Financial Community. Die jeweiligen Bezugsgruppen müssen für jede Marke bzw. jedes Unternehmen spezifiziert und priorisiert werden.

**Größe des Markenerlebens** Die Größe des Markenerlebens ist das Ergebnis der Kanalrelevanz multipliziert mit den Häufigkeiten der Assoziationen über alle Kanäle. Das Markenerleben entspricht (empirisch validiert) der Größe im Markt: je größer das Markenerleben, desto größer der Marktanteil.

**Inhalte** Inhalte sind eine Komponente der Markenerleben-Dreiheit, die eine Marke definiert. Es lassen sich harte Inhalte (faktische Leistungen) und weiche Inhalte (Werte und Charakter) unterscheiden.

**Intensität des Markenerlebens** Jedes Markenerleben hat eine bestimmte Intensität und reicht von „sehr intensiv erlebt" bis „überhaupt nicht erlebt".

**Kalibrierung** Die Kalibrierung ist die Ermittlung der Relevanz von Kanälen. Hierbei wird aus den drei Dimensionen Information (kognitiv), Attraktivität (affektiv) und Verhaltensrelevanz (konativ) die Kanalrelevanz (KR) bestimmt. Die Kalibrierung findet in zwei Schritten statt: Identifikation relevanter Kanäle mittels qualitativer (interner) Interviews und (externer) Fokusgruppen und quantitativer Kanalrelevanzbestimmung mittels einer Online-Studie.

**Kanäle** An den Kontaktpunkten zwischen Menschen und Marke werden über unterschiedliche Kanäle Inhalte und Signale transportiert.

**Kanalrelevanz** Die Relevanz von Kanälen unterscheidet sich teilweise erheblich von Kategorie zu Kategorie. Die Relevanz eines Kanals wird mit Hilfe der drei

Dimensionen Information (Wie gut informiert ein Kanal über eine Marke/ein Unternehmen und deren Produkte und Services?), Attraktivität (Wie attraktiv erscheint eine Marke/ein Unternehmen und deren Produkte und Services über einen bestimmten Kanal?) und Verhaltensrelevanz (Wie relevant ist ein Kanal für die Kaufentscheidung?) ermittelt.

**Kontaktpunkte** Kontaktpunkte stellen die räumlich-zeitliche Komponente von Kanälen dar. Einzelne Kanäle lassen sich unter Kontaktpunkte gruppieren. Kontaktpunkte ergeben sich aus dem situativen Kontext der Menschen, wie z. B. am Point of Sale, zu Hause, im Auto unterwegs oder aus der Gruppierung von Werbemittelarten, wie Massenmedien, Online, Sponsoring etc.

**Markenerleben** Das Markenerleben ist die Summe aller Begegnungen zwischen Menschen und Marken. Das Markenerleben speist sich aus vielen individuellen Markenerlebnissen und hat vier Dimensionen: 1. Inhalte und Signale definieren das Markengedächtnis. 2. Das Markensoma drückt die Qualität des Markenerlebens (von positiv bis negativ) als spontane emotionale Reaktion aus. 3. Zudem besitzt das Markenerleben eine spezifische Intensität. 4. Das Markenerleben als psychologischer Marktanteil korreliert dabei äußerst hoch (Ø r = 0.8–0.9) mit dem tatsächlichen Marktanteil: je größer das Markenerleben, desto größer der Marktanteil. Jedes Markenerleben hat also einen Inhalt, eine Qualität, eine Intensität und eine Größe.

**Markenerlebnis** Markenerlebnisse entstehen über bewusste oder unbewusste Wahrnehmungen von Markeninhalten und -signalen über Kanäle an Kontakt-punkten. Wird eine Marke im Moment des Erlebnisses als nützlich, interessant, einzigartig erlebt und fügt sich dieses Erlebnis widerspruchsfrei in die Gesamtwahrnehmung der Marke, wirkt sich dies positiv auf die vier Dimensionen des Markenerlebens aus.

**Markenerleben-Steuerungssystem (MES)** MES ist ein proprietäres, iteratives und interaktives Markensteuerungssystem und fundierte Grundlage für strategische Investitionsentscheidungen. MES ist ein Input (Investment)/Output (Markenerlebnis-)System mit Evaluations- und Steuerungsmodulen. Ausgangspunkt sind die Investitionen in die Marke. Diese manifestieren sich in den Markenerlebnissen an den Kontaktpunkten zwischen Marke und Mensch. Diese summieren sich zum Markenerleben, das Markenpräferenz steuert und sich in Marktanteilen manifestiert. Durch die Relationen von Input (Investment) und Output (Markenerlebnis) lassen sich klare Return-on-Brand-Investment-Berechnungen durchführen. Zusätzlich wird die (längerfristig stabile) Markenstärke erhoben und in Beziehung zu den anderen Steuerungsgrößen gesetzt.

**Markenerleben-Dreiheit** Die Markenerleben-Dreiheit ist die strategische Grundlage zur Steuerung des Markenerlebens und definiert die zentralen Inhalte, Signale und Kanäle einer Marke, als Ausgangsbasis für die Entwicklung der Markenerlebnisse an konkreten Kontaktpunkten.

**Markenerleben-Plattform** Die Markenerleben-Plattform ist das Herz der Markenstrategie und somit die Basis für die Entwicklung und Steuerung von Marken. Die Markenerleben-Plattform enthält Markenvision, Markenmission, Markengeschichte und die Markenerleben-Dreiheit.

**Markengedächtnis** Das Markengedächtnis ist eine überaus komplexe Mischung aus konkreten Assoziationen als Ergebnis aller bewussten und unbewussten Begegnungen mit einer Marke. Das Markengedächtnis hat keine bestimmte Struktur oder Ordnung und kann über jedes Markensignal aktiviert werden.

**Markenpräferenz** Die Markenpräferenz, d. h. das Bevorzugen einer bestimmten Marke in einer Entscheidungssituation, basiert auf positivem Markenerleben bzw. Markensoma.

**Markensoma** Das Markensoma drückt die Qualität des Markenerlebens (von positiv bis negativ) als spontane emotionale Reaktion aus.

**Markenstärke** Die Markenstärke ist die langfristig stabile Messgröße einer Marke, die aus der Markenpräferenz ent-

steht, wenn die Marke als sympathisch, einzigartig und vertraut wahrgenommen wird.

**Qualität des Markenerlebens** Die Qualität des Markenerlebens (auch Markensoma genannt) drückt die bewertende Richtung des Markenerlebens (von positiv bis negativ) als spontane emotionale Reaktion aus, wenn das Markengedächtnis aktiviert wird.

**Signale** Signale sind besonders zum impliziten Transport von Inhalten (Informationen und Emotionen) geeignet. Gegenüber abstrakter Information, wie gedruckten Worten oder Sprache, die nur explizit, mit willentlicher Anstrengung bewusst verarbeitet werden kann, besitzen konkrete Signale zahlreiche Vorteile. Markensignale funktionieren wie ein Schlüssel zum Öffnen einer Tür, hinter der unser gesamtes Markengedächtnis sowie das Markenerleben abgespeichert sind.

# Literaturverzeichnis

Aaker, D. A. 2004. *Brand Portfolio Strategy: Creating Relevance, Differentiation, Energy, Leverage, and Clarity*. New York: Free Press.

Absatzwirtschaft: Marken, Sonderausgabe zum Marken-Award 2008 (2008)

Absatzwirtschaft: Sonderheft 2009 (2009)

Absatzwirtschaft: Digitale Markenführung. Wer führt die Marke? Ausgabe Marken, 34 (2011)

Adamson, A. P. und M. Sorrell. 2007. *BrandSimple: How the Best Brands Keep it Simple and Succeed*. New York: Palgrave Macmillan.

Admap 10/2011, 8. London (2011)

Admap 2/2012, 13. London (2012)

Albers, M. 2010. *Meconomy. Wie wir in Zukunft leben und arbeiten werden – und warum wir uns jetzt neu erfinden müssen*. Berlin: Epubli.

Albers, M. 2011. Huch, die sprechen mit mir. *Brandeins* 2011(5): 54–59.

Anderson, C. 2006. *The Long Tail: Why the Future of Business is Selling Less of More*. New York: Hyperion.

Anderson, C. 2009. *Free. The Future of a Radical Price*. New York: Hyperion.

ARD/ZDF-Onlinestudie 2011

Baezgen, A. 2011. Drachen, Donuts, Diamanten. Die Wissenschaft und Kunst guter Markenmodelle. In *Brand Planning: Starke Strategien für Marken und Kampagnen*, Hrsg. A. Baezgen, 101–117. Stuttgart : Schäffer Poeschel.

Bauer, F.: Preisforschung ist ein riskantes Thema. planung-analyse.de. http://www.planung-analyse.de/news/pages/protected/show.php?id=3703&sortierid=1&currPage=2&timer=-1&params=1 (2010). Zugegriffen: 27. September 2010

Baumann, S.: Dresdner Future Talks 2010: Was kommt nach dem digitalen Zeitalter? Interview anlässlich des 3. Dresdner Zukunftsforums. Dresdner Zukunftsforum. http://www.dresdner-zukunftsforum.de/blog/2011/05/23/was-kommt-nach-dem-digitalen-zeitalter/(2010). Zugegriffen: 16. April 2012

Botsman, R. und R. Rogers. 2010. *What's Mine Is Yours: The Rise of Collaborative Consumption*. New York: HarperCollins.

BBDO: Der Wandel zum Handel – Facebook auf den Spuren des Kommerz. BBDO. http://www.bbdo.de/cms/de/news/2011/2011_09_09html (2011). Zugegriffen: 12. Februar 2012

Berdi, C. und K. Howaldt. 2009. *Brand Excellence: Zehn Jahre Marken-Award: Lernen Sie von den Gewinnern!* Düsseldorf: Verlagsgruppe Handelsblatt.

BITKOM Bundesverband Informationswirtschaft, Telekommunikation und neue Medien e. V.: Soziale Netzwerke. Eine repräsentative Untersuchung zur Nutzung sozialer Netzwerke im Internet. http://www.bitkom.org/de/publikationen/38338_69029.aspx (2012). Zugegriffen: 12. Februar 2012

Bishop, T.: Study: „App Economy" has created 466,000 U.S. jobs — like a 21st Century construction sector. Geekwire.
http://www.geekwire.com/2012/study-app-economy-created-466000-jobs-2007/ (2012). Zugegriffen: 07. Februar 2012

Brandmeyer, K., P. Pirck, A. Pogoda, und C. Prill. 2008. *Marken stark machen: Techniken der Markenführung*. Weinheim: Wiley-VCH.

Bruce, D. und D. Harvey. 2009. *Brand Enigma: Decoding the Secrets of your Brand*. Chichester: John Wiley & Sons.

Burns, W.: Vertical Brands Crash. Horizontal Brands Fly. All You Have to Do Is Ask. Forbes Blogs/Will Burns. http://www.forbes.com/sites/willburns/2012/01/17/vertical-brands-crash-horizontal-brands-fly-all-you-have-to-do-is-ask/(2012). Zugegriffen: 17. Januar 2012

Campillo-Lundbeck, S.: McDonald's erklärt Crowdsourcing zum wichtigen Aspekt seines Marketings. Horizont.net.
http://www.horizont.net/aktuell/marketing/pages/protected/McDonald%92 s-erklaert-Crowdsourcing-zum-wichtigen-Aspekt-seines-Marketings_105799.html      (2012).      Zugegriffen: 16. Februar 2012

Chattopadhyay, A.: Results of the validation study undertaken for Integration and Young & Rubicam. Integration. http://www.integration-imc.com/pdf/Insead%20validation%20report.pdf (2001). Zugegriffen: 01. Mai 2011

Chevalier, M. und G. Mazzalovo. 2008. *Luxury Brand Management: A World of Privilege*. Singapur: John Wiley & Sons.

Cook, W.A.: An ARF Research Review of Integration Marketing & Communications Limited's Market Contact Audit Methodology. Integration.http://s3.amazonaws.com/thearf-org-auxassets/downloads/research/ARF_Review_Integration_MCA.pdf (2007). Zugegriffen: 01. Mai 2011

Czotscher, E.: Kundenbeirat – Ein strategisches Instrument zur
Unternehmensentwicklung. Musiol Munzinger Sasserath, Deutsche Postbank & F.A.Z.-Institut (Hrsg.), Frankfurt am Main. (2011)

Damasio, A. R. 1994. *Descartes' Error*. New York: Avon.

Damasio, A. R. 1999. *The Feeling of What Happens: Body and emotion in the making of consciousness*. Orlando: Harcourt Brace.

Dhar, M. 2007. *Brand Management 101: 101 Lessons from Real-World Marketing*. Singapur: John Wiley & Sons.

Deichsel, A. und M. Schmidt. 2008. *Jahrbuch Markentechnik 2008/2009: Markenherausforderung – Markenwelt – Markentechnik – Markentheorie – Horizonte*. Frankfurt am Main: Deutscher Fachverlag.

Deloitte: Killer Apps? Appearance isn't everything. Deloitte. http://www.deloitte.com/view/en_GB/uk/industries/tmt/0b63f9b5440c0310VgnVCM2000001b56f00aRCRD.htm (2011). Zugegriffen: 12. Februar 2012

Deutsche Telekom AG 2011. *Brand Driven Change*. Hamburg: Hoffmann und Campe.

Deutsches Patent- und Markenamt 2009. *Jahresbericht 2008*. München.

Dobberstein, A., K. G. Musiol, und A. Nolte. 2011. Customer Intelligence als Grundlage für den Erfolg im Markt am Fallbeispiel Takko Fashion. *transfer* 2011(2): 42–48.

Domizlaff, H. 2005. *Die Gewinnung des öffentlichen Vertrauens. Ein Lehrbuch der Markentechnik*, 7. Aufl. Hamburg: H. Dulk.

DuPlessis, E. 2005. *The advertised mind*. London: Kogan Page.

DuPlessis, E. 2005. Advertisers' new insight into the brain. *Admap* 2005(05): 20–23.

Econimist Intelligence Center 2011. *The future of technology disruptions in business*. London.

Esch, F. R. und W. Armbrecht. 2008. *Best Practice der Markenführung: Zielsetzung – Strategie – Umsetzung*. Wiesbaden: Gabler.

Farley, G.: Lessons in propagation planning. Slideshare. http://www.slideshare.net/griffinfarley/lessons-in-propagation-planning-2009 (2009). Zugegriffen: 01. April 2012

Farley, G.: www.propagationplanning.com Zugegriffen: 15. Januar 2012

Feldwick, P.: Exploding The Message Myth. Thinkbox. http://www.thinkbox.tv/server/show/nav.1015 (2011). Zugegriffen: 30. März 2012

Florack, A., M. Scarabis, und E. Primosch. 2007. *Psychologie der Markenführung*. München: Vahlen.

Fischer, G. 2012. Editorial. *Brand Eins* 2012(2): 4.

Fittkau & Maaß: W3B-Report zu Social Web und F-Commerce. http://www.w3b.org/e-commerce/einkaufen-auf-facebook-unattraktiv.html (2011). Zugegriffen: 23. Februar 2012

FOCUS Online: Meine Zahnpasta habe ich hochgestuft. http://www.focus.de/finanzen/news/wirtschaft-meine-zahnpasta-habe-ich-hochgestuft_aid_595252.html (2011). Zugegriffen: 10. Mai 2012

Franzen, G. und M. Bouwman. 1999. *The Mental World of Brands: Mind, Memory and Brand Success*. Trowbridge: Cromwell Press.

GEM 2009. Marken im Einfluss des Internet. *Markendialog* 2009: 03.

Gobe, M. 2010. *Emotional Branding: The New Paradigm for Connecting Brands to People*. New York: Allworth Press.

Godin, S. 2005. *Purple Cow*. London: Penguin.

Godin, S.: Five easy pieces. Seth Godin's Blog. http://sethgodin.typepad.com/seths_blog/2008/06/five-easy-piece.html (2008). Zugegriffen: 28. Juni 2008

Google Deutschland, Bundesverband Digitale Wirtschaft (BVDW): Mobile Research 2011. http://bvdw.org/presseserver/bvdw_mobile_research/Mobile_Research.pdf (2011). Zugegriffen: 03. März 2012

Gigerenzer, G. 2007. *Bauchentscheidungen. Die Intelligenz des Unbewussten und die Macht der Intuition*. München: Goldmann.

Grant, J. 2006. *The Brand Innovation Manifesto*. Chichester: John Wiley & Sons.

GWA: Der Chef kommt. Effie-Gewinner Fallbeschreibung Chefticket auf Facebook. GWA. http://www.gwa.de/images/effie_db/2011/effie4press2011/Der-Film.pdf (2011). Zugegriffen: 12. Februar 2012

Haig, M. 2004. *Die 100 größten Marken-Flops*. München: mi-Verlag.

Haque, U.: The Generation M Manifesto. Havard Business Review Blog Network. http://blogs.hbr.org/haque/2009/07/today_in_capitalism_20_1.html (2009). Zugegriffen: 08. Juli 2009.

Haque, U. 2011. *Betterness: Economics for Humans*. Boston: Harvard Business Press Books.

Hassenzahl, M. 2003. The thing and I: understanding the relationship between user and product. In

*Funology: From Usability to Enjoyment*, Hrsg. M. Blythe, C. Overbeeke, A. F. Monk, P. C. Wright, 31–42. Dordrecht: Kluwer Academic Publishers.

Hassenzahl, M. 2010. *Experience Design: Technology for All the Right Reasons*. San Francisco: Morgan & Claypool.

Hassenzahl, M.: Aesthetic of Friction. Vortrag auf der TEDx Utrecht am 08.11.2012. http://hassenzahl.wordpress.com/2011/11/24/aesthetic-of-friction-tedx-utrecht/ (2012). Zugegriffen: 04. April 2012

Hassenzahl, M. 2012. Momente des Glücks. *Gehirn&Geist. Das Magazin für Psychologie und Hirnforschung* 2012(1–2): 21–24.

Hatt, H. und R. Dee. 2008. *Das Maiglöckchen-Phänomen. Alles über das Riechen und wie es unser Leben bestimmt*. München: Piper Verlag.

Heath, R. 2001. *The Hidden Power of Advertising: How low involvement processing influences the way we choose brands*. Henley-on-Thames, Oxfordshire: Admap.

Heath, R. 2006. Emotional persuasion. *Admap* 2006( 7-8): 37–39.

Hellmann, K.-U.: Marken und ihre Anhänger. Zur Subkultur von Markengemeinschaften. Publikation des IKM, Institut für Konsum- und Markenforschung. http://www.markeninstitut.de/fileadmin/user_upload/dokumente/Subkultur.pdf (2011). Zugegriffen: 13. Juni 2011

Heuzeroth, T.: Wir haben einen Baum gebaut, der Nachrichten schickt. Die Welt, 27. Februar 2012, 14 (2012)

Hüther, G.: Wie Medienkonsum die Gehirnentwicklung bei Kindern beeinflusst. GEOkompakt 17 Kinder. http://www.gerald-huether.de/populaer/veroeffentlichungen-von-gerald-huether/zeitschriften/geo-kompakt-interview-gerald-huether/index.php (2008). Zugegriffen: 15. Juni 2011

Integration: The Emergence and Rise of Digital Contacts. Nicosia (Cyprus). Integration™-IMC (Hrsg.) (2012)

Integration: What is the MCA? Integration. www.integrationimc.com/Mca-Calibration.asp (2001). Zugegriffen: 1. Mai 2011

Isakson, P.: Modern Brand Building. http://www.slideshare.net/paulisakson/modern-brand-building-presentation (2008). Zugegriffen: 03. November 2011

Joachimsthaler, E. 2008. *Marketing auf Innovationskurs*. München: mi Verlag.

Keller, K. 2007. *Best Practice Cases in Branding*. Upper Saddle River, NJ: Prentice Hall.

Kilian, K. 2010. Multisensuales Marketing: Marken mit allen Sinnen erlebbar machen. *transfer* 04: 42–48.

Kilian, K. 2008. Vom Erlebnismarketing zum Markenerlebnis. In *Schauplätze dreidimensionaler Markeninszenierung*. Edition Neues Fachwissen, Hrsg. N. O. Herbrand Stuttgart: Edition Neues Fachwissen GmbH.

Kilian, K. 2007. Multisensuales Markendesign als Basis ganzheitlicher Markenkommunikation. In *Psychologie der Markenführung*, Hrsg. A. Florack, M. Scarabis, E. Primosch München: Vahlen.

Koch, K. D. 2009. *Was Marken unwiderstehlich macht: 101 Wege zur Begehrlichkeit*. Zürich: Orell Füssli.

Koch, K. D. 2007. *Reiz ist geil. In 7 Schritten zur attraktiven Marke*. Zürich: Orell Füssli.

Leadbeater, C. 2008. *We-think. Mass innovation, not mass production*. London: Profile Books.

Leberecht, T.: Markenstrategien im Umbruch. Leitfaden für eine humanere Ökonomie. Süddeutsche

Zeitung 27.01.2012. http://www.sueddeutsche.de/kultur/markenstrategien-im-umbruch-leitfaden-fuer-eine-humanere-oekonomie-1.1268642 (2012). Zugegriffen: 28. Januar 2012

Leberecht, T.: Wanted: Chief Meaning Officer. How the new social power of marketing can transform business. Designmind. http://designmind.frogdesign.com/articles/power/wanted-chief-meaning-officer.html (2009). Zugegriffen: 15. Dezember 2011

LeDoux, J. 1996. *The Emotional Brain: The mysterious underpinnings of emotional life*. New York: Simon & Schuster.

Levine, R., C. Locke, D. Searls, und D. Weinberger. 1999. *The Cluetrain Manifesto. The end of business as usual*. New York: Perseus Publishing.

Lewis, R. W. 1996. *Absolut Book*. Boston: Journey Editions.

Li, C. und J. Bernoff. 2008. *Groundswell: winning in a world transformed by social technologies*. Boston: Harvard Business Press.

Lindstrom, M. 2008. *Buy-ology*. New York: Doubleday.

Lindstrom, M. 2008. *Brand Sense. Warum wir starke Marken fühlen, riechen, schmecken, hören und sehen können*. Frankfurt am Main: Campus.

Mandese, J. 2011. Fool's Gold. *Admap* 2011(10): 17.

Markant, und Pfäffikon. 2012. *Die Zukunft der Marke, die Marke der Zukunft*. Gaggenau: Medialog.

McCarthy, J. 1960. *Basic Marketing: A managerial approach*. Illinois: Homewood.

McLuhan, M. und Q. Fiore. 1967. *The Medium is the Message: An inventory of effects*. London: Penguin.

Meffert, H., C. Burmann, und M. Koers. 2005. *Markenmanagement: Identitätsorientierte Markenführung und praktische Umsetzung. Mit Best-Practice-Fallstudien*. Wiesbaden: Gabler.

Multipara: Ryoji Ikeda: Von den Socken. De:Bug. http://de-bug.de/mag/8411.html (2011). Zugegriffen: 20. Juni 2011

Munzinger, U. und H. Scholz. 2011. Das Markenerleben. Die neue Leitdimension in der Markenführung. *planung & analyse* 2011(4): 28–32.

Munzinger, U. 2011. Erlebnis bringt Ergebnis. *Markenartikel* 2011(9): 22–24.

Munzinger, U. und K. G. Musiol. 2008. *Markenkommunikation*. München: mi Verlag.

Munzinger, U., M. Sasserath, und K. G. Musiol. 2010. *Im Zeitalter der Supermarken. Neue Paradigmen der Markenführung*. München: mi Verlag.

Musiol Munzinger Sasserath. 2011. *Markenvertrauen in Deutschland 2011*. Berlin.

Musiol Munzinger Sasserath. 2012. MMS macht Schule! – mit Willi Schalk und Uli Wiesendanger. Über Gauklertum und die Besinnung auf das Wesentliche. Interview mit Uli Wiesendanger. Musiol Munzinger Sasserath. http://www.musiolmunzingersasserath.com/blog/?p=4585 (2012). Zugegriffen: 14. April 2012.

Musiol Munzinger Sasserath. 2009c. *Poke, add, tweet – und alle haben dich lieb! Ethnografische Studie zum Phänomen sozialer Netzwerke und der Rolle, die Marken dabei spielen*. Berlin.

Neumeier, M. 2006. *The Brand Gap*. Berkley: Peachpit.

Negroponte, N.: Beyond Digital. Wired. http://www.wired.com/wired/archive/6.12/negroponte.html (1998). Zugegriffen: 05. Dezember 2011

Nitschke, D. 2011. Ich war Tarzan. Plädoyer für die Marke als lernendes System und eine kreative, interaktive und empathische Markenarbeit. In *Brand Planning: Starke Strategien für Marken und Kampagnen*, Hrsg. A. Baezgen, 65–78. Stuttgart : Schäfer Poeschel.

Ohnemus, R.: Was ist wirksamer: Explizite oder Implizite Kommuniktion? Oder warum Sie lieber nicht zu „limbic" denken sollten. K&A Brand Research (2011 a)

Ohnemus, R. 2011. Mehr Markenkraft mit Brand Salience. *planung & analyse* 2011(4): 41–44.

Orwell, G. 2012. *1984*. London: Penguin.

Page, G. 2010. How to get the best out of neuromarketing. *Admap* 2010(1): 20–21. Henley-on-Thames, Oxfordshire

Pöppel, E.: Brand and Brain – Der faszinierende Weg von der Hirnforschung zur Markenführung. Vortrag auf dem 12. ICON Congress, Nürnberg (2004)

Pradeep, A. K. 2010. *The Buying Brain: Secrets for Selling to the Unconscious Mind*. Hoboken: Wiley.

*Research & Results 3/2011, 48 (2011)

Reicke, N. 2011. Kundenbeiräte: Ein vielversprechendes Konzept zur strategischen Unternehmensentwicklung. *planung & analyse* 2012(2): 12–13.

Rigby, D. 2012. Die Zukunft des Einkaufens. *Harvard Business Manager* 2012(3): 24–35.

Roberts, K. 2008. *Der Lovemarks-Effekt. Markenloyalität jenseits der Vernunft*. München: mi Verlag.

Rosen, E. 2002. *The Anatomy of Buzz. How to Create Word-of-Mouth-Marketing*. New York: Currency Doubleday.

von Rosenstiel, L. und P. Neumann. 1998. *Einführung in die Markt- und Werbepsychologie*. Darmstadt: Wissenschaftliche Buchgesellschaft.

Scheier, C. und D. Held. 2006. *Wie Werbung wirkt: Erkenntnisse des Neuromarketing*. München: Haufe.

Scheier, C. und D. Held. 2009. *Was Marken erfolgreich macht: Neuropsychologie in der Markenführung*. München: Haufe.

Scheier, C., D. Bayas-Linke, und J. Schneider. 2010. *Codes: die geheime Sprache der Produkte*. München: Haufe-Lexware.

Schlie, E., J. Rheinboldt, und N. Waesche. 2011. *Simply Seven: Seven Ways to Create a Sustainable Internet Business*. Basingstoke: Palgrave Macmillan.

Schirrmacher, F.: Keynote bei der Verleihung des Horizont Awards am 18.01.2012 in Frankfurt am Main. Horizont. http://www.horizont.net/video/webtv/index.php?mivstoredata= 49326ca17dYToyOntzOjc6ImNtZF92aWQiO2k6MTM0MjQ4O3M6MTE6ImNtZF9leGVjdXRlIjtp OjE7f.Q%2C%2C (2012). Zugegriffen: 25. Januar 2012

Schulberg, J., S. Taibi, und B. Hogya. 1998. *The Milk Mustache Book: A Behind-The-Scenes Look at America's Favorite Advertising Campaign*. New York: Ballantine Books.

Schwarz, J. O. und F. Liebl. 2011. Quellcode der Zukunft. *GDI_impuls* 2011(4): 82–87.

Sharp, B. 2010. *How brands grow: what marketers don't know*. Oxford: Oxford University Press.

Shirky, C. 2008. *Here comes everybody. The power of organizing without organizations*. New York: The penguin press.

Spiegel Online: Start-up Gründungsstorys. Berlin ist roh und direkt. http://www.spiegel.de/netzwelt/ web/0,1518,793961,00.html (2011). Zugegriffen: 02. November 2011

Spitzer, M.: Der Preis des Multitaskings – Wie unser Gehirn mit der digitalen Welt umgeht. Vortrag anlässlich des Wiesbadener Media & Marketing Kongress 2011. Media Treff. http://www.media-treff. de/index.php/2011/08/03/prof-manfred-spitzer-zu-den-auswirkungen-von-multitasking/(2011). Zugegriffen: 12. Februar 2012

Spitzer, M. 2011. Einkaufszentren im Gehirn. In *Verbraucherintelligenz. Kunden in der Welt von morgen*, Hrsg. M. Freytag, 66–78. Frankfurt am Main: FAZ Buch.

Springer, C. 2008. *Multisensuale Markenführung: eine Analyse unter besonderer Berücksichtigung von Brand Lands in der Automobilwirtschaft*. Wiesbaden: Gabler.

Statista: Statistiken zum Online-Versandhaus Amazon. Statista. http://de.statista.com/themen/757/amazon/(2011). Zugegriffen: 12. Januar 2012

Toffler, A. 1991. *Powershift. Knowledge, Wealth, and Violence at the Edge of the 21st Century*. New York: Bantam Books.

VIR Marktforschung: Marktspiegel zum Online Reisemarkt: Daten & Fakten zu Online-Reisen. VIR Marktforschung. http://www.v-i-r.de/vir-marktforschung (2012). Zugegriffen: 20. Februar 2012

Visnyei, U. und C. Wenhart. 2002. Der Einzelhandel in Zeiten zunehmender Mobilität. In *Studienreihe Mobility*, Hrsg. Publicis Sasserath, F.A.Z.-Institut. Frankfurt am Main: F.A.Z.-Institut.

WallDecaux 2011. *Anytime, anyplace, OoH. Studie zur Rolle von Außenwerbung im mobilen Webzeitalter*. Berlin.

Watzlawick, P. 1976. *Wie wirklich ist die Wirklichkeit?* München: Haufe.

Wegelin, W.: Interview with David Droga. Waldemar Wegelin. http://creativeinlondon.blogspot.de/2010/03/interview-with-david-droga.html (2010). Zugegriffen: 22. Februar 2012

Wenhart, C. 2011. Mehr Menschlichkeit im Marketing. In *Verbraucherintelligenz. Kunden in der Welt von morgen*, Hrsg. M. Freytag, 60–69. Frankfurt am Main: FAZ Buch.

Wenhart, C. und M. Sasserath. 2011. Markenerleben – Leitdimension der umsetzungsorientierten Markenführung, oder: Warum nur ein positives Markenerleben zum Erfolg führt. In *Brand Planning: Starke Strategien für Marken und Kampagnen*, Hrsg. A. Baezgen, 229–245. Stuttgart: Schäffer Poeschel.

Williams, A. D. und D. Tapscott. 2009. *Wikinomics. Die Revolution im Netz*. München: Hanser.

# Sachverzeichnis

# Die Autoren

**Uwe Munzinger** ist führender Experte zu allen Fragen der Markenkommunikation und der strategischen Markenführung. Er ist Geschäftsführer der Musiol Munzinger Sasserath GmbH, einer Gesellschaft für Markenberatung und Markenentwicklung, sowie geschäftsführender Gesellschafter der Supermarque GmbH, die auf Beteiligungen an Unternehmen aus den Bereichen Markenberatung und Kommunikation spezialisiert ist.

Von 1996 bis 2006 war Uwe Munzinger Geschäftsführer und Gesellschafter von icon Brand Navigation (heute: Icon Added Value), einem international führenden Institut für forschungsgestützte Markenberatung. Neben dem deutschen Geschäft war er für UK, Italien und Frankreich verantwortlich und verantwortete von 1998 bis 2003 von New York aus den Aufbau des Geschäfts in den USA.

Vor der Zeit bei icon war Uwe Munzinger bei der BBDO-Gruppe als erster Geschäftsführer für Strategische Planung und Research für Europa zuständig. Seine berufliche Laufbahn begann er bei der GfK-Gruppe, wo er den Bereich internationale Werbeforschung mit aufbaute.

Neben seiner Funktion als Aufsichtsrat in verschiedenen Unternehmen ist Uwe Munzinger als Vorstand der Gesellschaft zur Erforschung des Markenwesens (GEM) aktiv.

Basis für den beruflichen Werdegang war das Studium der Kommunikationswissenschaft, Psychologie und Philosophie in München.

Uwe Munzinger ist Autor der Bücher „Markenkommunikation – Wie Marken Zielgruppen erreichen und Begehren auslösen" (zusammen mit Karl Georg Musiol, mi Verlag 2008) sowie „Im Zeitalter der Supermarken – Neue Paradigmen der Markenführung" (zusammen mit Marc Sasserath und Karl Georg Musiol, mi Verlag 2010).

Kontakt: um@musiolmunzingersasserath.com

**Christiane Wenhart** ist Mitgründerin und Geschäftsführende Gesellschafterin von Musiol Munzinger Sasserath. Als Diplom-Psychologin und Coach beschäftigt sie sich seit vielen Jahren mit Marken, Menschen und der erfolgreichen Beziehungsstiftung und -gestaltung zwischen beiden.

Ihre Stationen waren zunächst in der Strategischen Planung internationaler Agenturen (Saatchi & Saatchi, McCann-Erickson) und in den letzten Jahren im breiteren Kontext der Markenberatung (2001 bis 2007 Publicis Sasserath, die Markenberatung der Publicis-Gruppe Deutschland inklusive eines mehrmonatigen Aufenthalts bei Publicis Beijing, China, seit 2008 die unabhängige Markenberatung Musiol Munzinger Sasserath). Dabei hat sie viele unterschiedliche Marken beraten und betreut: Maggi, Kneipp, Nestlé, Adidas, Deutsche Bahn, Hewlett-Packard, Viagra, E.ON, Baloise Group, RWE, Axel Springer, Vodafone, WallDecaux.

Sie engagiert sich in der Lehre an der Miami Ad School, der Universität der Künste Berlin und der Hochschule Pforzheim, veröffentlicht regelmäßig und beschäftigt sich im Rahmen von Studien leidenschaftlich mit unterschiedlichsten Themenbereichen.

Kontakt: c@musiolmunzingersasserath.com

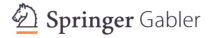